Erfolgreiche Rhetorik

Faire und unfaire Verhaltensweisen
in Rede und Gespräch

von
Professor
Dr. Gustav Vogt
Hochschule für Technik und Wirtschaft des Saarlandes

3., vollständig überarbeitete Auflage

Oldenbourg Verlag München

Bibliografische Information der Deutschen Nationalbibliothek

Die Deutsche Nationalbibliothek verzeichnet diese Publikation in der Deutschen Nationalbibliografie; detaillierte bibliografische Daten sind im Internet über <http://dnb.d-nb.de> abrufbar.

© 2010 Oldenbourg Wissenschaftsverlag GmbH
Rosenheimer Straße 145, D-81671 München
Telefon: (089) 45051-0
oldenbourg.de

Das Werk einschließlich aller Abbildungen ist urheberrechtlich geschützt. Jede Verwertung außerhalb der Grenzen des Urheberrechtsgesetzes ist ohne Zustimmung des Verlages unzulässig und strafbar. Das gilt insbesondere für Vervielfältigungen, Übersetzungen, Mikroverfilmungen und die Einspeicherung und Bearbeitung in elektronischen Systemen.

Lektorat: Wirtschafts- und Sozialwissenschaften, wiso@oldenbourg.de
Herstellung: Anna Grosser
Coverentwurf: Kochan & Partner, München
Titelbild: www.sxc.hu
Gedruckt auf säure- und chlorfreiem Papier
Gesamtherstellung: Grafik + Druck GmbH, München

ISBN 978-3-486-59737-0

Vorwort

Die 3. Auflage enthält wiederum einige gravierende Änderungen. So wurden im Kapitel „Unfaires Verhalten in Rede und Gespräch" weitere Themengebiete eingefügt wie „Rhetorische Fallen", „Killerphrasen" sowie „Falsches Dilemma". Andere Textbausteine in diesem Kapitel wie „Falsche Schlussfolgerungen", „Übertreibungen", „Oberhandtechniken" und Schlagfertigkeit wurden ergänzt. Daneben wurde die äußere Form des Buchs völlig neu gestaltet und verbessert. So werden z. B. die Grundregeln der Rhetorik im Text zur besseren Hervorhebung grau hinterlegt.

Gustav Vogt									März 2010

Vorwort zur 2. Auflage

Die 2. Auflage enthält einige wesentliche Änderungen. So wurde ein neues Kapitel „Die optimale Präsentation" hinzugefügt. Andere Textbausteine wie etwa „Der Aufbau einer Rede" oder das Thema „Schlagfertigkeit" wurden ergänzt und zum Teil neu gestaltet. Ferner habe ich die Inhalte aktualisiert und textliche Verbesserungen vorgenommen. Schließlich wurden auch die Bilder überarbeitet. Mein besonderer Dank gilt hier Herrn Peter Krämer für die Erstellung der betreffenden Zeichnungen. Danken möchte ich auch meiner Gattin Katharina sowie unseren Söhnen Martin, Andreas und Benedikt, denen ich nützliche Anregungen verdanke.

Vorwort zur 1. Auflage

Welche Befähigung sollte ein idealer Stellenbewerber mitbringen? Firmen- und Personalchefs haben hierzu klare Vorstellungen: Natürlich muss die- oder derjenige fachlich versiert sein bzw. eine entsprechende Begabung mitbringen. Kognitives Wissen allein aber genügt nicht. Mindestens ebenso wichtig ist soziale Kompetenz, also das Auftreten des Bewerbers, seine Ausstrahlung als Person, die Fähigkeit, mit Menschen zusammenarbeiten und umgehen zu können. Eine entscheidende Schlüsselqualifikation hat dabei die kommunikative Kompetenz und hier insbesondere das rhetorische Vermögen. Diese Erkenntnis setzt sich im öffentlichen Bewusstsein mehr und mehr durch. So wird z. B. Rhetorik an den Universitäten und Fachhochschulen zunehmend als Wahl- oder gar Pflichtfach angeboten und erfreut sich bei den Studenten wachsender Beliebtheit. Auch bei anderen Weiterbildungsträgern, wie Volkshochschulen, IHKn etc. gehören Rhetorikkurse unter Einsatz audiovisueller Hilfsmittel inzwischen zum festen Repertoire.

Im vorliegenden Lehrbuch habe ich meine Erfahrungen aus der Lehrtätigkeit in Rhetorik an der Hochschule sowie aus Seminaren für die freie Wirtschaft niedergelegt. Es ist bewusst als Grundlagenlehrbuch konzipiert und befasst sich in erster Linie mit den „klassischen" Gebieten der Redekunst. Daneben geht es auf unfaire Verhaltensweisen ein, wie wir sie in der öffentlichen Rede, aber auch im ganz alltäglichen Sprachverhalten immer wieder beobachten können. Die Kerngedanken werden in jedem Abschnitt nochmals als Grundregeln der Rhetorik hervorgehoben. Für den eiligen Leser habe ich zudem die Grundregeln der Rhetorik in einer Übersicht am Ende des Buches zusammengefasst.

Inhaltsverzeichnis

Vorwort		V
Vorwort zur 2. Auflage		V
Vorwort zur 1. Auflage		VI
1	Ist Rhetorik erlernbar?	1
2	Formen öffentlichen Redens	9
3	Sprechstil	15
3.1	Redestil ist kein Schreibstil	15
3.2	Klarheit und Verständlichkeit	16
3.2.1	Satzlänge	17
3.2.2	Fremdwörter und Fachausdrücke	24
3.3	Packende und mitreißende Ausdrucksweise	27
3.3.1	Lebendig sprechen durch Verben	27
3.3.2	Anschaulich sprechen	31
3.3.2.1	Die Bildhaftigkeit der deutschen Sprache ausnutzen	32
3.3.2.2	Konkrete Ausdrücke verwenden	33
3.3.2.3	Beispiele bringen	35
3.3.2.4	Vergleiche anführen	37
3.3.2.5	Sprichwörter und Zitate	39
3.3.2.6	Im Aktiv statt im Passiv sprechen	41
3.3.2.7	In der Gegenwartsform sprechen	42
3.3.3	Rhetorische Fragen stellen	43
3.3.4	Weitere sprechstilistische Gestaltungsmittel	44
3.3.5	Stilistische Nachlässigkeiten vermeiden	46
3.4	Abschließende Übungen zur Verbesserung des Sprechstils	46

4	**Sprechtechnik**	**51**
4.1	Stimmkunde	51
4.1.1	Die Atemtechnik	52
4.1.1.1	Die Zwerchfellatmung	53
4.1.1.2	Die Flachatmung	55
4.1.1.3	Atmung durch den Mund oder durch die Nase?	55
4.1.1.4	Atemübungen	57
4.1.2	Tonbildung und Resonanz	58
4.1.2.1	Die Tonerzeugung	58
4.1.2.2	Die Resonanz	59
4.1.3	Deutliche und verständliche Aussprache (Lautung)	61
4.1.3.1	Lauteinteilung	61
4.1.3.2	Die Lippen und ihre Bedeutung für eine exakte Lautbildung	63
4.1.4	Stimmtechnische Fehler	64
4.1.4.1	Zu starke Belastung der Stimmorgane	64
4.1.4.1.1	Zu lautes und zu hohes Sprechen	64
4.1.4.1.2	Pressen und Aushauchen	66
4.1.4.1.3	Der harte Stimmeinsatz	67
4.1.4.1.4	Zu eifrige Zungen- und Kieferbewegungen	68
4.1.4.2	Undeutliche Aussprache und Aussprachefehler	70
4.1.4.3	Dialekt oder Hochsprache?	72
4.1.5	Abschließende Übungen zur Schulung der Stimmtechnik	74
4.2	Die Modulation	75
4.2.1	Die Betonung	76
4.2.2	Die Veränderung der Lautstärke	79
4.2.3	Die Veränderung der Tonhöhe	81
4.2.4	Die Veränderung der Sprechgeschwindigkeit	83
4.2.4.1	Allgemeine Hinweise	83
4.2.4.2	Die Sprechpause	85
4.2.5	Die Klangfarbe	88
4.3	Sprechen in großen Räumen	90
5	**Körpersprache**	**95**
5.1	Allgemeine Grundregeln	96
5.2	Tipps zu den jeweiligen körpersprachlichen Bereichen	98
5.2.1	Die Körperhaltung	98
5.2.2	Die Gestik	101
5.2.2.1	Arten der Gestik	101

5.2.2.2	Kongruenz	102
5.2.2.3	Frequenz	104
5.2.2.4	Souveränität	105
5.2.3	Die Mimik	108
5.2.3.1	Ausdrucksvielfalt	108
5.2.3.2	Überzeugende Mimik	109
5.2.3.3	Blickkontakt	111
5.3	Zusammenspiel verschiedener Sprechebenen	114
6	**Aufbau einer Rede**	**119**
6.1	Vorbereitung einer Rede	120
6.2	Mögliche Redepläne	121
6.2.1	Die Einleitung	128
6.2.1.1	Wohlwollen erwerben	129
6.2.1.2	Interesse wecken	135
6.2.2	Der Hauptteil	140
6.2.2.1	Trennung Zwischen Meinung und Tatsache	141
6.2.2.2	Sachkompetenz unabdingbar	141
6.2.2.3	Argumente bringen	144
6.2.2.4	Gefühle ansprechen	151
6.2.2.5	Sich kurz fassen	155
6.2.3	Der Schluss	157
6.2.3.1	Der Schlussappell	159
6.2.3.2	Zitat oder Anekdote	161
6.2.3.3	Zusammenfassung	161
6.2.3.4	Typische Fehler beim Schluss	162
6.3	Abschließende Übungen	164
7	**Die optimale Präsentation**	**167**
7.1	Neue Möglichkeiten durch Neue Medien	167
7.2	Häufige Pannen und Fehler bei einer Präsentation	168
7.3	Tipps für eine optimale Präsentation	170
7.3.1	Vertraut sein mit der Technik unerlässlich	170
7.3.2	Gute Lesbarkeit der Folieninhalte	171
7.3.3	Einheitliches Erscheinungsbild	172
7.3.4	Zurückhaltung bei Animationseffekten und Stimulanzien	172

7.3.5	Keine überladenen Folien	173
7.3.6	Lebendiger Dialog mit dem Publikum	177
8	**Die freie Rede**	**183**
8.1	Was bedeutet „freies Sprechen"?	184
8.2	Vorteile freien Sprechens	185
8.3	Vorbehalte gegen freies Sprechen unbegründet	186
8.4	Aufbau eines Stichwortkonzepts	188
8.5	Übungen	190
9	**Steckenbleiben**	**193**
9.1	Formen des Steckenbleibens	194
9.1.1	Der richtige Ausdruck fällt uns nicht ein	194
9.1.2	Verunglückte Satzformulierungen	195
9.1.3	Der Redner verliert den roten Faden	196
9.1.4	Totaler Blackout	197
9.2	Der Kreislauf der Selbsterfüllung	199
9.3	Übung	200
10	**Redeangst und Lampenfieber**	**203**
10.1	Was geschieht in unserem Innern beim Lampenfieber?	204
10.2	Warum reagieren wir so in Stresssituationen?	206
10.3	Warum empfinden wir eine Rede als stressauslösenden Faktor?	207
10.4	Wie können wir unser Lampenfieber vermindern?	208
10.4.1	Keine Angst vor einer großen Zuhörerschar	208
10.4.2	Keine übertriebenen Erwartungen an sich selbst	209
10.4.3	Sich gründlich vorbereiten	211
10.4.4	Die rhetorischen Fertigkeiten verbessern	212
10.4.5	Sooft wie möglich öffentlich sprechen	212
10.4.6	Eine dialogische Situation herstellen	214
10.4.7	Sich entspannen	215
10.4.7.1	Tief durchatmen	216
10.4.7.2	Progressive Muskelentspannung	216
10.4.7.3	Autogenes Training (AT)	218

10.4.7.4	Autosuggestive Hilfen	221
10.4.7.5	Systematische Desensibilisierung (Gegenkonditionieren)	222
10.5	Nicht empfehlenswerte Methoden zum Abbau des Lampenfiebers	225
11	**Unfaires Verhalten in Rede und Gespräch**	**229**
11.1	Persönlich werden	230
11.2	Verwirrung	232
11.2.1	Die Verdunkelung	233
11.2.2	Die Wortschwalltechnik	235
11.3	Die Täuschungstechnik	236
11.3.1	Schön- und Missfärberei durch Worte	236
11.3.2	Die Übertreibung	239
11.4	Defekte bei der Argumentation	242
11.4.1	Falsche Schlussfolgerungen	242
11.4.2	Killerphrasen	244
11.4.3	Falsches Dilemma	246
11.5	Rhetorische Fallen	248
11.5.1	Begriffsdefinitionen abfragen	248
11.5.2	Fragen nach einer genauen Grenze	249
11.5.3	Hypothetische Fragen	250
11.6	Oberhandtechniken	251
11.6.1	Drohen	252
11.6.2	Appelle	253
11.6.3	Kritisieren und korrigieren	254
11.6.4	Nicht beachten	255
11.7	Störtechniken	256
11.7.1	Allgemeine Betrachtungen	256
11.7.2	Zwischenrufe	260
11.7.2.1	Typische Zwischenrufe	260
11.7.2.2	Verhalten bei Zwischenrufen	261
11.7.2.2.1	Allgemeine Grundregeln	261
11.7.2.2.2	Schlagfertigkeit	261
Grundregeln der Rhetorik		**277**
Allgemeine Erfolgsregeln		277
Sprechstil		277

Sprechtechnik	278
Körpersprache	279
Aufbau einer Rede	281
Die optimale Präsentation	282
Die freie Rede	283
Steckenbleiben	283
Redeangst und Lampenfieber	283
Unfaires Verhalten in Rede und Gespräch	284
Literaturverzeichnis	**287**
Stichwort- und Personenverzeichnis	**293**

1 Ist Rhetorik erlernbar?

„Wer glaubt, etwas zu sein, hat aufgehört, etwas zu werden."
(Rudolf Herzog)

„Die besten Reformer, die die Welt je gesehen hat, sind die, die bei sich selbst anfangen." (George Bernard Shaw)

Rhetorik (griech.: rhetorike techne; lat.: rhetorica) bedeutet Technik des Redens, Redekunst, die Kunst, gut zu reden.

Redekunst? Was verbirgt sich dahinter? Wann ist jemand in unseren Augen bzw. Ohren ein „guter Redner", dem wir das Gütesiegel der „Beredsamkeit" vergeben? Für viele Menschen ist dies der virtuose Vielredner, der Sprachartist, dem die Worte pausenlos nur so von den Lippen fließen. Doch Vorsicht: Verwechseln wir nicht Beredsamkeit mit Redseligkeit! Nicht der Wortschwaller oder Wortverschwender, der Phrasendrescher sind rhetorische Vorbilder. Im Gegenteil: Schwatzhaftigkeit und Maulfertigkeit, auch wenn sie sich noch so kunstvoll geben, sind geradezu rhetorische Untugenden. Lassen wir uns nichts vormachen: *„Kein Prunkgewand eleganten Stils kann die Blößen geistiger Nacktheit verhüllen." (Ludwig Reiners)*

Ein guter Redner zu sein, bedeutet auch nicht alle rhetorischen Tricks und dialektischen Spitzfindigkeiten zu kennen, um damit andere Menschen zu überlisten und hinters Licht zu führen. Ein solches Vorgehen nennen wir „sophistisch". Die Sophisten der griechischen Antike, zunächst wandernde Lehrer der Weisheit, waren nicht nur Meister des rhetorischen Glasperlenspiels, sie scheuten auch nicht davor zurück, die Sprache in demagogischer Absicht zu verwenden. Falsches wurde als richtig dargestellt, Wahres dagegen als unwahr, aus weiß machten sie schwarz und umgekehrt, wie es ihnen gerade opportun erschien. Es wundert nicht, dass „sophistisch" und „Sophist" heute allgemein als Synonym für rhetorisches Fehlverhalten, insbesondere für den leichtfertigen und gauklerischen Umgang mit Worten angesehen werden.[1]

---

[1] In ähnlichem Sinne werden auch die Bezeichnungen Rabulistiker (Wortverdreher) und Filibuster (Dauerredner im US-amerikanischen Senat, die durch Marathonreden die Verabschiedung von Gesetzen verhindern wollten) benutzt.

Halten wir noch einmal fest: Wahre, gute Rhetorik hat mit Blenden wollen, Sprüche klopfen, leerem Schellengeläute und Haarspaltereien nichts gemein. Was aber macht Redekunst wirklich aus?

Gut reden heißt: **Das Notwendige im richtigen Augenblick wirkungsvoll sagen.** Was dies beinhaltet, soll in den weiteren Ausführungen noch ausführlich dargelegt werden.

Kann man Beredsamkeit, die Kunst der Rede, lernen?

Immer wieder wird mir in Rhetorikkursen diese Frage – eine Frage von grundsätzlicher Tragweite – gestellt. Offenbar ist die Meinung weit verbreitet: Rhetorik ist eine Naturbegabung; entweder ich kann reden oder ich kann es nicht, frei nach dem Bibelspruch: *„Niemand kann seiner Größe eine Elle zusetzen."*

Diese Auffassung ist in höchstem Maße resignativ, muss ich mich doch als unfertiger Redner für immer mit meinem beklagenswerten Los abfinden.

Muss ich wirklich? Handelt es sich hier nicht vielmehr um die Schutzbehauptung allzu bequemer Zeitgenossen, die die vermeintliche Schicksalhaftigkeit als Alibi benutzen, nichts hinzulernen zu wollen. Gerade im Bereich der Persönlichkeitsbildung erweist sich ein inneres Trägheitsmoment, oftmals noch verbunden mit latenten Angstgefühlen, als entscheidender Hemmschuh für mögliche Entwicklungsfortschritte.

Selbstverständlich gibt es in der Rhetorik unterschiedliche Naturbegabungen, wie bei anderen Betätigungen in unserem Leben, im Sport, beim Musizieren, im Handwerk usw. Aber auch für die Kunst des Sprechens gilt: Die meisten Menschen nutzen ihre vorhandene Begabung oft nur zu einem geringen Bruchteil aus. Sie verfügen noch über erhebliche brachliegende Reserven.

Eine gute Sprechtechnik, z. B. eine lautreine, umrissscharfe, tragfähige und wohltönende Stimme oder die Beherrschung der Atemtechnik, ein fesselnder Sprechstil, die Fähigkeit, frei und ohne Hemmungen zu sprechen, das alles sind rhetorische Wesensmerkmale bzw. Fertigkeiten, die nicht wie selbstverständlich vorhanden sind, sondern erst entwickelt werden müssen.

„Poeta nascitur, orator fit": *„Der Dichter wird geboren, der Redner wird gemacht."* Dies gilt für uns alle, vor allem aber auch für den, der auf dem Gebiet der Rhetorik die höchsten Lorbeeren erringen möchte. Die Geschichte der Rhetorik liefert hierfür reichlich Anschauungsmaterial.

Der wohl größte Redner des antiken Griechenlands, Demosthenes (383–322 v. Chr.), hatte erkennbare Begabungsschwächen. Er litt unter einem Zungenfehler, war fast schon ein Stotterer, verfügte über eine leise, klangarme Stimme und eine ausdruckslose Gestik. Kein Wunder, seine ersten Redeauftritte endeten im Fiasko;

die Zuhörer lachten ihn aus, verspotteten ihn. Er war nahe daran, sich als Redner aufzugeben. Erst als der befreundete Schauspieler Satyros ihm durch den Vortrag von Textpassagen aus Sophokles' Antigone demonstrierte, wie packend und von welch suggestiver Kraft die Sprechkunst sein kann, fing er wieder Feuer. Ja, er wurde nachgerade zu einem Besessenen der Rede. Um seine blasse Stimme zu stärken, nahm er Kieselsteine in den Mund und redete gegen die Meeresbrandung an. Zum gleichen Zweck richtete er sich einen unterirdischen Übungsraum ein, in dem er täglich seine Stimmkraft trainierte. Durch regelmäßiges Bergsteigen versuchte er, sein Atemvolumen zu erhöhen. Um sich seine Schulterzuckungen abzugewöhnen, hing er ein Schwert über seiner nackten Schulter auf. Auch wenn diese Methoden aus heutiger Sicht zum Teil skurril anmuten mögen, sie verhalfen Demosthenes zu einem beispiellosen Ruhm als Redner. Gleichzeitig wird deutlich, dass besondere Redefertigkeit durch hartes, unablässiges Arbeiten an sich selbst erworben wird.

Gewisse Parallelen zeigen sich im rhetorischen Lebensweg Ciceros (104–43 v. Chr.), dem größten Redner Roms. Auch er hatte zunächst mit einer blassen, schwachen Stimme zu kämpfen und war fast soweit, seine politische Laufbahn aufzugeben. Erst durch fortwährende Schulung brachte er es allmählich zu großer Meisterschaft.

Dale Carnegie, US-amerikanischer Bestsellerautor, war anfänglich als Redner ein völliger Versager. Später machte er sich u. a. auch als Rhetorik-Trainer einen Namen.

Die Geschichte der Redekunst ist voll von solchen und ähnlichen Beispielsfällen. Dabei zeigt sich eine erstaunliche Regelmäßigkeit: Gerade die Niederlage, das Misserfolgserlebnis sind häufig die Triebfeder für den späteren Karriereweg.

All dies macht unzweifelhaft deutlich:

Wie aber wird man ein guter Redner?

Zuallererst gehört hierzu die feste Absicht:

„Ja, ich möchte meine Redefertigkeit verbessern!"

Erfolgreich zu werden setzt stets die Einstellung voraus, den Erfolg tatsächlich zu wollen. Der Erfolg hat somit auch immer eine mentale Komponente, wobei es entscheidend darauf ankommt, diese Denkhaltung auf Dauer zu verinnerlichen. Nur so bin ich gegen eventuelle zwischenzeitliche Rückschläge, z. B. in Form von rhetorischen Misserfolgserlebnissen gefeit und halte unbeirrt an meinem selbst gewählten Ziel fest.

Der zweite Schritt ist **die Aneignung des theoretischen Wissens**. Was verstehen wir beispielsweise unter einer guten Sprech- und Atemtechnik, was macht einen mitreißenden Sprechstil aus, wie kann ich einen Vortrag geschickt aufbauen, wie wehre ich mich gegen unliebsame Zwischenrufe oder Störmanöver etc.? Nützliche Informationen dazu können wir z. B. aus einem guten Rhetorikbuch entnehmen.

Die dritte wesentliche Sprosse auf der Stufenleiter zum rhetorischen Erfolg besteht aus **der praktischen Umsetzung des erworbenen Wissens**. Hier gilt das Goethe Wort:

„Es ist nicht genug zu wissen, man muss auch anwenden; es ist nicht genug zu wollen, man muss auch tun."

Wie jemand, der schwimmen lernen will, mit einem Trockenkurs nicht auskommt, sondern sich ins Wasser begeben muss, so muss der angehende Meisterredner die Redesituation bewusst aufsuchen. Reden lernt man vor allem durch Reden, oder wie es Demosthenes ausgedrückt hat:

„Das Wichtigste bei der Rede ist erstens der Vortrag, zweitens der Vortrag und drittens der Vortrag."

Übung macht den Meister auch in der Rede, im Gespräch. Das vorliegende Buch enthält daher viele nützliche Übungstipps z. B. für

- einen lebendigen und anschaulichen Sprechstil
- eine bessere Stimmbildung
- die Entwicklung des Sprechdenkens
- den Abbau des Lampenfiebers
- die Verbesserung der Selbstsicherheit etc.

Die Drei-Stufen-Grundregel für den Erfolg im Allgemeinen und speziell in der Redekunst lautet also:

1 Ist Rhetorik erlernbar?

1. Schritt: Feste Absicht, sich zu entwickeln
2. Schritt: Aneignung des theoretischen Wissens
3. Schritt: Umsetzung in die Praxis

Wer fest entschlossen ist, seine Sprech- und Redefertigkeit zu trainieren, sich das hierzu erforderliche Wissen aneignet und in praktischen Übungen anwendet, wird seine Verhaltenskompetenz allmählich immer mehr steigern. Ich selbst habe es weitgehend in der Hand, durch meine innere Bereitschaft, mein persönliches Engagement, ein gefragter und gern gehörter Redner sowie ein geschätzter Gesprächspartner im familiären, beruflichen und sonstigen Zusammenleben zu sein bzw. zu werden. Persönliche Erfolgserlebnisse, selbst herbeigeführt, schlagen sich erfahrungsgemäß in einem höheren Selbstwertgefühl nieder. Damit wird die Sprech- und Redeerziehung zugleich zu einem wesentlichen Instrument der allgemeinen Persönlichkeitsentwicklung. Denn:

„Die Gabe, reden zu können, gibt einem ein unvergleichliches Gefühl der Stärke."
(Peter Ebeling)

2 Formen öffentlichen Redens

„Im Anfang war das Wort." (Johannes I,1)

„Nichts Schöneres haben die unsterblichen Götter dem Menschen gegeben als die Majestät der Rede." (Quintilian)

„Es gibt Dinge, bei denen die Mittelmäßigkeit unerträglich ist: Dichtkunst, Tonkunst, Malerei und öffentliche Rede." (Jean de La Bruyère)

Bevor wir uns mit den Wesensmerkmalen einer überzeugenden Rhetorik im Einzelnen befassen, möchte ich einen Überblick geben über die verschiedenen Varianten öffentlichen Redens.

Sind wir uns dessen bewusst, wie vielfältig die Anlässe sind, vor anderen Menschen zu sprechen? Da hält der Politiker eine Wahlkampfrede, der Pfarrer seine Sonntagspredigt, der Verteidiger sein Plädoyer, der Bürgermeister eine Ansprache, der Rektor der Universität eine Festrede, der Firmenchef eine Lobrede (Laudatio), der gute Freund eine Grabrede, der Karnevalist eine Büttenrede. Die Liste möglicher Redeanlässe ist damit aber bei weitem noch nicht abgeschlossen. Der Professor hält eine Vorlesung, der Student trägt sein Referat vor, der Marketingleiter seinen Monatsbericht, der Rundfunksprecher gibt seine Reportage usw.

Wir sehen: Reden sind unsere ständigen Wegbegleiter. Sie bestimmen unseren Alltag und wir begegnen ihnen in den mannigfaltigsten Formen und Ausprägungen. Das aber bedeutet: Rede ist nicht gleich Rede. Und für den Sprecher ergibt sich hieraus: Die Anforderungen an einen gelungenen Auftritt können durchaus unterschiedlich sein, je nachdem, um welche Redeart es sich gerade handelt.

Im Folgenden wollen wir dies an den beiden wohl bedeutendsten Formen öffentlichen Redens, der Meinungsrede und dem Sachvortrag, näher beleuchten.

Bei der **Meinungsrede** nimmt der Redner Stellung zu einer kontroversen Frage. Er vertritt seinen eigenen Standpunkt von dem er die Adressaten zu überzeugen beabsichtigt. Typische Streitthemen wie sie z. B. immer wieder gerne auch in Rhetorik-Seminaren gestellt werden, sind:

- Verdienen Spitzensportler zu viel Geld?
- Ist die Jugend heute schlechter als früher?

- Sollte man Tierversuche verbieten?
- Sollte man ein Tempolimit von 100 km/h auf Autobahnen einführen?
- Sollte man auch Frauen zum Wehrdienst verpflichten?
- ...

Die Meinungsrede ist von vornherein zielgerichtet. Der Redner möchte den Willen der Zuhörer beeinflussen. Daher steht am Ende in der Regel folgerichtig der Appell. Der Redner ruft zum Handeln auf. Diesem Zweck gelten seine ganzen Bestrebungen.

Der Sprecher darf sich bei einer Meinungsrede also keineswegs nur an den Verstand des Auditoriums wenden. Das wäre ein großer Fehler. Er muss zusätzlich den Willen und das Gefühl, d. h. die ganze Person des Zuhörers ansprechen. Mit anderen Worten: Die Überzeugungsrede muss nicht nur logisch sondern auch psychologisch stimmig sein.

Vor allem bei einem großen Massenpublikum spielt der emotionale Aspekt eine überragende Rolle. Die Masse ist nur empfänglich für Botschaften, die sich an die Seele, das Gemüt richten. Gegenüber rationalen Argumenten und differenzierten, logisch zwingenden Beweisen, zeigt sie sich verschlossen. Die Menge lässt sich daher nicht nur leichter führen, sondern auch verführen, ein Sachverhalt, den die Propagandisten aller Zeiten zu ihrem Vorteil ausgenutzt haben.

Und noch eins ist wichtig bei einer Meinungsrede: Gerade weil der Redner andere beeinflussen will, muss er selbst überzeugend auftreten. Ausdruckskraft, Engagement, Vitalität, Ausstrahlung, ja, überhaupt die ganze Persönlichkeit des Redners und die sie bestimmenden Merkmale fallen hier weit stärker ins Gewicht als bei einem Sachvortrag. Wie soll ich als matter, leidenschaftsloser Redner andere für mein Anliegen gewinnen?

Der **Sachvortrag** unterscheidet sich seinem Wesen nach erheblich von der Meinungsrede. Bei diesem geht es in erster Linie darum, den Zuhörer zu informieren, Zusammenhänge aufzuzeigen. Mögliche Themen für Sachvorträge sind z. B.:

- Die Entwicklung der Sozialgesetzgebung in Deutschland
- Die Bedeutung der Grenznutzentheorie in der Wirtschaftswissenschaft
- Möglichkeiten der Absicherung von Wechselkursrisiken im Außenhandel
- ...

Der Sachvortrag ist nicht, wie die Meinungsrede, zweckgerichtet. Daher endet dieser nicht mit einem Appell. Er wendet sich vielmehr an die Verstandesebene. Klare Begriffsdefinitionen, exakte Analyse und schlüssige Beweisführung stehen im Vordergrund.

Wie aber werde ich zu einem Meister der Rhetorik? Mit dieser Frage wollen wir uns in den folgenden Kapiteln ausführlich beschäftigen.

3 Sprechstil

"Es ist nicht genug, dass man rede. Man muss auch richtig reden."
(Lysander, William Shakespeare, Ein Sommernachtstraum)

"Wer so spricht, dass er verstanden wird, spricht gut."
(Sprichwort)

"Besser ein lebendes Wort als hundert tote."
(Sprichwort)

Beim Sprechen drücken wir unsere Vorstellungen in Worten aus. Die Sprache ist sozusagen das Kleid unserer Gedanken. Ob wir dabei andere Menschen beeindrucken, hängt wesentlich von unserem Sprechstil ab, d. h.: kein gelungener Vortrag, kein überzeugendes Gespräch ohne passenden und wirkungsvollen Sprechstil. Unter Sprechstil verstehen wir die Art der Sprachgestaltung wie z. B. Satzlänge, Satzbau, Wortwahl. Gute Stilistik misst sich an der Frage:
Wie formuliere ich natürlich, klar und verständlich, zudem fesselnd und eindringlich?
Im Folgenden wollen wir uns näher mit den einzelnen Instrumenten des Sprechstils beschäftigen. Dabei geht es mir nicht um vollständige Aufzählung sämtlicher Stilmittel; es wäre ermüdend und erschwerte den Überblick. Ich möchte mich vielmehr auf die wesentlichen Punkte beschränken. Ganz bewusst will ich in diesem Kapitel auch auf immer wiederkehrende stilistische Unarten hinweisen. Durch Negativbeispiele, die scharfe Kontrastzeichnung, treten die Vorzüge eines überzeugenden Sprechstils umso deutlicher hervor.

3.1 Redestil ist kein Schreibstil

Beginnen wir mit einem Kardinalfehler, einem der schlimmsten und zudem weit verbreiteten Stillaster.

Herr X steht vor einer großen Bewährungsprobe. Er soll eine Rede vor einem ansehnlichen Publikum halten. Eifrig macht er sich ans Werk: den Entwurf seines

Vortrags. Sein Konzept hat er bereits fertig im Kopf. Nun schreibt er es nieder, Satz für Satz. Dabei gibt er sich große Mühe bei der Formulierung. Er feilt und feilt. Nichts ist ihm gut genug. Schließlich hat er es geschafft. Der Vortrag steht, ein Meisterstück, voll tiefschürfender Gedanken und stilistischer Feinheiten. Nun kann nichts mehr schief gehen.

Am Tag seines Auftritts erlebt Herr X eine herbe Enttäuschung. Der Vortrag kommt nicht richtig rüber. Schlimmer noch: Langeweile überfällt die Zuhörer; sie schalten innerlich ab.

Dabei hatte er sich solche Mühe gegeben.

Wie konnte das geschehen?

Herr X verstieß gegen eine elementare Grundregel der Rhetorik:

> „Eine Rede ist keine Schreibe."
> (F. Th. Vischer)

Wer so redet, wie er schreibt, wird niemals den Zugang zum Auditorium finden. Sein Stil bleibt papieren, retortenhaft und damit steril und kalt. Statt Frischkost bietet er nur fade Konserven. Er spricht wie gegen eine unsichtbare Mauer. Der Stromkreis zwischen Redner und Zuhörer kommt nicht zustande, der Funke springt nicht über.

Wer andere mitreißen will, muss sich vom geschriebenen Text lösen. Er muss frei sprechen, d. h. die Kunst der freien Rede beherrschen. Dieser Punkt ist entscheidend für den Redeerfolg; wir wollen ihm daher später ein eigenes Kapitel widmen und noch ausführlicher darauf eingehen.

3.2 Klarheit und Verständlichkeit

In der Rhetorik gibt es eine Reihe elementarer Grundregeln. Manche erscheinen so selbstverständlich, so einfach und banal. Fast könnte man gehemmt sein, sie auch nur zu erwähnen. Hierzu gehört das Postulat:

> Sprechen Sie stets klar und verständlich!

3.2 Klarheit und Verständlichkeit

Beobachten wir die tägliche Sprech- und Redepraxis, stellen wir indes verwundert fest: Es gibt wohl kaum eine Grundregel, gegen die wir so häufig verstoßen wie diese. Offenbar gilt: Nichts ist schwieriger, als sich einfach auszudrücken.

Viele Redner spielen sich als reinste Wortakrobaten auf, verlieren sich in einem Gedankenlabyrinth voll von sprachlichen Tretminen und Stolpersteinen. Ihr Vortrag wird zu einem Querfeldein- und Hindernisrennen – für sie selbst, wie für die Zuhörer. Schauen wir uns im Folgenden einige Negativfälle an; mit den jeweiligen positiven Gegenbeispielen wollen wir demonstrieren, wie man es besser machen kann.

3.2.1 Satzlänge

Bei Rhetorikschulungen können wir regelmäßig folgendes Verhalten beobachten: Bei seinem Redestatement hebt der Vortragende am Ende eines Gedankenganges die Stimme an, statt sie zu senken wie am Satzschluss üblich. Ohne Pause setzt er seine Ausführungen mit dem Bindewort „und" fort. Erst dann macht er eine Zäsur, häufig ausgefüllt mit dem Verlegenheitswort „äh!", also „und äh!" Auf diese Weise wird ein Satz endlos fortgesetzt. Es entsteht ein Perioden- oder Bandwurmsatz. Wir sprechen auch vom so genannten Güterzugstil.

Als wahre Denksportaufgaben entpuppen sich hierbei die berüchtigten Schachtelsätze, wenn der Sprecher die Satzteile eines Mammutsatzes zusätzlich noch ineinander verkeilt.

In der rhetorischen Literatur finden wir eine Vielzahl wunderschöner Demonstrationsbeispiele für solche Satzverunglimpfungen, in denen sich die Nebensätze wie Schlinggewächse in- und umeinander winden. So zitiert z. B. Adolf Damaschke in seiner volkstümlichen Redekunst einen Geschichtsprofessor:

„Denken Sie, wie schön der Krieger, der die Botschaft, die den Sieg, den die Athener bei Marathon, obwohl sie in der Minderheit waren, erfochten hatten, verkündete, nach Athen brachte, starb."

Der zitierte Schachtelsatz beinhaltet noch einen zusätzlichen Schwierigkeitsgrad: Mehrere gleichartige Worte – in diesem Falle Verben – folgen direkt hintereinander.

Bringen wir eine weitere Kostprobe für diese fast schon skurril anmutende Variante eines ineinander verschachtelten Periodensatzes: In einer Bekanntmachung des Bürgermeisteramtes eines kleinen Dorfes in der Nähe von Frankfurt hieß es:

„Derjenige, der denjenigen, der den Pfahl, der an der Brücke, die am Wege, der nach Frankfurt führt, steht, umgeworfen hat, anzeigt, erhält eine Belohnung."[2]

Kurt Tucholsky gibt in seinen Ratschlägen für einen schlechten Redner ironisch folgenden Tipp:

„Sprecht mit langen, langen Sätzen – solchen, bei denen du, der du dich zu Hause, wo du ja die Ruhe, deren du so sehr benötigst, deiner Kinder ungeachtet, hast, vorbereitest, genau weißt, wo das Ende ist, die Nebensätze schön ineinander geschachtelt, so dass der Hörer, ungeduldig auf seinem Sitz hin und her träumend, sich in einem Kolleg wähnt, in dem er früher so gern geschlummert hat, auf das Ende solcher Periode wartet ..."

Die zitierten Sätze haben eines gemeinsam: Sie verstoßen eklatant gegen das rhetorische Gebot der Verständlichkeit und Klarheit. In den Köpfen der Zuhörer wird es bald wolkig und neblig. Nicht von ungefähr heißt es:

Nebensätze sind oft Nebelsätze.

---

[2] zitiert nach Maximilian Weller: Das Buch der Redekunst

3.2 Klarheit und Verständlichkeit

Der Sprecher missachtet die kommunikative Erkenntnis: Für das geschriebene und das gesprochene Wort haben wir Menschen unterschiedliche Wahrnehmungsmöglichkeiten. Der Leser kann zurückblättern, wenn er etwas nicht verstanden hat, der Zuhörer kann das nicht. Aber auch der Redner selbst macht es sich mit solchen Großsätzen unnötig schwer. Seine Sprachschöpfung gleicht einem Puzzle und es ist keineswegs selbstverständlich, ob er seine Satzkonstruktion am Ende zu einem gedanklich oder grammatikalisch sinnvollen und korrekten Abschluss bringen kann. Nicht selten verliert er bei solchen Mammutsätzen die Übersicht und es kommt zu so genannten Satzbrüchen (Anakoluthe).

Eine wichtige Grundregel des Sprechstils lautet daher:

Bilden Sie kurze Sätze!

Kurt Tucholsky empfiehlt sogar einem guten Redner:
Hauptsätze. Hauptsätze. Hauptsätze.
Diese Vorgehensweise ist vor allem anfänglich ratsam, um sich von den eingefahrenen Gewohnheiten des Güterzugstils zu lösen. Übertreibung ist – zumindest in der ersten Übungszeit – ein sinnvolles pädagogisches Prinzip. Für den Fortgeschrittenen, den Redeprofi, ist die Empfehlung Tucholskys aber zu einfach. Wer stets kurze Hauptsätze aneinander reiht, spricht monoton und ermüdet den Zuhörer. Seine Sprechweise wirkt zudem leicht abgehackt. Wir haben es hier mit dem Gegenteil des Güterzugstils zu tun, dem rhetorischen Asthmastil, Telegrammstil oder Hammerstil.

Der Telegrammstil klingt nicht nur unschön; er beschneidet auch die Möglichkeiten sinnvoller sprachlicher Differenzierung und Feinarbeit, legt also dem Redner unnötige Fesseln an. Unsere Gedanken sind nun einmal nicht gleich wichtig. Manche verdienen besonders hervorgehoben zu werden; andere wollen wir nur beiläufig erwähnen. Diesen hierarchischen Aspekt können wir durch den Satzbau unterstreichen.

Wir kommen daher zu einer weiteren Grundregel des Sprechstils:

Kerngedanken gehören immer in einen Hauptsatz.
Nebensätze verwenden wir für weniger wichtige Gedanken.

Aber auch wenn wir Nebensätze benutzen, gilt nach wie vor: Jeder Satz muss klar und verständlich bleiben.

In diesem Zusammenhang wollen wir noch eine weitere sprechstilistische Empfehlung herleiten. Sie bezieht sich auf den Gebrauch von so genannten **Vorreitern**. Vorreiter sind einleitende Formulierungen, die unweigerlich einen Nebensatz nach sich ziehen:
- Ich habe keinen Zweifel, dass ...
- Es ist bekannt, dass ...
- Es scheint, dass ...
- Es besteht kein Zweifel, dass ...
- ...

Anfangswendungen dieser Art sind ein weit verbreitetes rhetorisches Laster und gleich aus mehreren Gründen fatal: Zum einen wird hierdurch der Hauptgedanke, das Wesentliche, in einen Nebensatz abgedrängt.

Darüber hinaus blähen Vorreiter einen Satz unnötig auf, machen ihn unrhythmisch und schwerer verständlich.
- **Es ist bekannt, dass** unsere Haut allergisch auf intensive Sonnenbestrahlung reagiert.
- **Es scheint, dass** die Seuche immer weiter um sich greift.
- **Es besteht kein Zweifel, dass** Herr Müller die Unwahrheit gesagt hat.

Wir können uns einfacher und eleganter ausdrücken, indem wir die Vorreiter eliminieren:
- **Bekanntlich** reagiert unsere Haut allergisch auf intensive Sonnenbestrahlung.
- **Offenbar** greift die Seuche immer weiter um sich.
- **Zweifellos** hat Herr Müller die Unwahrheit gesagt.

Vorreiter sind aber noch aus einem dritten Grund von Übel: Es gibt wohl kaum etwas Faderes als Nebensätze, die mit **dass** eingeleitet werden:
Ich schlage vor, dass wir die Sache mutig in die Hand nehmen.
Versuchen Sie, diese Botschaft einmal betont und ausdrucksstark wiederzugeben! Es gelingt Ihnen nicht. Das Wörtchen „dass" wirkt wie eine Bremse. Auch die Körpersprache bleibt blass und emotionslos. Die Hände rühren sich nicht. Das macht deutlich, wie eng die einzelnen Sprachebenen miteinander verbunden sind. Ist mein Sprechstil steif und langweilig, gilt das auch für die Sprechtechnik wie etwa die Modulation und für die Körpersprache.

Dabei gibt es einen einfachen Trick, wie wir blasse „dass-Sätze" vermeiden und somit die unheilvolle Wirkungskette unterbrechen können. Wir streichen „dass" und ersetzen das Komma gedanklich durch einen Doppelpunkt. Der Doppelpunkt wirkt hierbei wie ein Schalthebel, mit dem wir den Nebensatz in einen Hauptsatz verwandeln:

Ich schlage vor: Lassen Sie uns die Sache mutig in die Hand nehmen!

Wenn Sie diesen Satz laut aussprechen, spüren Sie sofort die elektrisierende Wirkung. Es ist, als hätten Sie gerade einen Stromschalter betätigt. Das Klangbild wird fester, bestimmter, und spontan schwingen Sie beide Arme nach oben, um damit den Appellcharakter noch zu verstärken.

Bringen wir eine weitere Kostprobe. Tragen Sie dabei am besten wieder laut vor:

Es besteht kein Zweifel, dass Herr Müller die Unwahrheit gesagt hat.
Ich habe keinen Zweifel: Herr Müller hat die Unwahrheit gesagt.

Die zweite Variante bietet Ihnen ganz andere Möglichkeiten, sprechtechnisch und körpersprachlich aus sich herauszugehen. So können Sie z. B. an der Stelle des Doppelpunkts eine längere Pause machen, bedeutungsvoll in die Runde schauen und so die Erwartungshaltung der Zuhörer noch steigern.

Unsere neuerliche Grundregel lautet folglich:

Vermeiden Sie möglichst Vorreiter!

Der Sprecher sollte sie allenfalls dann benutzen, wenn er sich über den nachfolgenden Gedankengang noch nicht im Klaren ist. Die Anlaufwendung verschafft ihm erst einmal Luft und eine willkommene Bedenkzeit.

In der Praxis begegnet man noch zahlreichen anderen sprechstilistischen Unarten. So überladen wir oftmals unsere Sprache mit nichtssagenden Worten und Ausdrücken:

„der **getroffene** Beschluss, die **gemachten** Erfahrungen ..."

Wir können die obigen Partizipien getrost streichen, ohne dass sich der Sinn verändert.

Überflüssig sind meist auch Leim- oder Flickwörter, wie z. B. „eigentlich", „irgendwie", „gleichsam". In einer Rede können sie – ähnlich den Vorreitern – allenfalls ein Notbehelf sein, um Bedenkzeit zu gewinnen.

Als reinste Ballaststoffe erweisen sich zudem die so beliebten Worte des Papierstils:

▸ „Im Haushaltsentwurf wurde **ein Betrag von** hundert Millionen Euro gestrichen."
Besser: „Im Haushaltsentwurf wurden hundert Millionen Euro gestrichen."
▸ „**In der Zeit** vom 1. Mai bis zum 30. September ist das Schwimmbad geöffnet."
Besser: „Vom 1. Mai bis zum 30. September ist das Schwimmbad geöffnet."
▸ „Im **Monat** August sind Betriebsferien."
Besser: „Im August sind Betriebsferien."

Halten wir also als weitere stilistische Grundregel fest:

Blähen Sie Ihre Sprache nicht unnötig auf durch Ausdrucksverdopplung, Füll- und Leimwörter sowie Papierwendungen!

Sprache und Sprechstil als Ausdrucksmittel unserer Gedanken sind nicht statisch und unveränderbar. Sie wandeln sich und spiegeln stets das jeweilige Zeitbewusstsein wider. Wir heutigen Menschen denken eher zweckdienlich und pragmatisch. Daher sollte auch unsere Sprache möglichst natürlich und sachlich klingen und nicht gesucht und schwülstig. Schon Matthias Claudius witzelte über den Unterschied zwischen seiner Sprache und der Klopstocks.

Klopstock: *„Du, der du weniger bist und dennoch mir gleich, nahe dich mir und befreie mich, dich beugend zum Grunde unserer Allmutter Erde, von der Last des staubbedeckten Kalbfells."*

Ich sage nur dafür: *„Johann, zieh mir die Stiefel aus!"*

Erst recht in unserer heutigen Zeit wirkt ein pathetischer Sprechstil befremdend oder gar komisch.

Angenommen, ich halte eine Vorlesung über das relativ spröde Thema „Die Preisbildung auf oligopolistischen Märkten in der Mikroökonomie" und bediene mich dabei der Sprache eines romantischen Lyrikers. Ein Erfolg wäre mir gewiss: der Heiterkeitserfolg eines Büttenredners. Vor allem bei Sachvorträgen ist eine gezierte Sprechweise unangemessen. Bei emotional gestimmten Anlässen wie Fest- oder Grabreden können wir zwar unser Pathos etwas steigern; stets sollte aber der Ausdrucksstil unserer natürlichen Alltagssprache richtungweisend sein.

Eine weitere stilistische Grundregel lautet also:

Sprechen Sie möglichst natürlich und sachlich und nicht affektiert!

3.2 Klarheit und Verständlichkeit

Leider wird auch dieses Postulat in der Praxis häufig missachtet. Viele Redner meinen offenbar, bei einem öffentlichen Vortrag müssten sie sich besonders nobel und gewählt ausdrücken. Sie konstruieren lebensferne Retortensätze voller Schwulst und rhetorischem Zierkram. So gefällt sich gar mancher darin, viele Begriffe gleichen oder ähnlichen Inhalts aneinander zu reihen, um den Anschein zu erwecken, einen Sachverhalt besonders treffend beschreiben zu können. *Sprechen Sie niemals geziert, hochgestochen und gespreizt, geschraubt, gestelzt, affektiert, schwülstig und geschwollen, papieren, pathetisch oder theatralisch! Verzichten Sie auf rhetorisches Lametta, auf sprachliche Goldleisten, Schnörkel, Erker und Nippfigürchen, auf blumigen Schnickschnack, Zierkram und Schwulst, auf Wortgeklingel und Schellengeläute!*

Die vorgenannten Sätze veranschaulichen dieses Stillaster und sind zugleich ein Beispiel für einen inneren Widerspruch.

Häufig verfällt der Redner auch in einen stereotypen Kanzleistil.

Diese Unart fand einen gedeihlichen Nährboden in der spezifisch deutschen Sprachentwicklung. *„Nicht die Plauderkünste großer Geselligkeit, nicht der Schwung tapferer öffentlicher Reden haben ... unsere Sprache weitergebildet: Beamten und Gelehrte waren ihre Lehrmeister, und der Dunst von Akten, Kanzeln und Kathedern haftet der deutschen Prosa (und auch dem gesprochenen Wort, Anm. des Verfassers) heute noch an."* (Ludwig Reiners)

Es gibt zahlreiche solcher verstaubten Kanzleiausdrücke, die bei vielen zu einem festen Bestandteil ihres Sprachrepertoires geworden sind.

Kanzleideutsch	besser
In meiner Eigenschaft als Vorsitzender des Sportvereins	Als Vorsitzender des Sportvereins
Zum Zweck besserer Kontrolle	Zur besseren Kontrolle
In Erwägung, dass der Fall bereits abgeschlossen ist	Da der Fall bereits abgeschlossen ist
Mit Ausnahme von Herrn Müller	Außer Herrn Müller
...	

Betrachten wir den Kanzleistil nicht länger in unangemessener Ehrfurcht als Ausdruck besonderer (Sprach-)Bildung sondern als das, was er tatsächlich ist: ein Zeugnis sprechstilistischer Inkompetenz.

3.2.2 Fremdwörter und Fachausdrücke

Die Sprache ist das Medium, mit dem wir unsere Gedanken vermitteln wollen. Sie ist die Brücke der **Verständigung**. Diese Funktion kann sie aber nur erfüllen, wenn wir auch **verständlich** sprechen. So einfach diese Erkenntnis ist, so schwierig ist offenbar ihre Umsetzung. Ein Beleg hierfür ist u. a. die weitverbreitete Vorliebe für Fremdwörter und Fachausdrücke.

„Das maximale Volumen subterrarer Agrarproduktion steht im reziproken Verhältnis zu der spirituellen Kapazität ihrer Erzeuger."

Im Volksmund heißt dies schlicht: *„Die dümmsten Bauern ernten die dicksten Kartoffeln."*

Kein Zweifel: Wer seine Rede vollspickt mit Fremdwörtern und Fachausdrücken errichtet – bewusst oder unbewusst – Sprachbarrieren. Das Gesprochene bleibt dem Zuhörer fremd; resigniert schaltet er ab. Es ist aber widersinnig, töricht und unverantwortlich, wenn Sprache die Verständigung nicht fördert, sondern geradezu blockiert.

Nehmen wir als Beispiel die Ausdrucksweise in der EDV. Im Zeitalter der Computer möchten viele Menschen schnell Zugang finden zu dieser faszinierenden Technologie. Oftmals werden sie aber abgeschreckt durch ein, für den Laien völlig unverständliches, Fachchinesisch. Hier eine kleine Kostprobe, willkürlich ausgewählt.

„Die Datenprogrammiersprache Modula/R integriert moderne Konzepte aus den Bereichen Datenbanken und Programmiersprachen und bietet somit ein in sich geschlossenes Hilfsmittel für die Datendefinition (Datenbeschreibung) und die Datenmanipulation an. Ausgangspunkte dieser Integration sind auf der Seite der Da-

3.2 Klarheit und Verständlichkeit

tenbanken das relationale Datenmodell und der Relationenkalkül als deskriptive Sprache zur Datenmanipulation und auf der anderen Seite die strukturierte, modulare Programmiersprache Modula-2. Das Ergebnis Modula/R ist eine Erweiterung von Modula-2 um die Datenstruktur ‚Relation', um Operationen zum Mutieren von Relationen in Form echter Transaktionen, sowie um die Prädikatenlogik und relationswertige Ausdrücke als Abfragehilfsmittel für relationale Datenbanken." (C. A. Zehnder, Informationssysteme und Datenbanken)

Wer ständig sprachliche Rätsel aufgibt, ist oftmals nicht in der Lage, sich in die Köpfe seiner Zuhörer hineinzuversetzen. Ihm mangelt es an der nötigen Sensibilität für das menschliche Auffassungsvermögen.

Vielleicht ist es ihm aber auch völlig gleichgültig, ob die schwere Kost dem Adressaten Verdauungsbeschwerden verursacht oder nicht. Dann muss er sich den Vorwurf der Arroganz gefallen lassen. Thornton Wilder hat Recht:
„Es gibt keinen größeren Hochmut als den der Fachleute."

Gar mancher möchte aber auch durch seinen großzügigen Umgang mit Fremdwörtern und Fachausdrücken bei seinen Zuhörern Eindruck wecken. Ihm geht es nicht so sehr um Verständigung als vielmehr um die Bewunderung des Auditoriums.

Wie dem auch sei: Wieder einmal haben wir es mit einem Stillaster zu tun.
Eine wichtige rhetorische Grundregel lautet somit:

> Gehen Sie sparsam um mit Fremdwörtern und Fachausdrücken!
> Benutzen Sie sie im Allgemeinen nur dann, wenn es keine treffendere deutsche Bezeichnung gibt!

Trotz aller Warnungen vor einem ausschweifenden Gebrauch von Fremdwörtern: Einen Vernichtungsfeldzug brauchen wir nicht zu führen. Immer wieder gab es in der Vergangenheit sprechstilistische Puristen, Dogmatiker der deutschen Sprache, die dem Fremdwort den Kampf ansagten. So wollte z. B. Philipp von Zesen, ein Sprachgelehrter des 17. Jahrhunderts, alle Fremdwörter ausmerzen. Statt „Kloster" schlug er „Jungfernzwinger" vor, statt „Pistole" „Meuchelpuffer" und anstelle von „Taille" „Mittelleibschnüre". Ähnlich der Braunschweiger Sprachforscher und Verleger Joachim Heinrich Campe, der 1801 ein „Wörterbuch zur Erklärung und Verdeutschung der unserer Sprache aufgedrungenen Ausdrücke" mit 3 400 Verdeutschungsvorschlägen veröffentlichte. „Bonbons" wollte er z. B. durch „Süßbriefchen" ersetzen. Auch der Allgemeine Deutsche Sprachverein Ende des 19. Jahrhunderts wirkte als Vorkämpfer der deutschen Sprache.

Heute sind es vor allem die Gesellschaft für deutsche Sprache (GfdS) und der Verein Deutsche Sprache, die sich nachdrücklich gegen Sprachschlampereien und für ein besseres Deutsch einsetzen. Eine ernste Bedrohung sehen sie insbesondere im lawinenhaften Zustrom von Anglizismen, d. h. in der zunehmenden Vermischung der deutschen mit der englischen Sprache (Denglisch). Tatsächlich scheinen gerade wir Deutschen eine Vorliebe für englische Formulierungen zu empfinden, was sicherlich auch damit zusammenhängt, dass die deutsche und die englische Sprache von ihrer Struktur her eng miteinander verwandt sind. Da werden im Übereifer Anglizismen kreiert, die es in dieser Form im Englischen gar nicht gibt („Handy", „City"). Andere Wortschöpfungen sind unpassend, mitunter skurril und lassen sprechstilistisches Feingefühl vermissen. So schlägt z. B. der Vorsitzende des Bundesverbandes des deutschen Bestattungswesens allen Ernstes vor, „Totengräber" durch „Funeral Master" zu ersetzen und statt „Sarg" den Ausdruck „Peace Box" zu verwenden. Und: Muss denn, um noch einmal zum Computerjargon zurückzukehren, der „User" eine Datei wirklich „downloaden"? Könnte nicht auch der „Benutzer" die Datei einfach „herunterladen"?

Dennoch: Wer glaubt, die Reinheit der deutschen Sprache durch entsprechende Sprachgesetze und Verbote wiederherstellen zu müssen, zielt nicht nur zu hoch, sondern auch ins Leere. So verwenden wir ständig Anglizismen, für die es keine adäquate deutsche Bezeichnung gibt: Videorecorder, Software etc.

Vielfach ist die fremdsprachliche Bezeichnung auch längst in den allgemeinen Wortschatz übergegangen und viel vertrauter als das deutsche Ersatzwort. Ein „Fax-Gerät" kennt z. B. jeder, während das deutsche Pendant „Fernkopierer" eher befremdlich klingt. Im Übrigen besitzen wir im Deutschen viele uns jederzeit geläufige Wörter, die wir aus anderen Sprachen übernommen haben: Kultur, Rhetorik, Dialektik, Theater, Lyrik, Religion, Maschine usw. Wir benutzen sie alltäglich, meist ohne uns ihres fremden Ursprungs bewusst zu sein. Ja, selbst die deutsche Grammatik mit ihrem komplizierten Regelwerk ist nicht frei von fremdem Einfluss. Sie wurde entscheidend geformt im Zeitalter des Humanismus, wobei man sich eng am Lateinischen orientierte.

Und noch eins gilt es zu bedenken: Sprache entsteht nicht im luftleeren Raum als ein für alle Zeit vorgegebenes Konstrukt. Sie spiegelt vielmehr maßgeblich unsere Einstellungen, Überzeugungen und Denkweisen wider. Die Sprache ist daher nicht „tot" sondern ein höchst lebendiges, sich ständig weiter entwickelndes Kulturgut. Wir leben bekanntermaßen in einer Epoche stürmischer Veränderungen, im Zeitalter der Globalisierung mit immer enger zusammenrückenden Güter- und Finanzmärkten. Es ist zugleich eine Welt, die stark beeinflusst wird von den USA, der dominierenden politischen, ökonomischen, wissenschaftlichen und kulturellen Supermacht. Nicht von ungefähr dient das Englische als führende Sprache internationaler Verständigung. Und: Müssen wir nicht eingestehen, dass gerade wir Deutschen oftmals die USA als Vorbild sehen für die eigene Denk- und Lebensweise. Da kann es nicht weiter verwundern, wenn auch bei der Entwicklung unserer Sprache, man mag es bedauerlich finden, das Angelsächsische seine Spuren hinterlässt. Gesetzliche Verbote können hier nicht weiterhelfen. Man würde nur bei den Symptomen ansetzen und nicht den Ursachen.

Bei der Frage, ob überhaupt und wie häufig ich Fremdwörter benutze, spielt im Übrigen noch ein anderer Aspekt eine wichtige Rolle: der jeweilige Redeanlass bzw. Zuhörerkreis. Halte ich z. B. einen wissenschaftlichen Vortrag vor Studenten höherer Semester oder sogar Fachkollegen über die Bedeutung der neoklassischen Wachstumsmodelle in der Wirtschaftstheorie, kann und muss ich ein gewisses Begriffsverständnis voraussetzen. Die breite Herleitung wirtschaftswissenschaftlicher Grundbegriffe würde als pedantisch und oberlehrerhaft empfunden.

Halten wir nochmals fest: Fremdwörter und Fachausdrücke sollten unseren Vortrag nicht überwuchern wie Unkraut ein unbestelltes Ackerfeld. Wir sollten sie sparsam verwenden, vor allem, um keine unnötigen Sprachhürden aufzubauen. Ein völliges Fremdwörtertabu wäre allerdings zu weitgehend und dogmatisch. Fremdwörter und Fachausdrücke erweitern unseren Wortschatz und somit unsere sprechstilistischen Ausdrucksmöglichkeiten. Ihr Gebrauch ist im Allgemeinen dann unbedenklich, wenn ihr Verständnis weitgehend vorausgesetzt werden kann.

3.3 Packende und mitreißende Ausdrucksweise

Ein guter Sprechstil erfordert, wie im vorhergehenden Kapitel aufgezeigt, einen klaren und verständlichen Ausdruck. In der Einfachheit liegt die Kunst. Dies genügt aber nicht. Wer seine Zuhörer fesseln und begeistern möchte, muss auch mitreißend formulieren. Wie uns das gelingt – oder misslingt – wollen wir im Folgenden näher aufzeigen.

3.3.1 Lebendig sprechen durch Verben

Durch welche Wörter gewinnen unsere Sätze Dynamik und Spannkraft? Es sind die Tätigkeitswörter. Schon die Begriffskennzeichnung **Tätigkeits**... deutet auf ein aktives Element hin. Sie sind es, die unserer Sprache Leben einhauchen, unserem Sprechstil den pulsierenden Schwung geben. Nicht von ungefähr lautet eine elementare sprechstilistische Regel:

Das Hauptwort eines Satzes ist das Verb.

Nicht das Substantiv ist das Herz, der Motor eines Satzes, sondern das Tätigkeitswort. Hauptwörter wirken vergleichsweise schlaff und schwunglos und damit langweilig.

Betrachten wir das Sprachverhalten unserer Mitmenschen, stellen wir allerdings verwundert fest: Gerade das Substantiv erfreut sich allergrößter Beliebtheit. Wir sprechen hier von der **Substantivitis**, der Hauptwörterkrankheit oder Hauptwörterseuche. Besonders fatal bei der Substantivitis ist: Sie tritt gleich in mehreren Spielarten auf.

Eine beliebte Variante sind z. B. die sog. **Streckverben**. Ein Verb wird umgewandelt in ein Hauptwort, ergänzt um ein farbloses Tätigkeitswort:

- „Dank abstatten" statt „danken"
- „Ich gebe meinem Bedauern Ausdruck", statt „ich bedaure"
- „Von der Verwaltung ist der Beschluss ergangen", statt „die Verwaltung hat beschlossen"
- ...

Streckverben klingen meist steif und umständlich;[3] nicht zufällig sind sie dem bereits erwähnten Kanzleistil wesenseigen.

Eine schlimme Abart der Substantivitis sind auch die Hauptwörter auf **-ung**: Herabsetzung, Verlautbarung, Behauptung etc. Sie werden aus Verben gebildet und beschreiben eine Tätigkeit. Wir haben es daher mit künstlichen Hauptwörtern zu tun. Sie wirken ungelenk und schwerfällig und stellen somit ein grobes Stillaster dar.[4]

Ähnlich verhält es sich mit den substantivierten Infinitiven: das Laufen, das Singen, das Spielen etc. Es sind ebenfalls künstliche Hauptwörter, die aus einem Verb hergeleitet werden. Nur der sprechstilistische Banause wird hierauf zurückgreifen.

Eine weitverbreitete Unterart der Substantivitis sind schließlich auch die Wortketten. Bei diesem Stilfehler reiht der Sprecher möglichst viele Hauptwörter aneinander, meist in Form eines Genitivs:

---

[3] Streckverben sollten wir nur benutzen, wenn das Streckverb einen anderen Sinn hat als das ursprüngliche Verb oder wenn wir dem Streckverb noch ein Eigenschaftswort hinzufügen. Vgl. auch Reiners, Ludwig, Kleine Stilfibel S. 90 f.

[4] Selbstverständlich gibt es auch **echte** Hauptwörter, die wir ohne sprechstilistische Skrupel jederzeit benutzen können. Hierbei handelt es sich einmal um Hauptwörter, die konkrete Dinge bezeichnen: Fernseher, Auto, Messer etc. Ferner zählen dazu abstrakte Begriffe: Schönheit, Einfalt, Witz etc.

3.3 Packende und mitreißende Ausdrucksweise

„Die Genehmigung der Eintragung des Gebäudes des Antragstellers in das Grundbuch ist zu versagen."
Oder:
„Nach §12 Absatz 2 S. 2 des Beamtenbesoldungsgesetzes (BBesG) steht es der Kenntnis des Mangels des rechtlichen Grundes der Zahlung gleich, wenn der Mangel so offensichtlich war, dass der Empfänger ihn hätte erkennen müssen."

Bei solchen Formulierungen glauben wir unwillkürlich, den Staubgeruch von Amtsstuben und Kanzleien einzuatmen. Die Sprache ist trocken, starr, degeneriert bis zur völligen Leblosigkeit.

Von Julius Cäsar stammt der berühmte Ausspruch:

„Veni. Vidi. Vici." – Ich kam. Ich sah. Ich siegte.

Wären diese Worte Cäsars auch in unseren bleibenden Zitatenschatz eingegangen, hätte sie ein Bürokrat gesprochen?[5]

Daher gilt als sprechstilistische Grundregel:

Hüten Sie sich vor der Substantivitis!
Beseelen Sie Ihre Sprache durch das Verb!
Benutzen Sie Tätigkeitswörter vor allem dann, wenn Sie Handlungen wiedergeben!

Übung:

Die anschließende Übung soll dazu dienen, Ihren Wortschatz an Verben zu aktivieren:

Geben Sie für folgende Verben möglichst viele Synonyme an!

gehen:
_____
_____
_____

schimpfen:
_____

---

[5] Ludwig Reiners hat sich einmal die Mühe gemacht, sie scherzhaft in den Bürokratenstil zu übersetzen: *„Nach Erreichung der hiesigen Örtlichkeiten und Besichtigung derselben war mir die Erringung des Sieges möglich."*

loben:

befehlen:

essen:

lügen:

sehen:

sprechen:

geben:

laufen:

3.3.2 Anschaulich sprechen

Wir wissen nun, welche Wörter unserer Sprache Dynamik und Schwungkraft geben: die Verben. Damit sind wir auf dem Weg zu einem überzeugenden Sprechstil wieder ein gutes Stück weitergekommen. Am Gipfel sind wir indes noch nicht angelangt. Wenn wir das höchste Ziel erreichen wollen, die Zuhörer mit unseren Worten zu fesseln und zu begeistern, haben wir noch eine weitere sprechstilistische Richtungstafel zu beachten: Wir müssen anschaulich sprechen.
Anschaulich heißt: bildhaft, farbig, plastisch, konkret, nicht abstrakt. Denn:
„Wer mit der Sprache Bilder malt, lässt den Zuhörer mit den Ohren sehen."
(Peter Ebeling)

Damit kommen wir den spezifisch menschlichen Aufnahmemöglichkeiten entgegen. Der Mensch ist ein Augentier. Ludwig Reiners hat Recht, wenn er sagt:

„Zu den Augen des Menschen muss sprechen, wer zu seinem Herzen sprechen will. Sehen ist leichter als denken."

Nun kommt für den Redner die entscheidende Bewährungsprobe. Jetzt kann er zeigen, was in ihm steckt, ob er sich als Meister des Wortes erweist oder nicht. Ähnlich dem Maler, der mit der vorgegebenen Farbpalette sein Bild gestaltet, so wandelt der Redner das spröde Rohmaterial der Worte um in eine tönende Sprachschöpfung.

Um es mit Voltaire auszudrücken:

„Ein tüchtiger Koch kann auch aus der zähesten Schuhsohle noch ein schmackhaftes Gericht bereiten."

Unsere Stilregel lautet demnach:

Sprechen Sie anschaulich!

Eine Forderung aufstellen ist leicht. Doch wie können wir ihr genügen? Welche Möglichkeiten haben wir, unseren Sprechstil anschaulicher zu machen? Hierauf wollen wir im Folgenden näher eingehen.

3.3.2.1 Die Bildhaftigkeit der deutschen Sprache ausnutzen

Die meisten Menschen formulieren farblos und matt. Dies geschieht zum einen aus Bequemlichkeit; es ist erheblich leichter, sich abstrakt auszudrücken. Viele wissen aber auch gar nicht, welche verbale Ausdrucksvielfalt wir besitzen. Die deutsche Sprache ist reich an bildhaften Wendungen. Betrachten wir nur einmal die Art und Weise, wie wir unser Kommunikationsverhalten gegenüber Mitmenschen bildlich veranschaulichen.

Wir sagen z. B. „durch die Blume sprechen", wenn wir etwas diplomatisch mitteilen. Dagegen nimmt jemand „kein Blatt vor den Mund", wenn er rücksichtslos, d. h. „unverblümt" spricht.

Selbst die Bezeichnung „sich etwas herausnehmen" für frech und vorlaut sein, fußt auf einem konkreten Vorgang. In früherer Zeit nahmen alle das Essen aus einem gemeinsamen Topf. Wer dreist war, langte zuerst zu.

Wir sind uns wahrscheinlich gar nicht bewusst, wie sehr unsere Sprache oft mit dem Gegenständlichen verbunden ist. Viele Wörter, mit denen wir z. B. gedankliche oder psychische Abläufe beschreiben, sind Bilder: begreifen, abwägen, beflügeln, sich verschließen etc.

Wer anschaulich sprechen will, kann somit auf ein reichhaltiges sprachliches Bildmaterial zurückgreifen und sich das Passende aussuchen. Dies ist allerdings nicht so einfach. Es geht darum, den jeweils treffenden Ausdruck zu finden, der sich wie ein Mosaikstein nahtlos in das Sprachgebäude einfügt. Das ist sprechstilistische Feinarbeit, erfordert Kreativität und sprachliches Fingerspitzengefühl.

Mark Twain sagte einmal:

„Der Unterschied zwischen dem richtigen Wort und dem beinahe richtigen Wort ist der gleiche wie der zwischen dem Blitz und dem Glühwürmchen."

Dies gilt vor allem für die bildhaften Redewendungen. Auf sie sollten wir daher besonders viel Mühe verwenden.

So vermeiden wir auch den verhängnisvollen Fehler des **Bildbruchs (Katachrese)**. Hierbei vermengt der Sprecher unterschiedliche Bilder miteinander und produziert unfreiwillig Stilblüten.

- *In Bombay befindet sich ein Schmutz, der sich gewaschen hat.*
- *Bei diesem Argument handelt es sich um ein zweischneidiges Schwert, bei dem der Schuss nach hinten losgeht.*
- *Lassen Sie uns den Strom der Ereignisse bei der Stirnlocke fassen.*
- *Man soll sein krankes Bein nicht auf die leichte Schulter nehmen.*
- *Die Maßnahme ist ein totgeborenes Kind, das sich im Sande verlaufen hat.*
- *Der Zahn der Zeit wird die Wogen schon glätten.*
- *Die Emanzipation der Frau ist noch ein Kind, das in den Geburtswehen liegt.*
- *Wir werden in diese Missstände mit dem scharfen Messer der Kritik hineinleuchten.*
- *Die Aufständler in den Maschinenfabriken stehen mit einem Bein im Gefängnis, mit dem anderen nagen sie am Hungertuch.*

Unsere Stilregel heißt also:

Benutzen Sie bildhafte Ausdrücke!
Vermeiden Sie aber Bildbrüche!

3.3.2.2 Konkrete Ausdrücke verwenden

Wir haben eine ganze Reihe von Möglichkeiten, unsere Sprache anschaulicher zu gestalten. Dazu gehört auch folgendes, sehr wirkungsvolles Mittel: Formulieren Sie konkret und vermeiden Sie möglichst allgemeine Ausdrücke! Diese Empfehlung schließt alle wichtigen Wortarten mit ein, gleich ob Hauptwörter, Eigenschaftswörter oder Verben.

Was können wir uns z. B. unter den Substantiven **Ding** oder **Sache** konkret vorstellen? Nichts; es sind unbestimmte Schwammwörter, unanschaulich und langweilig. Der Sprecher verhält sich schlampig. Er ist einfach zu bequem, die treffende Bezeichnung zu benutzen. Letzteres dürfte auch der maßgebliche Grund sein, weshalb viele Menschen eine ausgeprägte Vorliebe für allgemeine Ausdrücke entwickeln.

*„Sie lauschten dem Gesang eines **Vogels** und näherten sich einem **Gebäude**. Da hörten sie ein **Geräusch**."*

Um welchen Vogel handelt es sich denn, eine Amsel, eine Nachtigall …?

„Gebäude" kann vieles bedeuten: Villa, Bungalow, Bahnhof, Krankenhaus, Kaserne, Bauernhof, Baracke, Schloss etc.

Auch das Wort „Geräusch" sagt uns wenig. War es ein Getöse, Dröhnen oder Gepolter, ein Brausen, Heulen oder Donnern, ein Geklapper, Geknatter oder Geklirr, ein Murmeln, Flüstern oder Johlen etc.?

Vogel – Gebäude – Geräusch?

Wer könnte bei den unbestimmten Ausdrücken unseres Beispiels auch nur erahnen, dass es sich hier um die – durch bewusst allgemeine Wortwahl bis zur Unkenntlichkeit retuschierte – Szenenfolge eines berühmten deutschen Märchens handelt. Der Vogel ist das schneeweiße Phantasievöglein, das Hänsel und Gretel zum Hexenhaus führt, aus dem der Lockruf der Hexe ertönt.

Dies zeigt uns noch einmal deutlich auf: Die konkrete Bezeichnung ist stets sehr viel anschaulicher als die allgemeine.

Gleiches gilt auch für die **Eigenschaftswörter**.

*„Der Urlaub war **schön**."*

Schön? Was heißt das: erholsam, entspannend, erlebnisreich, aufregend, eindrucksvoll, sonnig, …?

*„Leider war das Wetter **schlecht**."*

Auch, was der Sprecher unter „schlecht" versteht, bleibt unserer Phantasie überlassen. War es regnerisch, kalt, stürmisch, …?

Ähnlich unbestimmt sind Eigenschaftswörter wie **nett, toll, gut, interessant** etc. Einige nichtssagende Adjektive sind sogar zu regelrechten Modewörtern geworden: **echt, prima, sagenhaft, super, geil** etc. Gerechtfertigt sind sie höchstens als Ausdruck einer spontanen Gefühlsäußerung, nicht aber zur näheren Charakterisierung konkreter Sachverhalte.

Und wie verhält es sich mit den **Tätigkeitswörtern**? Haben wir sie nicht als Motor, als treibende Kraft eines Satzes bezeichnet? Leider müssen wir auch hier differenzieren. Wir besitzen konkrete, anschauliche Verben und solche allgemeiner Natur.

Wörter wie **gehen, bewegen, sprechen** etc. sind oftmals vage und lassen sich durch konkretere Bezeichnungen ersetzen. Für „gehen" sagen wir z. B. treffender schreiten, schlendern, trotten, bummeln, trippeln, tänzeln usw. Der Besoffene **ging** nicht nach Hause; er **schwankte** nach Hause.

Es gibt auch Tätigkeitswörter, bei denen sogar das kleinste Fünkchen Leben erloschen ist: **haben, sein, machen, tun, sich befinden** etc. Wir nennen sie daher treffend **tote Verben**.

*Über dem Meer **war** ein kräftiger Sturm.*

Das Tätigkeitswort „war" nimmt dem Sturm seine Kraft und verwandelt ihn in ein laues Lüftchen.

*Über dem Meer **tobte** ein heftiger Sturm* ist dagegen weit ausdrucksstärker und anschaulicher.

Halten wir nochmals als weitere Grundregel eines überzeugenden Sprechstils fest:

> Verwenden Sie möglichst konkrete und keine allgemeinen, unbestimmten Ausdrücke!

3.3.2.3 Beispiele bringen

Auch Beispiele tragen zu mehr Anschaulichkeit bei. Was liegt näher, als diese Aussage durch das Beispiel selbst zu untermauern, nach dem Motto: *„Beispiele tun oft mehr, als viele Wort und Lehr."* (Seneca)

Wir wollen annehmen, ein Redner referiert über das brisante Thema: *Notwendige Reformen unseres Sozialstaats.*

„Sehr geehrte Damen und Herren!
*Lassen Sie mich meinen Vortrag beginnen mit einer Definition des Wortes **Sozialpolitik als Wissenschaft**:*
Sozialpolitik ist die grundsätzlich wissenschaftsautonome, systematische, d. h. möglichst vollständige und nach sachlogischen Gesichtspunkten geordnete Darstellung und Analyse realer und gedachter Systeme, Systemelemente und Probleme der Sozialpolitik mit dem Ziel, mit Hilfe frei wählbarer, geeignet erscheinender wissenschaftlicher Methoden objektive, d. h. intersubjektiver Überprüfung standhaltende

Erkenntnisse über praktiziertes sozialpolitisches Handeln und über mögliche Handlungsalternativen zu gewinnen."[6]
Brechen wir hier ab. Vielleicht haben Sie selbst schon vorher aufgegeben. Wohl kaum jemand dürfte in der Lage sein, eine solche Definition auf Anhieb zu verstehen oder sich ihren Inhalt merken zu können. Sie ist nicht nur viel zu lang, sondern in höchstem Maße abstrakt und unanschaulich.
Der vorliegende Beispielsfall könnte leicht konstruiert erscheinen; er ist es aber keineswegs. Es ist der Stil, wie er häufig von Wissenschaftlern und Studenten in Fachvorträgen und Referaten praktiziert wird.
Schauen wir im Folgenden doch einmal, wie wir den Sachverhalt konkreter darstellen können, wobei wir bewusst das Beispiel als wichtiges Stilmittel der Veranschaulichung einsetzen wollen.

„Meine sehr geehrten Damen und Herren!
Lassen Sie mich meinen Vortrag mit einer Definition des Wortes Sozialpolitik beginnen:
Die Sozialpolitik als Wissenschaft behandelt zum einen in umfassender Weise sozialpolitische Gegebenheiten und Probleme.
Beispiel:
Im Gesundheitswesen lässt sich eine dramatische Ausgabenexplosion beobachten.
Ursachen hierfür sind:
▸ *die gestiegene Lebenserwartung*
▸ *der verstärkte Einsatz medizinischer Geräte*
▸ *...*
Sie zeigt ferner auf, wie sozialpolitische Probleme gelöst werden können. Dabei werden verschiedene Lösungsmöglichkeiten aufgezeigt.
Beispiel:
Eine Ausgabensenkung im Gesundheitswesen könnte erreicht werden durch:
▸ *eine stärkere Selbstbeteiligung der Patienten*
▸ *eine kürzere Verweildauer im Krankenhaus*
▸ *..."*

Machen wir die Vorzüge des Beispiels durch ein weiteres Beispiel deutlich. Eines der momentan mit am häufigsten benutzten Modewörter ist das der **Globalisierung**. Obwohl in aller Munde, dürften sich nur die wenigsten über den wahren Begriffsin-

---

[6] Lampert, Heinz, Lehrbuch der Sozialpolitik, 1994, S. 10 f. Fairerweise wollen wir jedoch anmerken, dass besagtes Standardlehrbuch der Sozialpolitik ansonsten weitgehend in einem verständlichen Stil gehalten ist und dem diesbezüglich Interessierten als Lektüre nur empfohlen werden kann.

3.3 Packende und mitreißende Ausdrucksweise

halt im Klaren sein. Versuchen wir es daher auch hier einmal mit einer näheren Definition:

„Die Transferkosten für Waren, Dienstleistungen einschließlich der Informationen sind in der Vergangenheit relativ billiger geworden. Als Folge hiervon rücken die Weltmärkte immer näher zusammen. Die Produktionsfaktoren, insbesondere Kapital und Arbeit, wenden sich verstärkt den international günstigsten Verwertungsmöglichkeiten zu.

Globalisierung heißt zum Beispiel:

- *Japanische Kraftfahrzeuge werden mit US-amerikanischen Motoren, französischen Reifen, deutscher Elektronik, italienischem Design in englischen Fabrikhallen fertiggestellt.*
- *Indische Software-Spezialisten entwickeln in Bombay Computerprogramme für US-amerikanische, deutsche oder japanische Firmen.*
- *Deutsche Kapitalanleger kaufen US-amerikanische Aktien; US-Amerikaner erwerben deutsche Kapitalanteile.*
- *..."*

Ich hoffe, es ist uns gelungen, die Wirksamkeit des Beispiels als rhetorisches Stilmittel durch das Beispiel selbst zu veranschaulichen.

Formulieren wir abschließend als Grundregel:

Veranschaulichen Sie einen Sachverhalt durch Beispiele!

3.3.2.4 Vergleiche anführen

Wie ein Bergsteiger, der einen Gipfel erklimmen möchte, einer entsprechenden Ausrüstung bedarf, so benötigt der Redner ein spezielles rhetorisches Handwerkszeug oder besser Mundwerkszeug, will er es zu höchster Meisterschaft bringen. Zur sprechstilistischen Grundausstattung gehört dabei auch der Vergleich.[7] Sein besonderer Vorzug: Er gibt dem Redner die Möglichkeit, mehrere Sinne anzusprechen.

„*Es war bei ihnen **sehr** gemütlich.*" Das Wörtchen „sehr", als Verstärker gedacht, erweist sich hier als matt und farblos. „*Es war bei ihnen so gemütlich **wie in einer Weihnachtsstube**.*" Schon sind die wichtigsten unserer Sinne angesprochen, das Auge, das Gehör (wir hören vielleicht im Hintergrund Weihnachtslieder), der Geruchssinn (evtl. riechen wir ja den Duft von Tannennadeln oder das Wachs der Weihnachtskerzen). Mit einem Mal überträgt sich die Stimmung auf den Zuhörer. Gemütlichkeit wird zu einem konkret nachvollziehbaren Sinnes- und Gefühlseindruck.

Es verwundert daher nicht, dass gerade Dichter und Schriftsteller gerne auf den Vergleich als Stilmittel zurückgreifen. Aber auch bei Meinungsreden, Sachvorträgen oder dem alltäglichen Gespräch ist ein treffender Vergleich oft sehr wirkungsvoll.

Unsere Stilregel lautet demnach:

> Machen Sie Abstraktes anschaulich durch Vergleiche!

Übung:

Finden Sie in den nachfolgenden Beispielsfällen treffende Vergleiche! Lassen Sie Ihrer Phantasie freien Lauf! Wichtig: Die Vergleiche sollten möglichst originell und nicht abgedroschen sein.

1. Er/Sie sträubte sich gegen diese Maßnahme wie

2. Ihre Bewegung war so anmutig wie

3. Er/Sie ringt mit dem Problem wie

4. Seine/Ihre Behauptungen sind so unbelegt wie

---

[7] Wir wollen in diesem Einführungslehrbuch davon absehen, auf die verschiedenen Typen von Vergleichen näher einzugehen wie metalogische, metaphorische Vergleiche etc. Der Leser sei hier auf die weiterführende Literatur verwiesen. Vgl. hierzu u. a. Dubois, Jacques, Allgemeine Rhetorik

5. Er/Sie war am Boden zerstört wie

6. Er/Sie war aufgekratzt wie

7. Er/Sie schämte sich wie

8. Er/Sie schwitzte wie

9. Er/Sie war so blass wie

10. Er /Sie war so besoffen wie

11. Der Morgen lacht uns an wie

12. Das Fleisch war so zäh wie

13. Er ist verschlagen wie

14. Der Vortrag war so spannend wie

15. Er bemüht sich um ein neues Selbstverständnis wie

3.3.2.5 Sprichwörter und Zitate

Ein persisches Sprichwort lautet: *„Sprichwörter sind der Schmuck einer Rede."*

Auch wenn bei diesem „Sprichwort über das Sprichwort" vielleicht etwas zu viel Selbstlob mitschwingt, so können wir doch feststellen: Sprichwörter und Zitate sind ein geradezu klassisches Stilmittel, um unsere sprachliche Ausdrucksfülle anzureichern. Meist über Jahrhunderte oder gar Jahrtausende von Generation zu Generation weitergegeben, im vertrauten alltäglichen Umfeld gewonnen, beinhalten sie verallgemeinerte – wenn auch keineswegs allgemeingültige – Lebensregeln.[8]

Angenommen, wir wollen darauf hinweisen: „Es ist nicht klug, einen unstrittigen Punkt zu einem Problemfall hochzustilisieren." Dies klänge abstrakt. Weit anschaulicher wäre: *„Wo es nicht juckt, soll man nicht kratzen."*

Hier zeigt sich gleich die ganze Stärke von Sprichwörtern. Sie sind prägnant, volkstümlich und – was wir in unserem Zusammenhang besonders hervorheben wollen – von nachgerade expressiver Bildhaftigkeit. Nicht selten wird ihre Formelhaftigkeit noch verstärkt durch einen einprägsamen Rhythmus und Reimbildungen (*unverhofft kommt oft; auf Rach' folgt Ach* usw.). Aufgrund dieser spezifischen Wesensmerkmale sind Sprichwörter besonders eingängig.

Ähnliches gilt für die **Geflügelten Worte**. Es sind **Zitate**, die, um es mit Homer auszudrücken, wie auf Flügeln vom Mund des Sprechers zum Ohr des Zuhörers eilen. Im Unterschied zu den Sprichwörtern, also den Volksweisheiten ohne spezifischen Verfasser, sind Zitate griffige Formulierungen, für die sich ein Urheber oder zumindest doch ein Ursprung angeben lässt. *„Allein der Vortrag macht des Redners Glück"* ist ein Zitat aus Goethes Faust.

Als Sonderform eines Zitats können wir die **Aphorismen** bezeichnen. Bei diesen handelt es sich um originelle, geistreiche Gedankensplitter von Persönlichkeiten. Bekannt sind z. B. die Aphorismen von Georg Christoph Lichtenberg und Oscar Wilde.

„Aphorismen entstehen nach dem gleichen Prinzip wie Statuen: Man nehme ein Stück Marmor und schlage alles ab, was man nicht unbedingt braucht." Letzteres ist ein Aphorismus von Gabriel Laub.[9]

Als überzeugende Redner sollten wir stets ein passendes Sprichwort oder Zitat in unseren Vortrag einbauen können. Natürlich brauchen wir diese nicht alle im Kopf zu speichern. Es gibt eine ganze Reihe von Sprichwörter-Lexika und Zitatenhandbüchern wie z. B. die „Geflügelten Worte" von Büchmann (siehe Literaturanhang). Oder man recherchiert einfach im Internet unter dem Schlagwort Stichwörter bzw. Zitate.

An dieser Stelle möchten wir allerdings auf eine wichtige rhetorische Warntafel aufmerksam machen: Erschlagen Sie den Zuhörer nicht mit einem Schwall von Sprichwörtern und Geflügelten Worten! Eine Rede darf kein Zitatenfriedhof sein. Als Feinschmecker wissen wir: Ohne Salz schmeckt eine Suppe fade; geben wir zu

---

[8] Vgl. hierzu auch Beyer, H. und A., Sprichwörterlexikon.

[9] Die Sprechstilistik unterscheidet noch weitere sprichwortähnliche Bildungen wie Sentenzen, Sprüche und Epigramme. Der Leser sei hier auf die weiterführende Literatur verwiesen.

viel hinzu, ist sie versalzen. Ähnliches gilt für unsere sprachliche Kost. Sprichwörter und Zitate würzen eine Rede, man kann aber auch übertreiben. Denn: *Überschuss verdirbt den Genuss.* Mögen die Geflügelten Worte noch so geistreich, witzig und humorvoll sein, irgendwann ist des Guten zu viel.[10] Es ist wie beim Buch der tausend Witze. Spätestens nach der dritten Seite vergeht uns allmählich die Lust am Lachen.

Speziell bei Zitaten sollten wir noch bedenken: Es handelt sich hier um die Gedanken Dritter, nicht um unsere eigenen. Wir schmücken uns sozusagen mit fremden Federn. Der Zuhörer mag es aber nicht, wenn wir ihm ständig anderer Menschen Kost servieren.

Fassen wir daher abschließend als Grundregel zusammen:

Würzen Sie Ihren Vortragsstil mit Sprichwörtern und Zitaten! Gehen Sie aber nicht zu üppig hiermit um!

3.3.2.6 Im Aktiv statt im Passiv sprechen

„Es wird in der Fachliteratur empfohlen, nicht im Passiv zu sprechen." Dieser Satz widerspricht sich selbst, benutzt er doch die Leideform, wie wir an dem Hilfswort „wird" unschwer erkennen können. Sein Inhalt ist allerdings zutreffend. Denn: Passivsätze klingen umständlich, zudem auch steif und weniger anschaulich.

---

[10] Leider enthalten Sprichwörter manchmal alles andere als hintergründige Volksweisheiten; sie können mitunter recht abgegriffen sein oder geben sogar weitverbreitete Dummheiten und Vorurteile wieder.

Es gibt aber noch eine weitere Schwäche: Die Leideform wirkt unpersönlich und distanziert; der Urheber bleibt meist unbekannt.

„Es wird gebeten, den Saal zu räumen." Besser: *„Ich bitte Sie, den Saal zu räumen."*

Wir wollen daher unsere neuerliche Stilregel bewusst im Aktiv formulieren:

Drücken Sie Handlungen möglichst im Aktiv aus, und gehen Sie sparsam mit der Leideform um!

3.3.2.7 In der Gegenwartsform sprechen

Wir wollen die Zuhörer mit unseren Worten fesseln. Das erreichen wir nur, wenn wir ein Geschehen so zeitnah wie möglich wiedergeben. Eine weitere sprechstilistische Regel lautet daher:

Sprechen Sie möglichst in der Gegenwartsform!

Durch das Präsens wirkt unsere Sprache unmittelbarer; wir geben dem Auditorium das Gefühl, „live" dabei zu sein. Auf diese Weise können wir z. B. längst **vergangene** Ereignisse in unsere Zeit hineinprojizieren; sie leben auf durch den besonderen Reiz des Aktuellen.

„Vor fünf Jahren geschah Folgendes: Als ich in London über den Trafalgar Square bummelte, begegnete ich plötzlich meinem alten Geschichtslehrer."

Besser:

„Fünf Jahre ist es jetzt her: Ich bummele gerade über den Trafalgar Square. Da passiert etwas Merkwürdiges. Ich schaue zum Admiral Nelson empor und verliere mich dabei in Gedanken über die Schlacht von Trafalgar und unseren Geschichtsunterricht. Auf einmal stoße ich mit einem Fußgänger zusammen. ‚Sorry!', sage ich, drehe mich um, und wen erblicke ich? – meinen alten Geschichtslehrer."

Auch **Zukünftiges** können wir durch die Gegenwartsform zeitlich näher an uns heranholen. Geschickte Verkäufer nutzen dieses Mittel bekanntlich gerne, um die Vorzüge einer Ware klarer herauszustellen.

*„An diesem Produkt **werden** Sie noch viel Freude haben."*

Das Wesentliche beim Verkauf, die Bedürfnisbefriedigung des Kunden, wird hier sprachlich in die Ferne gerückt.

3.3 Packende und mitreißende Ausdrucksweise

„An diesem Produkt haben Sie noch viel Freude."
Jetzt erlebt der Käufer den Konsumnutzen unmittelbarer. Er fühlt sich eher bestärkt in seinem Gefühl: „Ja, ich habe das richtige Produkt erworben."

3.3.3 Rhetorische Fragen stellen

Zu den Ausdruckselementen eines überzeugenden Sprechstils zählen wir auch die rhetorische Frage. Was verstehen wir darunter? Ganz einfach: Eine Frage, wie wir sie gerade gestellt haben. Es ist eine Frage, auf die der Fragesteller **keine** Antwort erwartet. Er möchte sie vielmehr selbst beantworten.

- „Was sollten wir unbedingt beachten?"
- „Worin liegt die besondere Schwierigkeit?"
- „Wie können wir dieses Problem lösen?"
- „..."

Rhetorische Fragen haben eine Reihe sprechstilistischer Vorzüge: Zum einen lockern sie eine Rede auf; sie sorgen für die rhetorische Sauerstoffzufuhr, wenn der Zuhörer an der Informationsfülle zu ersticken droht. Ein weiterer großer Vorteil besteht darin: Sie beziehen das Publikum mit ein, fordern es zum Mitdenken auf und erzeugen somit eine dialogische Stimmung. Der Zuhörer wird zu einem aktiven Partner, bleibt gespannt und aufmerksam. Dieser Effekt lässt sich noch steigern, wenn wir nach der rhetorischen Frage eine Sprechpause einlegen.

Die rhetorische Frage können wir darüber hinaus zu den taktischen Redefiguren rechnen. Wir verwenden sie nämlich häufig, um mögliche Einwände vorwegzunehmen:

„Meine Damen und Herren! Vielleicht halten Sie rhetorische Fragen für oberlehrerhaft?" Dieses Beispiel für einen antizipierten Einwand wollen wir nicht unbeantwortet lassen. Denn tatsächlich handelt es sich hier um einen möglichen Schwachpunkt der rhetorischen Frage. Besagtes Stilmittel kann nämlich durchaus schulmeisterlich klingen, allerdings nur dann, wenn wir es übermäßig verwenden.

Wer eine rhetorische Frage an die andere reiht, unterfordert allzu leicht seine Zuhörer und wirkt belehrend. Zudem gilt, wie es meist bei Übertreibungen der Fall ist: Das Instrument nutzt sich schnell ab; die rhetorische Frage verliert ihre sprechstilistische Ausdruckskraft.

Als Stilregel wollen wir daher formulieren:

> Setzen Sie hin und wieder das Instrument der rhetorischen Frage ein!

3.3.4 Weitere sprechstilistische Gestaltungsmittel

Unser Repertoire an Stilmitteln ist schier unerschöpflich; unmöglich können wir in einem einführenden Lehrbuch auf alle eingehen. Um dennoch eine Vorstellung zu vermitteln von ihrer Vielfalt, wollen wir im Folgenden einige dieser Instrumente zumindest einmal erwähnen.

1. Personifikation
   Ein Begriff wird vermenschlicht:
   Vater Staat
   Mütterchen Russland
   Väterchen Frost
   Uncle Sam
   Bruder Leichtfuß
2. Stabreim
   Mit Stumpf und Stiel
   Ross und Reiter
3. Paradoxon (Scheinwiderspruch)
   „Es zeugt von feinem Sprachgefühl, nichts zu sagen."
   „Es gibt nichts Schöneres, als dem Schweigen eines Dummkopfes zuzuhören."
   (Helmut Qualtinger)
   „Wer zu nichts fähig ist, ist zu allem fähig."
   „Wir müssen sparen, koste es, was es wolle."
   „Hier kann man ja nicht einmal in aller Ruhe Krach machen."
   „Wir sollten den Mut haben, das Undenkbare zu denken."
4. Synekdoche
   Ein Teil des Ganzen steht für das Ganze.[11]

---

[11] Genauer gesagt handelt es sich hier um die partikularisierende Synekdoche. Vgl. auch Jacqes Dubois u a., Allgemeine Rhetorik

3.3 Packende und mitreißende Ausdrucksweise

„Es ist ein gewaltiger Entwicklungsschritt vom primitiven Einzeller bis zu Albert Einstein." Albert Einstein steht hier stellvertretend für „intelligenter Mensch".
„Schwerter werden umgeschmiedet zu Pflugscharen, Dolche zu Winzermessern. Kein Krieg wird mehr sein." (Luise Rinser)

5. Anspielungen
Anspielungen wecken Assoziationen
Waterkantgate für Barschel-Affäre
Monicagate für Clinton-Lewinsky-Affäre

6. Anapher
Benachbarte Sätze beginnen mit derselben Formulierung.
- „**Wir müssen** uns den Herausforderungen der Zukunft stellen!
  Wir müssen uns von Liebgewordenem trennen!
  Wir müssen unseren Sozialstaat auf den Prüfstand stellen!"
- „**Es ist ein Skandal,** die Staatsverschuldung immer weiter aufzublähen.
  Es ist ein Skandal, unsere Natur hemmungslos auszubeuten.
  Es ist ein Skandal, das Vertrauen unserer Jugend in die Zukunft leichtfertig zu verspielen."

7. Überraschung
„Was lange gärt, wird endlich Wut."
„Gelegenheit macht – Liebe."
„Wer zuletzt lacht – hat nicht eher begriffen."
„Der Mann, der nachgibt, wenn er im Recht ist – ist verheiratet." (Paul Hubschmied)

Als rhetorische Regel können wir somit definieren:

Verwenden Sie weitere sprechstilistische Gestaltungsmittel wie
- Personifikation
- Stabreim
- Paradoxon
- Synekdoche
- Anspielungen
- Anapher
- Überraschung
- ...!

3.3.5 Stilistische Nachlässigkeiten vermeiden

Wir haben in unserem Kapitel „Sprechstil" eine Reihe von Möglichkeiten aufgezeigt, wie wir uns klarer, packender und überzeugender ausdrücken können. Werfen wir nun noch einen Blick auf ein ärgerliches, weil leicht vermeidbares Stilübel.
Viele Menschen gehen mit ihrer Sprache recht sorglos um. Aus Unachtsamkeit, mitunter auch aus Unkenntnis, benutzen sie grammatikalisch unrichtige Formulierungen. Wir sprechen hier von „stilistischen Nachlässigkeiten", „sprechstilistischen Flüchtigkeitsfehlern" oder vom sog. „Pidgin-Deutsch". Nachfolgend einige Beispiele für solche weitverbreitete Stilschlampereien:

falsch	richtig
ein kleines Bäumchen	ein kleiner Baum oder ein Bäumchen
nach Christi	nach Christus oder nach Christi Geburt
meines Erachtens nach	meines Erachtens
an diesem Tage, wo	an diesem Tage, als oder da
Rückerinnerung	Rückschau oder Erinnerung
mehrwöchentlich	mehrwöchig

Eine weitere rhetorische Regel lautet somit:

Vermeiden Sie sprechstilistische Nachlässigkeiten!

3.4 Abschließende Übungen zur Verbesserung des Sprechstils

Hier noch einige Tipps, wie wir unsere sprechstilistischen Fertigkeiten schulen können.
Der oberste Grundsatz lautet:
Lesen, lesen, lesen!
Lesen Sie soviel wie möglich! Bevorzugen Sie dabei vor allem stilistisch ansprechende Texte: gute Romane, Novellen etc.! Auch niveauvolle Zeitungen und Zeitschriften kann ich nur empfehlen. Gerade Journalisten besitzen oft die Gabe, einen

3.4 Abschließende Übungen zur Verbesserung des Sprechstils

Sachverhalt fesselnd und in einer bildhaften Sprache auszudrücken. Nichts ist besser für einen überzeugenden Sprechstil als die erzieherische Wirkung des guten Vorbildes.

Häufiges Lesen ist aber auch ein treffliches Rezept, den eigenen Wortschatz zu erweitern – den passiven wie den aktiven. Unser **passiver** Wortschatz umfasst mehr als 50 000 Begriffe. Dazu gehören sämtliche Wörter, die wir zwar kennen, aber gar nicht alle verwenden. Unser **aktiver** Wortschatz ist viel geringer; er beinhaltet nur 600 bis 2 000 Wörter. Bedeutsam für einen überzeugenden Sprechstil ist verständlicherweise der aktive Wortschatz. Diesen sollten wir besonders pflegen. Wir wollen daher noch einige ergänzende Übungen vorschlagen.

Lesen Sie hin und wieder eine Textpassage aus einem Buch oder einer Zeitung, und versuchen Sie, den Inhalt wortgetreu wiederzugeben! Benutzen Sie dabei auch solche Ausdrücke, die sie sonst nicht oder nur selten gebrauchen! Sie bereichern hiermit nicht nur Ihren aktiven Wortschatz, sondern schulen nebenher auch noch Ihr Gedächtnis. Wer seinen aktiven Wortschatz spielerisch trainieren, das Angenehme also mit dem Nützlichen verbinden möchte, kann aus einem breiten Spektrum zusätzlicher Übungsmöglichkeiten wählen. Beispielhaft wollen wir erwähnen:

- Kreuzworträtsel lösen;
- Antonyme bilden, d. h. zu einem Begriff einen gegenteiligen Begriff suchen: trocken – nass; hübsch – hässlich etc.
- Sätze mit vorgegebenen Anfangs- und Endwörtern bilden:
  Als ... daneben.
  Häufig ... vergessen.
  ...

Wir sehen also: Stilübungen können mehr sein als Rhetorikschulungen im engeren Sinne, nämlich zusätzlich eine Art mentales Fitnesstraining oder Gehirnjogging.

4 Sprechtechnik

„Da formte Gott, der Herr, den Menschen aus der Erde vom Ackerboden und blies in seine Nase den Lebensatem. So wurde der Mensch zu einem lebendigen Wesen."
(Gen. 2,7)

„Bei der Rede kommt zum Kopf noch der Kehlkopf."
(Herbert Biehle)

„Es gibt wenig Stimmen, die in ihrer äußersten Anstrengung nicht widerwärtig würden."
(Gotthold Ephraim Lessing)

Ein guter Sprechstil ist unabdingbar, wollen wir unsere Zuhörer beeindrucken. Die geschliffene Formulierung allein genügt aber nicht. Beim Sprechen kommt noch ein ganz entscheidendes Klangelement hinzu: unsere Stimme. Damit sind wir auf unserem Weg zum überzeugenden Redner bei der Sprechtechnik angelangt, einem weiteren elementaren Baustein jeder Rhetorikschulung.

4.1 Stimmkunde

Wir alle kennen Menschen, bei denen wir ganz spontan sagen: „Der/Die hat aber eine unsympathische Stimme." Wir empfinden einfach so, ohne uns im Allgemeinen darüber näher Gedanken zu machen. Klingt die Stimme kehlig, gaumig, kratzig oder näselnd, dazu noch schwach, tonlos, piepsig, gar unscharf und lautunrein?

Bei anderen dagegen schätzen wir deren angenehme Stimme. Sie ist kräftig und wohltönend, lautrein und voller Ausdruckskraft. Mitunter geht von einer solchen Stimme ein geradezu magischer Zauber aus; wir könnten stundenlang zuhören.

„Na und!", wird vielleicht mancher einwenden, „und welchen praktischen Nutzen können wir hieraus ziehen? Unsere Stimme ist doch nun einmal etwas Naturgegebenes wie die Farbe unserer Augen oder die Form unseres Kopfes: Entweder ist sie klangschön oder nicht. Ändern können wir daran nichts."

Trifft dies wirklich zu? Selbstverständlich gibt es angeborene Merkmale, z. B. ob jemand über eine hellere oder dunklere Klangzeichnung verfügt. Es ist aber irrig anzunehmen, wir könnten unsere Stimme nicht entwickeln. Im Gegenteil: Jeder kann eine kräftige und modulationsfähige Stimme erwerben. Sie ist keineswegs in erster Linie organisch bedingt. Viel wichtiger sind unermüdlicher Übungseifer und die Bereitschaft zu steter und harter Stimmarbeit.

Aus diesem Umstand gewinnt eine der wichtigsten Teildisziplinen der Rhetorik ihre besondere Legitimation: die **Sprecherziehung** oder **Stimmkunde**. Sie befasst sich mit den Gesetzmäßigkeiten der Stimme und ihrer Schulung. Im Mittelpunkt stehen dabei die Atmung, die Tönung (Tonbildung und Resonanz) sowie die Lautung (Vokalisation und Artikulation). Im Folgenden wollen wir uns intensiver mit den genannten Komponenten beschäftigen.

4.1.1 Die Atemtechnik

Ein altindisches Sprichwort besagt: *„Der Atem ist der Regler aller Dinge"*. Dieser Satz trifft ganz sicherlich auf den Redner zu. Denn: Der Atem sorgt ja nicht allein für den lebenserhaltenden Austausch zwischen Kohlensäure und Sauerstoff im Blut.[12] Er ist auch der notwendige Betriebsstoff für das Sprechen und die Energiequelle für die Lautbildung. Noch einfacher ausgedrückt: **Reden ist tönende Ausatmung.**

Atmung ist aber nicht gleich Atmung. Die Menschen nutzen ihren Blasebalg Lunge recht unterschiedlich. Dabei unterscheiden wir verschiedene Atemtechniken.

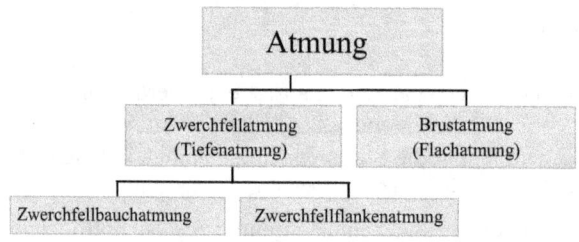

---

[12] Beim Einatmen wird Sauerstoff aufgenommen und über die Atem- und Blutwege zu den Körperzellen transportiert. Dort wird der Sauerstoff zusammen mit unserer Nahrung in Energie umgewandelt. Dabei entsteht ein Abgas, das Kohlendioxid. Letzteres wird über die Atemwege ausgeschieden. Der Abtransport ist wichtig, um den Säuregehalt im Blut gering zu halten. Je mehr wir uns anstrengen, d. h. Energie verbrauchen, umso häufiger müssen wir einatmen, um Sauerstoff heranzuführen. Umso häufiger müssen wir aber auch ausatmen, da bei großer Anstrengung mehr Abgase produziert werden.

4.1.1.1 Die Zwerchfellatmung

Unsere Atmung ist, etwas salopp gesagt, die natürlichste Sache der Welt. Denn: Sie vollzieht sich ganz von selbst. So atmen wir bekanntlich auch dann, wenn unser Bewusstsein ausgeschaltet ist, z. B. im Schlaf oder bei einer Ohnmacht. Der natürliche Atemrhythmus beginnt allerdings nicht mit dem Einatmen, wie man leicht vermuten könnte, sondern mit dem Ausatmen. Die ausströmende Luft wirkt auf uns befreiend und entspannend. Vor allem aber wird in unserem Blut eine Art Sauerstoffhunger erzeugt. Wir atmen daher tiefer und kräftiger ein. Beim Einatmen strömt dann die Luft durch den Mund und die Nase in den Schlund, den Kehlkopf, die Luftröhre, die zweifach verästelten Bronchien und schließlich über die feinen Röhrchen des Lungenbeins in die Lungenbläschen.[13]

Die Lunge, bestehend aus zwei Lungenflügeln, ist ein lockeres, elastisches Gewebe. Wenn die Luft hineinströmt, weitet sie sich wie ein Sack passiv aus. Dadurch wird das Zwerchfell aktiviert. Dieses ist ein lappenähnlicher, geschmeidiger und im Ruhezustand nach oben gewölbter Muskel, der die Lunge von der Brusthöhle trennt. Beim Einatmen dehnt sich das Zwerchfell nach unten, um den mit Luft gefüllten Lungen mehr Platz zu bieten. Dadurch drückt es auf die darunter liegenden Bauchteile, wodurch sich die Bauchdecke, etwa in Höhe des Bauchnabels anhebt.

Beim Ausatmen verläuft der Vorgang genau umgekehrt. Die Lungenbläschen kontrahieren und geben die Luft wieder frei. Indem wir die Bauchdecke einziehen, erhält jetzt das Zwerchfell einen Stoß von unten. Ruckartig kehrt es in seine Normallage zurück,[14] drückt seinerseits gegen die Lunge und gibt der ausströmenden Luft die nötige Schubkraft. Über den Lungenbaum, die Bronchien und die Luftröhre gelangt sie dann zum Kehlkopf. Im Kehlkopf wiederum wird die Luft schließlich zum Tönen gebracht. Wie dies geschieht, wollen wir im nächsten Kapitel „Tonbildung und Resonanz" noch eingehender untersuchen.

Den hier skizzierten Atemvorgang bezeichnen wir als **Zwerchfell-Bauchatmung**. Eng damit verwandt ist die **Zwerchfell-Flankenatmung**. Auch bei ihr dehnt sich der untere Teil der Lunge aus. Nur spreizen sich jetzt die unteren Rippen seitlich und nach hinten, um der Lunge nach diesen beiden Richtungen hin Platz zu schaffen. Dadurch weiten sich die Flanken, d. h. beim Einatmen treten die Weichteile zwischen den unteren Rippenpaaren und den Hüftknochen heraus.

---

[13] Es gibt rd. 300 Mio. Lungenbläschen (Alveolen). Mit einer Oberfläche von 50–80 m^2 erreichen sie etwa die Größe eines Tennisplatzes. Dieser Größenumfang ist erforderlich, um eine schnelle und reibungslose Diffusion, d. h. Weitergabe des Sauerstoffs an das Blut zu gewährleisten.

[14] Das Zwerchfell kann sich bei kräftiger Anspannung maximal etwa acht bis zehn cm dehnen.

Zwerchfell-Bauchatmung und Zwerchfell-Flankenatmung bezeichnen wir zusammen als **Zwerchfellatmung, Tiefenatmung** oder **Vollatmung**. Sie stellt in jeder Hinsicht die ideale Atmungsform dar. Die Zwerchfellatmung, bei der sich unser Atemrhythmus auf ganz natürliche Weise vollzieht, ist gesund. Sie wirkt sich positiv aus Herz, Kreislauf und unser gesamtes körperliches wie auch seelisches Wohlbefinden aus. Wir fühlen uns länger frisch und leistungsfähig und überdies Stresssituationen besser gewachsen.

Auch sprechtechnisch gesehen ist die Tiefenatmung vorteilhaft. Sie sorgt stets für ausreichenden Luftvorrat, den wir, wie soeben aufgezeigt, benötigen, um überhaupt sprechen zu können. Darüber hinaus ist die Atemluft wichtig für die Resonanzbildung. Denn: Resonanzen entstehen immer durch das Mitschwingen luftgefüllter Räume (Näheres hierzu im folgenden Kapitel).

Daher sollten wir sooft wie möglich Atem schöpfen, d. h. immer dann, wenn im Satz vom Sinn her eine Pause angebracht ist. Niemals dürfen wir aber, wie dies leider häufig geschieht, an sinngemäß unpassenden Stellen einatmen, da wir hierdurch den Satz unnötig zerreißen.

Wir haben gesehen, wie bedeutsam richtiges Atmen für den Sprechvorgang ist. Daraus ergibt sich noch ein Weiteres: Keinesfalls dürfen wir mit unserem kostbaren Luftvorrat verschwenderisch umgehen. Wir sollten vielmehr beim Sprechen unseren Atem zügeln, d. h. die Luft nur langsam ausfließen lassen. Eine vollausströmende Luft hat noch einen weiteren Nachteil. Durch die wilde Nebenluft entstehen leicht Zusatzgeräusche, die Vokale klingen rau und faserig, unsere ganze Aussprache damit weniger deutlich und verständlich.

Aus dem gleichen Grund sollten wir auch nie nach dem **Ein**atmen den Atemstrom einhalten (sog. Atemhalt). Der hierdurch bedingte Luftstau drängt förmlich nach einem raschen Abfluss. Dagegen ist eine Pause nach dem **Aus**atmen, wie dargelegt, durchaus sinnvoll, da so der Impuls zur Tiefenatmung verstärkt wird.

Eine erste wichtige Regel der Sprechtechnik lautet also:

> Atmen Sie tief ein gemäß der Zwerchfellatmung und atmen Sie ganz langsam luftverströmend aus!

Abschließend möchte ich Ihnen noch eine hilfreiche Übung empfehlen, wie Sie das Zwerchfell aktivieren und stärken können. Sprechen Sie ein stimmhaftes „s" (oder auch stimmloses) kräftig im Staccato aus! Das Zwerchfell beginnt jetzt zu hüpfen, arbeitet auf Hochtouren. Sie merken sofort, wie sich hierdurch die Bauchdecke ruckartig nach außen wölbt und wieder zusammenzieht. Nach einiger Übungszeit werden Sie feststellen: Die Stimme klingt viel kräftiger. Sie können lauter sprechen, ohne sich mehr anstrengen zu müssen.

4.1.1.2 Die Flachatmung

Wenn wir das Atmungsverhalten unserer Mitmenschen beobachten, stellen wir verblüfft fest: Viele atmen nicht tief, sondern eher flach ein. Damit sprechen wir eines der schlimmsten sprechtechnischen Übel an: die **Flachatmung** oder **Brustatmung**. Bei dieser nutzen wir den Blasebalg Lunge nicht voll aus. Die Lunge kann rund drei Liter Luft fassen; stattdessen wird aber nur ein halber Liter pro Atemzug aufgenommen. Gleichzeitig steigt die Atemfrequenz. Sie beträgt beim Flachatmer etwa 14–18 Züge in der Minute, während der Tiefenatmer mit weniger als zehn auskommt.

Schon rein äußerlich können wir erkennen, ob jemand flach atmet. Da sich bei der Brustatmung nur etwa das obere Drittel der Lunge mit Luft anfüllt, wird das Zwerchfell nicht aktiviert. Damit weiten sich aber auch nicht die Bauchdecke bzw. die Flanken beim Einatmen aus; vielmehr heben wir die Schultern empor und senken sie beim Ausatmen. Wir sprechen daher bei der Flachatmung auch von der Schulteratmung.

Warum ist die Brustatmung so stark verbreitet, obwohl sie sich doch weit vom natürlichen Atemrhythmus entfernt? Einer der Gründe dürfte wohl im Alltagsstress liegen. Viele Menschen sind so gehetzt, sie finden nicht einmal Zeit, richtig zu atmen. Auch die weitgehend sitzende Tätigkeit und die damit verbundene Bewegungsarmut bei zahlreichen Berufen tragen zur Verkümmerung unseres Atemvorgangs bei. Ein elementares Gebot der Sprecherziehung lautet daher: **Zurück zur Tiefenatmung!**

4.1.1.3 Atmung durch den Mund oder durch die Nase?

Bei unserem Diskurs über die richtige Atmungsform stoßen wir auf ein weiteres Problem: Soll ich durch die Nase oder den Mund einatmen? Die Antwort fällt nicht schwer: Grundsätzlich verdient die Nasenatmung den Vorzug.

Einatmen durch die Nase ist zum einen **gesünder**. Bekanntlich ist die Nase der Wächter unseres Körpers.

▶ Sie filtert die Atemluft durch die mit Flimmerhaaren überzogenen Schleimhäute.[15]

▶ Sie wirkt wie eine eingebaute Klimaanlage und erwärmt die Atemluft selbst bei tiefsten Kältegraden auf Körpertemperatur.

Aber auch unter **sprechtechnischen** Aspekten hat die Nasenatmung Vorzüge:

▶ Sie feuchtet mittels der Nasenschleimhäute die Atemluft an und verhindert somit ein Austrocknen der Kehlkopfschleimhäute, was bei der Mundatmung schnell der Fall ist.

▶ Sie verbessert die Klangfarbe unserer Stimme durch die mit Luft gefüllten Nebenhöhlen.

Trotz alledem hat auch die Mundatmung mitunter ihre Berechtigung.

Atmen durch die Nase ist geräuschvoller. Ein Redner, der nahe zum Mikrophon spricht, wie z. B. beim Rundfunk, sollte daher vorzugsweise durch den Mund einatmen.

Darüber hinaus dauert das Luftschöpfen durch die Nase vergleichsweise lange. Wenn wir also schnell einmal nachatmen müssen, wie beim Schnappatmen, so können wir das am besten durch den Mund. Eine reine Nasenatmung zu fordern, ginge deshalb zu weit. Wir sollten diese vielmehr durch die Mundatmung ergänzen. Empfehlenswert ist eine kombinierte Nasen-Mundatmung.

Und noch eins sollten wir beachten: Wir dürfen beim Einatmen nicht schnaufen, wie es leider allzu häufig geschieht. Wir sollten luftsaugend Atem schöpfen und nicht geräuschvoll nach Luft schnappen.

Halten wir somit als weitere sprechtechnische Regel fest:

Atmen Sie grundsätzlich durch die Nase ein! Die Mundatmung ist vor allem dann sinnvoll, wenn besonders geräuschloses Einatmen verlangt wird sowie beim raschen Nachatmen.

---

[15] 99,9 % aller Schadstoffe wie Bakterien, Viren, Sporen, Pollen, radioaktive Stoffe oder Staubpartikel werden durch die Nase ferngehalten. Ist die Nase verstopft, fällt die Filterfunktion aus, und die Schadstoffe können ungehindert in die Bronchien vordringen.

4.1.1.4 Atemübungen

Nachfolgend noch einige Übungshinweise zur richtigen Atemtechnik. In der Fachliteratur finden wir zahlreiche Trainingsvorschläge.[16] Uns geht es aber nicht darum, ein umfassendes Übungsprogramm zusammenzustellen. Wir wollen dem Lernwilligen nicht zu viel aufbürden. Atemgymnastik darf nicht in Stress ausarten, sondern sollte eine Wohltat sein. Alles, was wir erreichen möchten, ist die Rückkehr zum natürlichen Atemrhythmus: tief einatmen und langsam ausatmen.

Führen Sie Ihre Atemübungen möglichst im Freien oder bei geöffnetem Fenster durch; gerade beim kräftigen Durchatmen sollten Sie frische, sauerstoffreiche und keine verbrauchte Luft zu sich nehmen. Auch sollten wir beengte Kleidung, vor allem stramm sitzende Gürtel meiden, damit sich Bauchdecke und Flanken bewegen können.

1. Legen Sie sich ganz entspannt auf eine flache Unterlage (z. B. ein Sofa), den Kopf leicht erhöht, Arme und Beine locker ausgestreckt! Atmen Sie zunächst aus! Dies wirkt beruhigend und schafft einen Anreiz für kräftiges Einatmen. Atmen Sie anschließend tief ein! Zu empfehlen ist hierbei das Atemschnüffeln[17]. Stellen Sie sich vor, Sie riechen an einer Blume und saugen die Luft langsam ein. Danach atmen Sie ohne Pause ganz langsam aus. Vielleicht zählen Sie anfangs beim Einatmen bis 4, beim Ausatmen bis 12. Sie können dann beim fortgesetzten Üben die Intervalle auf 7 bzw. 21 ausdehnen.
Verkrampfen Sie dabei aber nicht! Wichtig ist die entspannte und ungezwungene Atemführung. Atmen Sie also leicht, locker und mühelos! Vollziehen Sie keine blasebalgartigen Pumpbewegungen wie ein Maikäfer! Pressen Sie beim Ausatmen auch nicht den letzten Atem angestrengt aus! Ein guter Maßstab für richtiges Atmen ist: Sie sollten sich stets dabei wohl fühlen.
Die geschilderte Grundübung können Sie auch im Stehen oder bei einem Spaziergang praktizieren.
2. Wir sollten beim Sprechen mit der Luft stets sparsam umgehen. Mit den folgenden Übungen wollen wir daher den geringen Luftverbrauch, die sog. Atemstütze, besonders trainieren.
    - Atmen Sie ein stimmhaftes „s" ganz langsam aus! Sie können dabei zusätzlich den Ton an- und abschwellen lassen. Wenn Sie beim Lauterwerden die Bauchdecke einziehen, aktivieren Sie damit die Zwerchfellatmung.
    - Führen Sie die gleiche Übung mit „f" und „w" durch!

---

[16] Vgl. z.B. John Selby, Atmen und leben.
[17] Verstärkt werden kann die Wirkung noch, wenn Sie die Lippen nach vorne stülpen. Dadurch verschmälert sich die Nase (Stenose). Sie atmen tiefer ein.

- Atmen Sie langsam aus auf einem Nasallaut und einem anschließenden Vokal, z. B. mmmmoooo, mmmmaaaa, mmmmeeee! Es handelt sich hierbei um eine beliebte Klangzeitübung in der Phonetik (Lautlehre).
- Üben Sie das Atemzügeln auch an Wortfolgen und ganzen Sätzen! Sprechen Sie diese langsam, gedehnt und möglichst auf einem Atem!
- Lesen Sie laut Textpassagen aus einem Buch! Atmen Sie sooft wie möglich ein, d. h. an jeder sinngemäßen Sprechpause! Zerhacken Sie aber den Satz nicht durch Luftschöpfen an vom Sinn her unpassenden Stellen!

3. Abschließend wollen wir auf eine einfache, aber wirkungsvolle Möglichkeit des Atemtrainings hinweisen: die sportliche Betätigung. Wer sich körperlich bewegt und dabei aus der Puste kommt, atmet zwangsläufig tief und kräftig ein. Brustkorb und Lunge weiten sich aus und werden gestärkt, wodurch sich auch die physiologischen Voraussetzungen für eine gute Sprechtechnik verbessern. Wir sollten uns bewusst sein: Egal, welche Sportart wir bevorzugen, ob Joggen, Schwimmen, Rad fahren oder vielleicht auch nur längeres Spazierengehen. Wir trainieren damit nicht nur unsere körperliche Fitness, sondern stets zugleich indirekt unsere Stimme.

4.1.2 Tonbildung und Resonanz

4.1.2.1 Die Tonerzeugung

Reden ist tönendes Ausatmen. Wie die Atmung abläuft, wissen wir jetzt. Aber wie werden die Töne erzeugt? Schauen wir uns besagten Vorgang im Folgenden näher an.

Beim Ausatmen gelangt die Luft, wie bereits aufgezeigt, in den **Kehlkopf**. Dieser, ein bewegliches Knorpelgebilde, ist der Sitz unseres Stimmapparates. Der wichtigste Bestandteil des Kehlkopfes sind die **Stimmbänder** oder **Stimmlippen**. Es handelt sich um rd. eineinhalb Zentimeter lange, verdickte, hochempfindliche Schleimhautfalten. Am Stimmbandschluss befindet sich die sog. **Stimmritze (Glottis)**. Beim Einatmen ist die Stimmritze geöffnet. Es bildet sich daher kein Ton, denn die Luft kann ungehindert hindurchströmen. Anders dagegen beim Ausatmen. Jetzt stoßen die parallel zur Glottis gelagerten Stimmlippen gegeneinander. Sie bilden damit für die abströmende Luft einen Widerstand. Durch den Luftdruck öffnen sich die Stimmlippen und geraten in Schwingungen. Auf diese Weise werden Schallwellen erzeugt.

Die Höhe des Tones hängt dabei ab von der Länge, Dicke und Spannung der Stimmbänder. Bei der männlichen Stimme können wir in der Pubertät einen merklichen Wandel beobachten. Die Stimmbänder verdicken sich, die Stimme wird tiefer und dunkler. Beim weiblichen Geschlecht tritt diese gravierende Änderung nicht ein.

4.1 Stimmkunde

Die feminine Stimme klingt daher im Allgemeinen höher als die männliche. Bei beiden Geschlechtern tritt im Alter oft eine allmähliche Verknöcherung des Kehlkopfknorpels auf. Der damit verbundene Elastizitätsverlust verursacht die altersbedingte Trübung des Klangbildes. Durch geeignetes Stimmtraining können wir diesem Verfall entgegenwirken. Unsere Stimme bleibt länger jugendlich.

4.1.2.2 Die Resonanz

Den von den Stimmbändern erzeugten Ton bezeichnen wir als Primärton. Er ist ein rohes, unfertiges Klangprodukt, eine Art Urlaut, vergleichbar einem Krächzen oder Brummeln.[18] Um deutlich vernehmbar zu sein, muss er erst noch weiterverarbeitet, d. h. verstärkt und veredelt werden. Dazu bedarf es gewisser Verstärker: unserer Resonanzräume.

Resonanzen entstehen durch das Mitschwingen luftgefüllter Hohlkörper. Denken wir z. B. an eine Violine oder Gitarre. Besonders wichtig für die Tonerweiterung der menschlichen Stimme sind die **Mund-** und die **Nasenresonanz**.[19]

Die Mundresonanz ist beim Sprechen automatisch wirksam. Ohne sie könnten wir keine einzige Silbe hervorbringen. Zudem ist die Mundresonanz weitgehend eine Konstante; sie lässt sich, wenn überhaupt, nur in geringem Maße verändern.

Nicht so die Nasenresonanz. Sie ist bei den meisten Menschen viel zu schwach entwickelt. Mitunter fehlt sie sogar völlig, wie bei der berüchtigten Stockschnupfensprache. Die Stimme klingt stumpf, blass, gequetscht; ihr fehlt es an Gewölbe, Volumen und somit an Tragfähigkeit. Allerdings ist die Ausgangssituation nicht so hoffnungslos. Anders als bei der Mundresonanz können wir die Nasenresonanz durchaus verbessern. Ja, hier liegt sogar einer der entscheidenden Ansatzpunkte für eine wirkungsvolle Sprecherziehung. Wer seine Nasenresonanz gezielt und vernünftig trainiert, stärkt seine Stimme und macht sie zugleich wohllautender, ausdrucksvoller und nuancenreicher. Bereits nach kurzer Übungszeit stellen sich spürbare Erfolge ein. Viele Menschen sind überrascht, wie klangvoll sich mit einem Male ihre Stimme anhört.

Die Entwicklung der Nasenresonanz hat aber noch einen weiteren wesentlichen Vorteil. Wir entlasten dadurch den Kehlkopf. Unsere Halspartie stellt beim Reden die größte Gefahrenzone dar. Sie ist in besonderem Maße dem Risiko allzu schneller

---

[18] Vgl. hierzu auch Fritz Reusch, Der kleine Hey, Die Kunst des Sprechens.
[19] Genau genommen sind unsere Resonanzräume die Brust sowie der Kopf mit „Kuppel" und „Maske". Die „Kuppel" umfasst den Hals und den hinteren Kopfbereich. Unter „Maske" verstehen wir den vorderen Bereich mit Mundhöhle, Nasenraum einschließlich Nasennebenhöhlen, ferner die Stirn mit Stirnhöhlen sowie die Augenhöhlen.

Sprechermüdung und Überanstrengung ausgesetzt, denn die Stimmbänder sind feine und sensible Organe. Mit diesem Problempunkt – vielleicht der gravierendste in der Sprechtechnik überhaupt – wollen wir uns im folgenden Kapitel noch eingehender beschäftigen.

Formulieren wir also als weitere sprechtechnische Regel:

> Geben Sie Ihrer Stimme Volumen und Tragfähigkeit und entlasten Sie Ihren Stimmapparat durch Einsatz der Resonanzräume, vor allem der Nasenresonanz!

Übungen zur Verbesserung der Nasenresonanz[20]

Am leichtesten trainieren wir unsere Nasalresonanz mit Hilfe der drei deutschen Nasallaute **m, n, ng**. Nicht von ungefähr finden wir diese in Wörtern, die einen Klang wiedergeben: tönen, klingen, singen, bimmeln etc. Ein wichtiges Übungsprinzip ist die **Übertreibung**. Bei völlig entspanntem Kehlkopf sprechen wir die Nasallaute bewusst sehr breit und gedehnt aus. Achten Sie stets auf eine angenehm tiefe und sonore Klangfülle!

1. Summen Sie m – n – ng!
   Beim Summen schwingen die Stimmbänder gleichmäßig, und wir können ein leichtes Vibrieren unseres Kopfes wahrnehmen. Summen hat im Übrigen noch einen angenehmen Nebeneffekt: Wir reinigen unsere Stimmritze auf sanfte Weise von überflüssigem Schleim, statt diesen gewaltsam wegzuräuspern oder abzuhusten.
2. Versuchen Sie zusätzlich, benachbarte Vokale in den Klangstrom mit einzubeziehen! Gerade durch die Klinger m – n – ng gewinnen diese ihre federnde Klangkraft.
   mmmu – mmmo – mmma – mmme – mmmi
   nnnu – nnno – nnna – nnne – nnni
   mmmung – mmmong – mmmang – mmmeng – mmming
   Imitieren Sie den Schlag eines Gongs!
3. Sprechen Sie jetzt einzelne Worte klingend aus!
   Mama, Mammon, Mann
   Memme, Memel, Memoiren
   Mime, Mine, Minne
   Moment, Mond, Monat

---

[20] Weitere Übungshinweise finden Sie in Maximilian Weller, Das Buch der Redekunst, S. 32 f. sowie in der Sprechfibel für Schauspieler „Der kleine Hey", S. 40 ff.

Muhme, Mumie, Mummenschanz
Namen, Nandu, nanu
nein, Nenner, Nennung
Niemand, Nimmer, Ninive
Nomen, Nomaden, Nonne
Nummer, nun, Nuntius
Hang, Klang, Gesang
Enge, Menge, Strenge
Ding, King, Ring
Gong, Hongkong, Kongo
Lunge, Übung, Zunge

4. Sprechen Sie Satzteile und ganze Sätze volltönend durch Einsatz der Nasenresonanz!
Man mime nie um nicht'gen Mammon.
Summ, summ, summ, Bienchen summ herum.
Von dem Dome schwer und bang tönt der Glocke Grabgesang.
Bangen, verlangen nach prangenden Wangen, von Hoffnungen trunken, in Ahnung versunken.

4.1.3 Deutliche und verständliche Aussprache (Lautung)

Wir haben gesehen, wie Töne mit Hilfe unseres Atemstroms im Kehlkopf gebildet und anschließend durch die Resonanzräume verstärkt werden. Nunmehr wollen wir uns einer dritten Säule der Stimmkunde zuwenden: der **Lautung**. Hier geht es um die elementare sprechtechnische Frage: Wie drücke ich mich sauber, lautrein und umrißgenau und damit letztlich für den Zuhörer deutlich und verständlich aus?
Die exakte Aussprache hat noch einen weiteren Vorteil: Wir sparen dadurch unnötigen Kraftaufwand. Eine altbewährte sprechtechnische Grundregel lautet:

Je mehr wir an Deutlichkeit hinzugeben, umso mehr können wir an Lautstärke wegnehmen.

Auf diesen wichtigen Grundsatz kommen wir später noch einmal zurück. Zunächst wollen wir uns etwas näher mit den Lauten befassen.

4.1.3.1 Lauteinteilung

Unsere Stimme setzt sich zusammen aus **Klang** und **Geräusch**. Bei den **Klanglauten** denken wir unwillkürlich an die **Vokale**:

a, e, i (**helle** Vokale)
o, ö, u (**dunkle** Vokale)
ai, ei, äu, eu (**Doppellaute**).

Sprechen Sie einen dieser Vokale und berühren Sie dabei Ihren Kehlkopf! Sie spüren förmlich, wie es dort arbeitet.

Die **Konsonanten** sind dagegen oft **Geräuschlaute**:
f, s (stimmloses), t, ch, sch.

Fassen wir zur Kontrolle wieder an den Kehlkopf! Jetzt passiert nichts. Wir sehen also, unsere Stimmbänder werden für die Lauterzeugung gar nicht immer benötigt.

Das gilt allerdings nicht für alle Konsonanten. Einige sind sogar reine Klanglaute. Wir haben sie bereits kennengelernt, die **Nasallaute** oder **Klinger: m, n, ng**. Wenn wir diese summen oder brummen, scheint nicht nur der Kehlkopf, sondern der ganze Schädel zu vibrieren.

Andere Konsonanten wiederum sind phonetische Zwitter, Klang und Geräusch in einem, die sog. **Klanggeräuschlaute** oder **stimmhaften Geräuschlaute: b, d, g, w, j, s (stimmhaft), r.**

Die Einteilung in Klang-, Geräusch- und Klanggeräuschlaute geht auf den Sprachgelehrten Theodor Siebs zurück. Es gibt in der Phonetik noch andere Gruppierungsmöglichkeiten.[21] Wir haben indes das Siebs'sche Schema besonders hervorgehoben, da es den sprechtechnischen Charakter der Laute treffend nachzeichnet.

---

[21] Bei den Vokalen legt man z. B. häufig das „Hellwag'sche Vokaldreieck" zu Grunde.

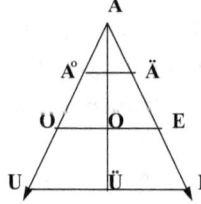

Lippen- oder   **Zungen- oder**
Raumlaute   **Engelaute**

Zur Interpretation vgl. „Der Kleine Hey, Die Kunst des Sprechens" von Fritz Reusch, S. 94.
Bei den Konsonanten ist auch folgendes Gliederungsschema gebräuchlich:
- Nasallaute: m, n, g
- Labiate (Lippenlaute): b, p
- Dentale (Zahnlaute): d, t
- Frikative (Reibelaute, Zischlaute): f, s
- Velare (Hintergaumenlaute): g, k
- Liquide (Schmelzlaute): l, r
- Palatate (Vordergaumenlaute): j, sch
- Affrikaten (Verbindung von Verschluss- und Reibelauten): pf, tz

So beeinflussen die Klanglaute entscheidend den Wohlklang unserer Stimme. Die Geräuschlaute dagegen, an denen gerade die deutsche Sprache so reich ist,[22] wirken sich klangvermindernd auf die Vokale aus. Häufen wir beispielsweise Konsonanten, so wird aus einer langen, klangreichen Silbe, eine kurze, klangarme: Schlaf, schlaff – Hof, hoffen etc.

Auf der anderen Seite haben die Geräuschlaute eine wichtige Funktion. Sie sind die dynamischen, rhythmusbestimmenden Elemente und können den verbalen Ausdruck nachhaltig bereichern.[23] Überdies geben sie einer Stimme Struktur. Sie bilden sozusagen das Skelett unserer Sprache. Wir dürfen also die Geräuschseite keinesfalls vernachlässigen. Im Gegenteil, nur wer sich bemüht, die Konsonanten klar und umrissscharf wiederzugeben, kann sich auch deutlich und verständlich ausdrücken.

4.1.3.2 Die Lippen und ihre Bedeutung für eine exakte Lautbildung

Werfen wir jetzt noch einen Blick auf die physiologisch technische Seite der Lautung. Welches Sprechorgan ist für eine exakte Lautformung am wichtigsten? Es sind unsere **Lippen**. Tatsächlich ruht auf diesem äußersten und beweglichsten Teil unseres Sprechapparates die Hauptlast der Sprecharbeit. Wer redet, bewegt immer seine Lippen und betätigt die Lippenmuskeln. Sagen Sie doch einmal „u" oder „sch"! Sie spüren, wie sich der Lippenringmuskel vorrundet. Ganz anders z. B. beim „i" oder stimmlosen „s". Jetzt ziehen wir den betreffenden Muskel in die Breite. Wir sehen also: Lautformung ist in erster Linie Muskelarbeit. Nur wenn wir die Lippen und deren Muskeln eifrig und dazu noch genau und weiträumig bewegen, können wir die Laute rein und deutlich bilden.

Leider sind viele Menschen beim Sprechen äußerst bequem. Sie bewegen ihre Lippen zu wenig. Die Folge: Ihre Sprechmuskeln sind nicht so elastisch wie für eine einwandfreie Aussprache erforderlich. Hierin liegt ein entscheidender Ansatzpunkt für eine wirkungsvolle Sprecherziehung.

Auch die **Zunge** ist an der Lautbildung beteiligt. Sprechen Sie einmal „Lang lauscht Lilli"! Sie merken, wie die Zunge arbeitet. Ihre Bedeutung als Sprechorgan wird allerdings meist überschätzt. Ja, allzu große Zungenbewegungen sind sogar stimmtechnisch von Nachteil. Auf diesen Sachverhalt wollen wir im folgenden Kapitel noch näher eingehen.

---

[22] Ganz anders dagegen das Italienische. Hier dominieren eindeutig die Klanglaute.
[23] Sie werden deshalb mitunter auch als die „männlichen", die Vokale dagegen als die „weiblichen" Laute bezeichnet.

Halten wir abschließend als weitere sprechtechnische Grundregel fest:

Sprechen Sie klar, deutlich und umrissscharf! Bewegen Sie zu diesem Zweck Ihre Lippen genau und weiträumig! Setzen Sie auch Ihre Zunge ein, ohne sie aber übermäßig zu belasten!

4.1.4 Stimmtechnische Fehler

Zum überzeugenden Reden gehört stets auch eine gute Stimmtechnik. Leider können wir gerade auf diesem Gebiet große Mängel und Defizite feststellen. Aus Unkenntnis oder Nachlässigkeit sprechen viele Menschen phonetisch falsch. Ich halte es daher für angebracht, auf die häufigsten und gravierendsten dieser stimmtechnischen Fehler näher einzugehen.[24]

4.1.4.1 Zu starke Belastung der Stimmorgane

Wir wissen, unsere Stimmbänder sind feine und hochempfindliche Organe. Wir müssen daher so behutsam wie möglich mit ihnen umgehen, dürfen sie in keinem Fall überstrapazieren. In der alltäglichen Sprechpraxis verhalten wir uns aber meist ganz anders.

4.1.4.1.1 Zu lautes und zu hohes Sprechen

Bei Vorträgen vor einem größeren Auditorium, z. B. in einem Hörsaal, können wir regelmäßig Folgendes beobachten: Der Redner meint, um vernehmbar zu sein, müsse er laut sprechen. Das tut er dann auch, nicht nur einmal oder gelegentlich, sondern unablässig. Mit übersteigerter Phonzahl traktiert er dauerhaft das Trommelfell seiner Zuhörer. Nun kommt aber noch ein weiterer Belastungseffekt hinzu. Was passiert mit unserer Stimme, wenn wir lauter werden? Jemand ruft z. B. verzweifelt „Hilfe, Hilfe!". Wir gehen mit dem Ton automatisch nach oben. Der Sprecher redet also nicht nur permanent laut, sondern auch noch zu hoch. Man kann seiner Stimme wohl kaum etwas Schlimmeres antun.

Man spricht in diesem Zusammenhang auch von einer physiologischen Tonerhöhung. Denn wir entfernen uns beträchtlich von unserem **phonetischen Nullpunkt**

---

[24] Ich möchte und kann in einem Grundlagenlehrbuch nicht alle erdenklichen stimmtechnischen Mängel ansprechen. Hinsichtlich bestimmter Sonderfälle wie Lispeln, Knödeln, Näseln etc. sei der interessierte Leser auf die weiterführende Literatur hingewiesen.

oder der **Indifferenzlage**. Dieser Normalton befindet sich am Übergang vom mittleren zum unteren Drittel des jeweiligen individuellen Stimmumfangs.

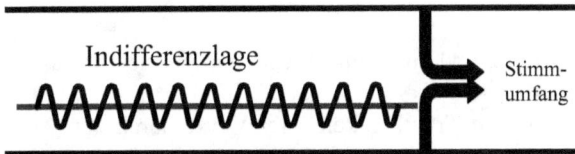

Sprechen auf der Indifferenzlage ist besonders kraft- und energiesparend. Wir schalten sozusagen in den phonetischen Leerlauf. Beim alltäglichen Reden sollte unsere Tonhöhe möglichst um diesen Nullpunkt oszillieren. Je mehr wir also unsere Stimme anheben, desto größer ist der Belastungsdruck. Der Sprechvorgang wird zum Kraftakt, zur Tortur für unsere Stimmbänder.

Es gibt aber noch einen weiteren Stressfaktor: die Monotonie. Einseitige Anstrengungen wirken stets schnell ermüdend. Wir kennen dies von vielen anderen Betätigungen. Strecken Sie doch nur einmal für einige Zeit einen Arm aus. Bereits in Kürze wird er schwer wie Blei, auch wenn Sie kein Gewicht in den Händen halten. Es liegt an der gleichförmigen Anspannung der Armmuskulatur. Ähnlich verhält es sich beim Sprechen. Wir können mühelos stundenlang reden, wenn wir nur unseren stimmtechnischen Ausdruck variieren. Eine monoton hohe Stimmführung zieht dagegen alsbald Sprechermüdung nach sich. Die Stimme klingt angespannter und rauer.

Nun setzt eine verhängnisvolle Kettenwirkung ein. Die überreizte **Stimme** schlägt sich auf die **Stimmung** der Zuhörer nieder. Sie reagieren **verstimmt**, werden unruhig, ohne vielleicht selbst zu wissen warum. Was macht jetzt unser Redner? Er spricht noch lauter, will alle übertönen. Es beginnt eine Art Wettkampf, bei dem der Vortragende zwangsläufig den Kürzeren zieht. Am Ende aber gibt es nur Verlierer, die Zuhörer, die es längst aufgegeben haben, den Ausführungen zu folgen, den Redner, der völlig entnervt und mit matter Stimme die Kampfstätte verlässt.

Soweit muss und darf es nicht kommen. Der Redner besitzt nämlich viel wirksamere Mittel, sich vernehmlich, selbst vor größerem Publikum, auszudrücken. Wir kennen sie bereits. Zum einen können wir unsere Resonanzräume beim Sprechen stärker nutzen. Denken wir an die stimmtechnisch so eminent wichtige Nasenresonanz. Damit gewinnt unsere Stimme eine spürbar größere Tragfähigkeit.

Unterschätzen wir auch nicht den Nutzeffekt einer klaren, verständlichen und lautreinen Aussprache. Zu diesem Zweck müssen wir unsere Lippen, wie angeführt, lebhaft und lautadäquat bewegen. Erinnern Sie sich noch an unseren Grundsatz? Je deutlicher wir sprechen, desto mehr können wir die Phonzahl reduzieren. Es ist also,

wie wir es auch an anderer Stelle immer wieder erleben können: Eine gute Technik ersetzt manch überflüssige Kraftanstrengung.
Als sprechtechnische Grundregel wollen wir daher mitnehmen:

Sprechen Sie nicht dauerhaft zu laut und zu hoch! Orientieren Sie vielmehr Ihre Stimmführung an der Indifferenzlage!
Steigern Sie die Vernehmlichkeit und Tragfähigkeit Ihrer Worte durch den verstärkten Einsatz der Nasenresonanz sowie durch emsige, umrissscharfe und lautgemäße Lippenbewegungen!

4.1.4.1.2 Pressen und Aushauchen

Wir haben gesehen, die meisten Redner sprechen viel zu laut. Schon dies ist ein grober stimmtechnischer Fehler. In seinem Schlepptau folgt aber meist noch ein anderer. Wie geht der Redner im Allgemeinen vor, um die Lautstärke zu erhöhen? Er zieht beim Sprechen seine Halsmuskeln krampfhaft zusammen. Dadurch verengt sich sein Rachenraum und der Kehlkopf wird nach oben oder unten gedrückt. Er presst.

Tatsächlich gelingt es ihm so, mehr Phonstärke zu erzeugen. Wir können diesen Vorgang am besten anhand eines Gartenschlauchs veranschaulichen. Der Wasserdruck lässt sich hier leicht steigern, wenn wir ihm an der Austrittsstelle einen Widerstand entgegensetzen, z. B. mit einem Finger oder einer Spritzpistole. Schon reicht der Strahl weiter.

Der Sprecher gelangt also zu seinem Ziel; eines bedenkt er dabei aber nicht: Sein krampfhaftes Pressen wirkt belastend auf die Stimme. Sie klingt bald krächzend und gequetscht. Ja, es kann sogar zur **Phonasthenie** kommen, d. h. zu einer organischen Stimmerkrankung. Denken wir an die gefürchteten Sängerknötchen, stecknadelkopfgroße Geschwülste auf den Stimmbändern.[25]

Dabei gibt es eine viel geeignetere Methode, um kraftvoller zu sprechen. Betrachten wir nur wieder unseren Gartenschlauch. Um den Druck zu erhöhen, drehe ich einfach den Wasserhahn etwas weiter auf. Analog setze ich beim Sprechen den Blasebalg Lunge intensiver ein. Ich verstärke also den Atemdruck indem ich tiefer einatme. Wieder zeigt sich, wie wichtig eine gute Atemtechnik gerade auch für eine stimmschonende Sprechweise ist.

---

[25] Vgl. auch Weller, M., Das Buch der Redekunst.

Dies gilt ebenso für das **Aus**atmen. Hüten wir uns vor dem **Aushauchen**! Hierbei verströmen wir zu viel Atemluft auf einmal. Ein Teil ist tote Luft, die gar nicht zur Tonerzeugung verwendet wird. Was nützt uns der tiefste Atemzug, wenn wir hinterher mit der Luft verschwenderisch umgehen? Besonders schlimm ist aber: Das Aushauchen gefährdet unsere Stimme; sie klingt faserig und wird schnell heiser.

Was macht aber ein Redner bei einem lädierten Sprechorgan? Er fängt erneut an zu pressen. Auf diese Weise will er mehr Kraft aus seiner erschöpften Stimme herausholen. Ein wahrhaft phonetischer Teufelskreislauf.

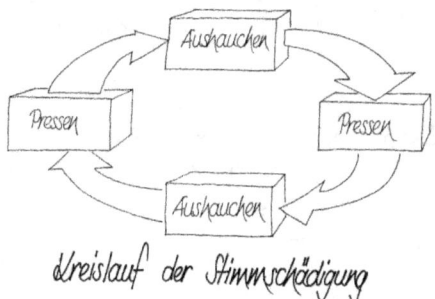

Kreislauf der Stimmschädigung

Fassen wir nochmals als Grundregel zusammen:

Erhöhen Sie den Atemdruck nicht durch Pressen, sondern durch tieferes Einatmen!
Vermeiden Sie, beim Ausatmen zu viel Nebenluft auszuhauchen!

4.1.4.1.3 Der harte Stimmeinsatz

Kommen wir zu einem der schlimmsten Sprechfehler überhaupt. Wenn wir ausatmen, sind, wie wir wissen, die Stimmbänder vor der Tonerzeugung fest geschlossen. Beim Sprechen werden sie dann durch den Luftdruck ruckartig geöffnet. Nur so können überhaupt Töne entstehen.

Manche Redner gehen aber, bildhaft gesprochen, mit der Brechstange ans Werk. Mit geradezu explosiver Wucht wird der Stimmlippenverschluss bei der Lauterzeugung auseinander gesprengt, wobei ein feiner Knacklaut entsteht. Wir haben es hier zu tun mit dem **harten Stimmeinsatz** oder **Glottisschlag**. Dieser Effekt tritt vor allem auf bei Wörtern, die mit einem Vokal beginnen: „ein uralter Elefant aus Afrika."

Viele wollen offenbar mit dem harten Stimmeinsatz ihren Worten besonderen Nachdruck geben. Nicht von ungefähr gehört er daher zu den Hauptwesensmerkmalen der Kommandostimme.

Den wenigsten dürfte aber bewusst sein, wie sehr sie damit ihrem Sprechorgan schaden. Die Stimmlippen röten sich, schwellen an. Die Stimme klingt krächzend, heiser oder versagt gar völlig.

Gegen dieses weitverbreitete Sprechlaster gibt es ein wirksames Mittel: der **weiche Stimmeinsatz**. Wir steigern den Atemdruck auf die Stimmlippen behutsam, sprechen die Vokale anschwellend aus. Sehr hilfreich ist auch, beim Üben Nasallaute oder den Konsonanten h einem Vokal voranzustellen; der Stimmeinsatz verliert so an Schärfe:

mo... na... he... ho...

Der weiche Stimmeinsatz ist kein Ausdruck phonetischer Zaghaftigkeit; er zeugt vielmehr von einem ausgeprägten stimmtechnischen Feingefühl. Hals und Kehlkopf bleiben locker und unverkrampft, die Stimmbänder werden geschont.

Als sprechtechnische Regel sollten wir demnach beachten:

> Vermeiden Sie den stimmschädigenden Glottisschlag!
> Bevorzugen Sie stattdessen einen weichen Stimmeinsatz!

4.1.4.1.4 Zu eifrige Zungen- und Kieferbewegungen

Die meisten Menschen wissen gar nicht: Auch übermäßige Zungen- und Kieferarbeit kann zu Sprechermüdungen führen.

Die Zunge wirkt, wie dargelegt, bei der Lautbildung mit. Manchmal wird sie sogar als Synonym für das Sprechen schlechthin angesehen: „Er spricht mit **scharfer (flotter) Zunge**." Vielleicht ist das mit ein Grund, weshalb viele Menschen meinen, beim Reden ihre Zunge so eifrig bewegen zu müssen. Meistens tun sie es aber nur deshalb, weil sie ihre Lippenmuskeln vernachlässigen. Sie wollen damit ihren lippentechnischen Sprechfehler kompensieren. Das ist aber der falsche Weg. Immer, wenn wir nämlich die Zunge einsetzen, bewegt sich unsere Halsmuskulatur mit. Wir sollten daher unsere Zungenarbeit auf das Notwendige begrenzen. Ansonsten belasten wir zu sehr unsere Halsregion, die Zone der größten Sprechgefährdung.

Eine noch größere Unart sind starke Kieferbewegungen, d. h. der Redner senkt und hebt seine Unterkiefer beim Sprechen auffallend kräftig. Solche grimassenhaften Gebärden, die an die Kaubewegungen eines Nussknackers erinnern, wirken nicht nur unschön. Sie sind auch für die Qualität der Lautbildung, insbesondere für die Artikulation, unerheblich. Das wirklich Fatale aber ist: Wir strengen uns beim Reden viel zu sehr an, verkrampfen und belasten wiederum die empfindliche Halspartie, unsere sprechtechnische Tabuzone.

Halten wir also nochmals als Regel fest:

Vermeiden Sie lebhafte Zungen- und Kieferbewegungen!

Ziehen wir ein kleines Resümee. Was muten wir unserer Stimme nicht alles zu:
- Zu lautes und zu hohes Sprechen
- Pressen
- Aushauchen
- Harter Stimmeinsatz
- Übereifrige Zungen- und Kieferbewegungen

Alles Folterwerkzeuge für die sensible Halsregion, so, als würden wir permanent mit *"Reißzwecken gurgeln"*. (Heinz Lemmermann)

Ist es da ein Wunder, wenn unsere Stimme irgendwann streikt und ihren Dienst quittiert? Das ist dann der Moment, wo viele zu irgendwelchen Kräuterbonbons, Halstabletten oder Rachentees greifen. Die ätherischen Inhaltsstoffe mögen zwar die Reizung etwas lindern, viel bewirken sie aber nicht. Außerdem setzen sie lediglich bei den Symptomen an und nicht, wie es ratsam wäre, den Ursachen. Was aber letztere betrifft, so gilt es, einem weitverbreiteten Irrtum abzuhelfen. Heiserkeit beim Sprechen ist keine Folge des Vielredens, sondern stets der falschen Stimmtechnik.[26] Sie können sooft und solange reden wie irgend möglich, Ihrer Stimme tut dies gar nichts, vorausgesetzt Sie sprechen richtig. Mit anderen Worten: Wer die Atemtechnik beherrscht, d. h. tief ein- und langsam ausatmet, die Resonanzräume voll nutzt, klar und deutlich formuliert, bei lebhaften und genauen Lippenbewegungen, dabei immer „vorne spricht", den Ton also nicht zurückrutschen lässt und seine Halszone entlastet, braucht sich um seine Stimme nicht zu sorgen. Kann es da noch Zweifel geben am Sinn und Nutzen sprechtechnischer Schulung?

---

[26] Manche sehen eine Ursache auch in einer angeblich zu trockenen Heizungsluft. Das ist aber ein Trugschluss. In der Regel liegt der Feuchtigkeitsbereich der Raumluft zwischen 40 und 65 Prozent. Dies reicht für ein ungetrübtes Sprechen völlig aus.

4.1.4.2 Undeutliche Aussprache und Aussprachefehler

Viele unserer Zeitgenossen sind beim Sprechen bequem oder gar faul. Sie bewegen ihre Lippen nicht richtig, d. h. nicht lebhaft und genau genug. Sie nuscheln. Oftmals verschlucken sie auch Anfangs- und Endsilben oder trennen nicht hinreichend zwischen beiden.

„Und Dank" wird zu „Undank", „und er hört" zu „unerhört".

Darunter leidet nicht nur die Deutlichkeit und Verständlichkeit, es kommt auch leicht zu Missverständnissen. Zuhören wird zur Strapaze, zur Tortur. Beim Empfänger entstehen leicht Vorurteile oder sogar Antipathien.

„Was das Ohr beleidigt, kann nicht in die Seele dringen." (Quintilian)

Verhängnisvoll ist auch: Wer undeutlich spricht, merkt es oft selbst nicht. Ich sage dies aus eigener Erfahrung. Lange Zeit hinweg war ich der Meinung, klar und verständlich zu reden. Es war ein Irrtum, wie ich erst feststellte, als ich meine Stimme auf einer Tonkassette vernahm. Diese schmerzhafte Erfahrung war seinerzeit der Anlass, mich intensiver mit der Sprechtechnik zu befassen und durch sinnvolles Üben gegen betreffendes Laster gezielt anzugehen.

Achten Sie also selbst einmal bewusst auf die Verständlichkeit Ihrer Aussprache. Eine elektronische Aufzeichnung kann dabei gute Dienste leisten.

Zum undeutlichen Sprechen gesellen sich vielfach auch noch Aussprachefehler. Wissen Sie, dass es nicht nur Regeln für die Rechtschreibung, sondern auch für die Hochlautung, d. h. für die richtige Aussprache eines Wortes gibt?

Machen wir doch einmal einen kleinen Test.

Wie werden folgende Wörter richtig ausgesprochen?

| König | ( ) | Könich | ( ) |
| Königreich | ( ) | Könichreich | ( ) |

4.1 Stimmkunde

Königin	( )	Könichin	( )
königlich	( )	könichlich	( )
beruhigt	( )	beruhicht	( )
wenig	( )	wenich	( )
Hamburg	( )	Hamburch	( )
Tag	( )	Tach	( )
regnen	( )	rechnen	( )
und	( )	unt	( )
genügsam	( )	genüksam	( )
langsam	( )	lanksam	( )
lieblich	( )	lieplich	( )

Die Endung „ig" wird grundsätzlich im Silbenschluss und vor Konsonanten wie „ch" ausgesprochen. Es muss also heißen Könich, beruhicht, wenich. Allerdings sagen wir Königin und nicht Könichin. Ist das nicht ein Widerspruch zu obiger Regel? Nein, denn das „ig" steht hier vor einem Vokal und überdies nicht im Silbenschluss. Es gibt aber eine wirkliche Ausnahme: Folgt einem „ig" in der nächsten Silbe ein „ch" wird „g" als Sprenglaut gesprochen: Königreich, königlich.

Ein „g" ohne vorangehendes „i" bleibt dagegen immer als „g" erhalten, egal, ob als Anlaut, Inlaut oder Auslaut: Hamburg, nicht Hamburch – Tag, nicht Tach – regnen, nicht rechnen.

Das „g" darf auch nicht wie ein „k" klingen. Es muss also lauten genügsam, nicht genüksam – langsam, nicht lanksam.

Dagegen werden „b" und „d" im Silben- und Wortauslaut stets wie ein „p" bzw. ein „t" ausgesprochen: Lieplich, nicht lieblich – unt, nicht und.

Diese wenigen Beispiele zeigen bereits, wie kompliziert z. T. die Regeln der deutschen Hochlautung sind. Sollten Sie sich gelegentlich unsicher sein über die richtige Aussprache, können Sie im betreffenden Fachduden nachsehen. Denn, wie es einen Duden gibt für die korrekte Rechtschreibung, existiert eine entsprechende Ausgabe für die treffende deutsche Hochlautung.[27]

Vielleicht werden Sie jetzt denken: Muss ich mich denn an solche Regeln halten? Sollte denn nicht jeder so sprechen dürfen, wie es ihm beliebt? Diese Frage hat noch eine ganz andere Tragweite. Sie berührt zwangsläufig einen beinahe schon als klassisch zu bezeichnenden Streitpunkt in der Rhetorik: Dialekt – ja oder nein?

---

[27] Duden, Band 6, Das Aussprachewörterbuch.

4.1.4.3 Dialekt oder Hochsprache?

Warum soll ich nicht
Platt snacke,
pfälzisch redde,
rheinisch spresche,
schwäbisch schwätze etc.?

Kein Zweifel: Die deutschen Sprachlandschaften sind sehr vielfältig, mindestens ebenso sehr wie die Ess- und Trinkgewohnheiten.

Wir können das nur begrüßen. Denn: Die verschiedenen Mundarten, die in sich nochmals zahlreiche Nuancierungen aufweisen, bereichern unsere Sprache. Der Dialekt wirkt urwüchsig, kraft- und gemütvoll. Er verleiht unseren Worten Innigkeit, Herzenswärme, Sinnenfülle und zudem stets etwas Individuelles. An ihm erkennen wir den Rheinländer, Schwaben, Bayern, Sachsen usw.

Dagegen dünkt uns das Hochdeutsche manchmal blass und schal. Kritiker reden sogar mitunter abfällig vom hochsprachlichen Einheitsbrei.

Doch Vorsicht!, fast sind wir dabei, der Mundart allzu viel Referenz zu erweisen. Der Dialekt hat auch seine Schattenseiten. Dahinter verbirgt sich oft eine schludrige und nachlässige Ausdrucksweise, ein weit verbreiteter Hang zur Sprechfaulheit. So ist es z. B. üblich, Endlaute oder gar Endsilben einfach zu verschlucken:

Gass statt Gasse,
Woi statt Wein,
Mor statt Morgen.

Auch achtet man oft nicht auf die feinen Unterschiede in der Lautung, die im Hochdeutschen einem Wort einen neuen Sinngehalt geben können, z. B. Flug – Fluch – Pflug.

Und was die deutsche Hochsprache betrifft: Man tut ihr Unrecht, sie einfach als steriles, keimfreies Retortenprodukt abzustempeln. Historisch ist die Hochlautung aus der Sprechweise der deutschen Bühnen hervorgegangen. Der deutsche Sprachforscher Theodor Siebs machte sich als erster die Mühe, 1898, in Zusammenarbeit mit Schauspielern und Philologen, die maßgeblichen Regeln in einem allgemeinverbindlichen Wörterbuch „Deutsche Bühnenaussprache" festzuhalten. Sie ist also keineswegs ein synthetisches, künstliches Gebilde, sondern die aus der Theatertradition erwachsene Edelsprache des gesamten deutschen Volkes.

Zurück zu unserer Ausgangsfrage: Darf oder soll ich Dialekt reden? Die Antwort lautet „jein". Es kommt ganz darauf an. Aus welchem Anlass und vor wem spreche ich?

4.1 Stimmkunde

Besonders eignet sich der Dialekt für eine Büttenrede. Er steigert noch die komische Wirkung. Das gleiche gilt für lustige Volksstücke wie z. B. im Bayerischen Komödienstadel oder im Hamburger Ohnsorgtheater.

Aber auch in ernsthafteren Situationen kann die Mundart nützlich sein. Der Kundenberater einer Volksbank oder Sparkasse im Württembergischen z. B., der in seinem Heimatort ein Beratungsgespräch im vertrauten Schwäbisch führt, verschafft sich dadurch sprachliche Heimvorteile. Der Klient wird schneller Vertrauen fassen.

Dieses Beispiel macht zugleich deutlich, wann die mundartliche Sprechweise normalerweise vorteilhaft ist. Die Beteiligten müssen in dieser Sprache heimisch sein. Die gemeinsame Ausdrucksweise wird hier zu einem verbindenden Element.

Damit haben wir aber auch bereits die Grenzen des Dialektgebrauchs aufgezeigt. Stellen Sie sich vor, unser schwäbischer Kundenberater hält einen Fachvortrag in Hamburg oder Berlin vor einem größeren Publikum in seiner Landessprache mit all ihren grammatikalischen Umstellungen. Oder der/die Sprecher(in) der Tagesschau bzw. der Heute-Sendung verkünden ihre neuesten Tagesnachrichten im Köl'schen Dialekt. Für die meisten klänge dies wohl sehr befremdlich.

Immer, wenn wir vor einem größeren Adressatenkreis reden oder vermuten können, die Zuhörer sind ganz oder überwiegend anderer sprachlicher Herkunft, sollten wir den Dialekt meiden. Ansonsten riskieren wir, dass die Zuhörer uns

- nicht alle verstehen,
- für ungebildet halten,
- als unsympathisch einstufen.

Auch auf Dialekteinsprengsel wie „dat", „wat" oder „ebbes" sollten wir in den genannten Fällen verzichten.

Neben der Hochlautung und dem Dialekt gibt es noch eine dritte verbreitete Sprechweise. Viele Menschen reden zwar ein grammatikalisch vollkommen richtiges Hochdeutsch, allerdings mit **bodenständigem Kolorit**. Die Sprache ist leicht mundartlich eingefärbt, enthält einen Akzent, eine Dialektmelodie. Diese Ausdrucksweise ist in den meisten Fällen unbedenklich und wird von den Zuhörern im Allgemeinen – falls die Verständlichkeit nicht darunter leidet – akzeptiert, ja mitunter sogar als angenehm empfunden. Auch der beruflichen Karriere ist ein solches Sprachverhalten normalerweise keineswegs abträglich, wie zahlreiche Fälle aus der Praxis belegen. Eine Ausnahme sind lediglich die wenigen Berufe, in denen eine vorbildliche Aussprache unabdingbar ist wie etwa in der gehobenen Schauspielkunst oder bei Rundfunk- und Fernsehsprechern.

Als sprechtechnische Regel können wir also festhalten:

> Reden Sie im Allgemeinen hochdeutsch!
> Auch die Hochsprache mit bodenständiger Klangfarbe ist in der Regel unbedenklich. Ein ausgesprochener Dialekt hat dagegen nur in bestimmten Ausnahmefällen seine Berechtigung.

4.1.5 Abschließende Übungen zur Schulung der Stimmtechnik

Beenden wir unser Kapitel Stimmkunde mit einigen Lautübungen zur Verbesserung des Klangbildes und der Geräuschzeichnung.

1. **Klangschulung (Vokalisation)**
   Für den Wohlklang unserer Stimme maßgeblich sind vor allem die Vokale. Es gibt ein wirkungsvolles Mittel, die Klangschönheit zu steigern: Sprechen Sie alle **langen** Vokale bewusst langsam, gedehnt und zeitlupenhaft aus, so, als wollten Sie sich auf ihnen ausruhen! Die Stimme bekommt dann mehr Metall. Achten Sie zudem stets auf eine möglichst tiefe, sonore Tongebung, und belasten Sie so wenig wie möglich den Kehlkopf und die Halsmuskulatur!

   Aachen, Aal, Adam, Base, Nase, Saal
   Fee, Reh, See, Tee, Elend, Emil, Eva
   Bier, Gier, Tier, Trier, vier, Zier
   Dom, Lohn, Rom, Sohn, Strom, Ton
   U-Boot, UFO, Uhr, Uhu, Usus, Uwe

   Sprechen Sie die nachfolgenden Worte! Mit dem Hauchanlaut „h" trainieren Sie zusätzlich den weichen Stimmeinsatz:

   Haar, Habicht, Hanau, Hase
   Hedi, Heer, Hefe, Hegel
   Hieb, hier, hiesig , hieven
   Hobel, hoch, Hof, Hohn
   Hubert, Hubraum, Husten, Husum

2. **Schulung der Geräuschlaute (Artikulation)**
   Bei der Artikulation geht es um die klare und deutliche Aussprache der Konsonanten. Dafür gibt es keine bessere Methode als Sprechen mit der **Flüsterstimme**. Die primäre Tonbildung im Kehlkopf und die Tonerweiterung in den Resonanzräumen sind jetzt ausgeschaltet. Wenn wir uns aber nicht mehr durch Klanglaute verständlich machen können, müssen wir die Geräuschlaute umso

mehr betonen. Dies erfordert eine intensive Lippenarbeit. Flüstern hat noch einen weiteren positiven Effekt. Es aktiviert das Zwerchfell, verbessert also unsere Atemtechnik. Bleiben Sie aber beim Flüstern unverkrampft, und schonen Sie Ihre Halsmuskulatur (kein Flüsterpressen)!

- Lesen Sie Textpassagen aus Büchern oder Zeitschriften mit Flüsterstimme vor! Auch hier geht es zunächst nicht um Schnelligkeit, sondern um die klare und umrissscharfe Artikulation.
- Flüstern Sie Zungenbrechersätze! Wenn Sie sicherer sind, steigern Sie das Sprechtempo. Sie müssen dann automatisch die Lippen schneller und intensiver bewegen, sonst kommt es zum Konsonantensalat.

Blaukraut bleibt Blaukraut und
Brautkleid bleibt Brautkleid.

Rotkraut bleibt Rotkraut und
Brautkleid bleibt Brautkleid.

Bald blüht breitblättriger Wegerich,
breitblättriger Wegerich blüht bald.

Messwechsel, Wachsmaske,
Wachsmaske, Messwechsel.

Wenn Sie Wert legen auf eine in jeder Hinsicht vorbildhafte Aussprache, sollten Sie eine Stimmschulung bei entsprechend vorgebildeten Phonetik-Dozenten absolvieren. Wer lieber autodidaktisch vorgehen möchte, sei auf das Standardlehrbuch der Schauspieler „Die Kunst des Sprechens"[28] hingewiesen. Sie finden dort genaue Hinweise zur richtigen Lippen- und Zungenstellung bei der Lautbildung nebst zahlreichen Übungsbeispielen.

4.2 Die Modulation

Eine gute Stimmtechnik ist unerlässlich für eine überzeugende Sprechweise. Damit dürfen wir uns aber nicht begnügen. Wir wollen und sollten stets auch unsere stimmlichen Ausdrucksmittel gekonnt einsetzen.
Als einstmals bei klirrender Kälte die Niagarafälle zufroren, wachten viele Anwohner nachts auf. Sie vermissten das vertraute Tosen. Wir können hieraus folgern:

---

[28] Fritz Reusch, Die Kunst des Sprechens, Der Kleine Hey.

Einseitige Dauergeräusche nehmen wir oftmals gar nicht wahr. Erst bei einer abrupten Änderung werden wir hellhörig. Entsprechendes gilt auch für die Rhetorik. **Monotonie ist der Tod jeder Rede.** Viele sprechen so einförmig und staubtrocken, dass es einem beinahe die Kehle zuschnürt. Bei manchen fühlt man sich gar an das Märchen von Dornröschen erinnert, wo plötzlich alle, wie von Zauberhand, in einen tiefen Schlaf verfallen. Die vielgepriesene suggestive Macht der Rede beschränkt sich hier leider nur auf die eines Schlafmittels.

Der Vortragende sollte also alles daransetzen, Sprechdynamik zu erzeugen. Das geeignete Instrument hierfür ist die Modulation. Darunter verstehen wir den gezielten Einsatz der sprechtechnischen Ausdrucksmittel:

▸ **Betonung**
▸ **Tonhöhe**
▸ **Lautstärke**
▸ **Sprechtempo**
▸ **Klangfarbe.**

Regler des stimmlichen Ausdrucks

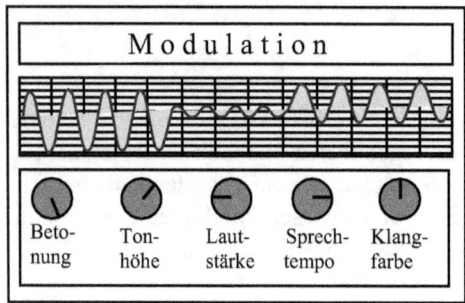

Damit können wir gleich als weitere wichtige Grundregel der Rhetorik formulieren:

Sprechen Sie moduliert und abwechslungsreich, nicht monoton!

4.2.1 Die Betonung

Ein wesentliches sprachliches Ausdrucksmittel ist die Betonung. Mit diesem Instrument können wir einem bestimmten Wort bzw. Sachverhalt besonderen Nachdruck geben.

4.2 Die Modulation

„*Morgen fahre ich in Urlaub.*" Je nachdem, welches Wort wir betonen, erhält die vorgenannte Aussage einen neuen Akzent. Mitunter bekommt ein Satz sogar eine völlig andere Bedeutung:

„*Ich werde dir helfen.*" Von der Betonung hängt es ab, ob sich dahinter ein echtes Hilfsangebot oder eine Drohung verbirgt.

Wir sehen also: Die Betonung ist ein unverzichtbares Instrument sprachlicher Ausdrucksdifferenzierung. Und wie verhält es sich damit in der Praxis der öffentlichen Rede? Leider begegnen wir hier einer Reihe von Unarten. Mit den schlimmsten und häufigsten wollen wir uns im Folgenden noch etwas näher beschäftigen.

Es gibt Referenten, die überhaupt nicht betonen, kein einziges Wort. Das sind die **Nichtbetoner**. Sie sprechen fad, matt und papieren. Mit ihrer monotonen Ausdrucksweise, dem ewigen Einerlei ohne sprachliche Höhepunkte wirken sie langweilig und einschläfernd.

Aber auch das Umgekehrte können wir vielfach beobachten. Nicht wenige meinen, wenn sie vor einer Gruppe reden, müssten sie alles und jedes betonen. Es ist die Spezies der **Viel- oder Allesbetoner**. Schon bei Kindern können wir ein solches Verhalten beobachten, z. B. beim Aufsagen von Gedichten. Leider behalten Sie diese Unart später als Erwachsene oft bei. Der Redner will es besonders gut machen, erzielt aber genau das Gegenteil. Wer alles hervorheben will, hebt gar nichts hervor. Das läuft aber dem Sinn und Zweck einer Betonung gerade entgegen. Was aber noch schlimmer ist: Sein verbaler Ausdruck klingt gekünstelt und wirklichkeitsfremd. Er entfernt sich immer weiter von seiner natürlichen Sprechweise des Alltags und schafft dadurch Distanz zu den Zuhörern.

Und ein drittes Laster wollen wir noch erwähnen. Viele haben sich angewöhnt, regelmäßig das letzte Wort eines Satzes oder vor einem Komma besonders zu betonen, indem sie dort mechanisch ihre Stimme anheben. Jetzt haben wir es mit den **Falschbetonern** zu tun. Denn: Ein solches Verhalten ist „sinnlos". Der Sinngipfel liegt ja meist anderswo. Darüber hinaus weist die deutsche Sprache bei Aussagesätzen im Allgemeinen einen fallenden Schluss auf.

Damit aber nicht genug. Unwillkürlich verfällt der Redner in einen sich stets wiederholenden Sprechrhythmus. Er skandiert, fängt an zu leiern. Das ist auf Dauer langweilig und ermüdend. Wir wissen ja: Alles Regelmäßige in der Sprechtechnik wirkt monoton. Der Redner spürt, wie seine Zuhörer allmählich abschalten, er merkt aber nicht, woran es liegt: an der gebetsmühlenhaften, stereotypen Art seiner Betonung.

Wir sehen: Auch das sprachliche Ausdrucksmittel der Betonung hat seine Tücken, die einem ungeübten Sprecher schnell zum Verhängnis werden können.

Wer also auf der rhetorischen Stufenleiter nach oben klettern möchte, sollte zuvor einmal in sich selbst hineinleuchten. Bin ich ein Nichtbetoner, Viel- bzw. Allesbetoner oder ein Falschbetoner? Wenn ja, sollten Sie diese Unart alsbald systematisch abüben.

| Nicht betonen | Alles betonen | Falsch betonen |

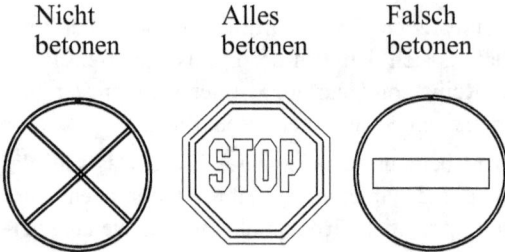

Allerdings müssen wir dabei noch eines wissen: Wie betone ich denn richtig? Warntafeln allein genügen nicht, um ans rhetorische Ziel zu gelangen. Wir brauchen auch positive Richtungshinweise. Für die Betonung gelten hier im Wesentlichen folgende Grundsätze:

- Jeder Gedanke hat in der Regel nur **einen** Betonungsgipfel.
  Wir dürfen diese Regel allerdings nicht zu eng auslegen. Möglicherweise hat **ein** Gedanke auch **zwei** Betonungsgipfel oder sogar **drei** und noch mehr. Nur müssen wir dann zwischendurch eine entsprechende Pause einlegen, damit die Betonung auch den gewünschten Effekt erzielt.
- Der Betonungsakzent liegt bei dem jeweiligen Sinnträger bzw. bei dem Wort, dem wir besonderen Nachdruck verleihen wollen.
- Um wirkungsvoll zu betonen, stehen uns verschiedene sprechtechnische Instrumente zur Verfügung. Wir können lauter oder leiser sprechen, höher oder tiefer, schneller oder langsamer bzw. die Klangfarbe variieren.
  Der versierte Redner wird hierbei nicht nur eine Variante wählen, sondern die gesamte Ausdruckspalette nutzen, feinfühlig und genau abgestimmt auf die betreffende Aussage.

Wie wir sehen, greift die Betonung stets auf die übrigen modulatorischen Ausdrucksmittel zurück wie Lautstärke, Tonhöhe, Sprechtempo und Klangfarbe. Mit diesen wollen wir uns im Folgenden näher befassen. Zuvor wollen wir aber nochmals die Kerngedanken dieses Kapitels in einer weiteren rhetorischen Grundregel festhalten.

Vermeiden Sie die drei Unarten sprachlicher Betonung: nicht betonen, alles betonen, falsch betonen!
Sprechen Sie vielmehr sinnvoll betont!
D. h.: Geben Sie jedem Gedanken im Allgemeinen nur einen Ausdrucksschwerpunkt! Dieser sollte in der Regel der jeweilige Sinnträger sein.
Wenn Sie in einem Gedanken mehrere Worte betonen, bauen Sie entsprechende Pausen ein!
Nutzen Sie die gesamte Bandbreite sprechtechnischer Betonungsmöglichkeiten!

4.2.2 Die Veränderung der Lautstärke

Variatio delectat. Veränderung erfreut. Dies gilt auch für die Tonstärke. Denken wir nur an eine Sinfonie von Beethoven. Wie virtuos setzt hier der Komponist das Mittel der Klangsteigerung ein. Der Spannungsbogen reicht vom zarten Pianissimo bis zum kräftigen Fortissimo.

Ähnliches können wir von einer Rede verlangen. Ist doch der Wechsel der Tonstärke eines der wirkungsvollsten Instrumente, um die Sprechdynamik zu erhöhen. Lassen Sie also hin und wieder Ihre Phonzahl anschwellen, die Stimme voll tönen! Tun Sie es bei entscheidenden gedanklichen Höhepunkten! Tragen Sie vor allem den Schlussappell einer Meinungsrede unbedingt laut und kräftig vor! Sie verleihen damit Ihren Worten besonderen Nachdruck, verstärken die Schlagkraft und die suggestive Wirkung.

Vor allem das weibliche Geschlecht will ich zu einem solchen Verhalten geradezu ermuntern. Frauen neigen oft dazu, überaus leise und zaghaft zu sprechen.[29] Für sie ist es wichtig, einmal stimmtechnisch so richtig aus sich herauszugehen, um damit auch nach außen hin ihre Selbstsicherheit zu bekunden.

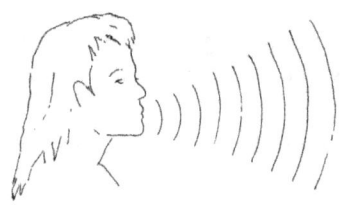

---

[29] Vgl. hierzu auch die Ausführungen von Barbara Schlüter-Kiske, Rhetorik für Frauen, S. 43 ff.

Die Lautstärke bis ins Extrem zu steigern, hat noch einen weiteren Vorteil. Es wirkt psychisch entlastend. Der Sprecher kann einmal so richtig Dampf ablassen. Dadurch baut er zugleich sein Lampenfieber ab, das schon manchem Redner zum Verhängnis wurde.

Von den Psychologen wissen wir: Der Schrei ist ein probates krampflösendes Mittel, wenn wir von Ängsten, Sorgen, Ärger und Frustration innerlich schier aufgefressen werden. Testen Sie es doch selbst! Suchen Sie, wenn Sie stark angespannt sind, eine Stelle auf, wo Sie niemand hören kann, und schreien Sie aus Leibeskräften, so laut Sie nur können, einmal, nochmals, ein drittes Mal! Sie werden sehen, wie befreit Sie sich hinterher fühlen. Was Sie aus sich herausgelassen haben ist der Schrei, den wir alle in uns haben, an dem wir manchmal fast zu ersticken drohen.

Diese Vorzüge einer kräftigen Phonzahl sollten Sie aber nicht dazu verleiten, permanent laut sprechen zu wollen. Es gilt das Gleiche wie für Arzneimittel. In geringen Mengen sind sie heilsam, eine Überdosis aber schadet nur. Vor den Gefahren des dauerhaft lauten Redens hatten wir ja bereits gewarnt. Es handelt sich um einen der schlimmsten sprechtechnischen Fehler überhaupt und kann zu starken Stimmschädigungen führen. Aber auch in sprechdynamischer Hinsicht ist ein solches Vorgehen ungeschickt. Das Instrument nutzt sich schnell ab und büßt seine ganze ausdruckssteigernde Kraft ein. Um es nochmals zu betonen: Gebrauchen Sie dieses Mittel wirklich nur dann, wenn es vom Sinn her geboten ist, bei einem besonderen inhaltlichen Gipfelpunkt. Setzen Sie es also keineswegs willkürlich ein. Lautstärke an der falschen Stelle wirkt eher komisch.

Manche Redner wollen durch lautes Sprechen auch ihre Unsicherheit verbergen. Wer dadurch tatsächlich zu mehr innerer Sicherheit findet, mag darin eine gewisse Rechtfertigung sehen. Nur sollte er bedenken: Gerade in kritischen Situationen überzeugt eine hohe Phonzahl nicht. Werner Fink hat nicht ganz Unrecht, wenn er sagt: *„Die größten Flaschen sind die lautesten."* Lautstärke ersetzt nun einmal keine Argumente. Und im Brüllen sollten wir eher eine Primitivform tierischer Lautäußerung sehen als einen Ausdruck sprechtechnischer Professionalität.

Noch eins gilt es zu beachten: Wir sollten dieses Instrument möglichst nicht abrupt einsetzen. Es wäre zu theatralisch. Viel wirkungsvoller ist es, die Steigerung herauszuarbeiten.

Man kann das Mittel der Lautstärke auch in umgekehrter Richtung einsetzen. Wir vermindern die Phonzahl bis hin zum Flüstern, so als wollten wir uns vorne die Zunge abbeißen, als wollten wir mit uns selber sprechen. Wir steigern uns sozusagen ins Piano, ins Pianissimo. Leises Sprechen ist oftmals viel eindringlicher als der kräftige Stimmeinsatz. Denken wir nur an den bereits erwähnten Beispielsfall. Der Referent spricht vor einem größeren Auditorium. Auf einmal wird es unruhig. Man hört nicht mehr richtig zu. Was macht der Redner üblicherweise in solchen Situationen? Er erhöht die Phonstärke, will den Lärmpegel übertönen. Genau das ist aber verkehrt. Die Zuhörer werden noch unkonzentrierter. Richtig dagegen wäre: Der Vortragende spricht leiser, er verhält sich antizyklisch. Die Wirkung ist oft verblüffend. Plötzlich sind alle wieder dabei, die Aufmerksamkeit steigt.

Tatsächlich ist der Wechsel hin zum leisen Tonfall ein sehr effektvolles Mittel, die Spannung zu beleben. Der Redner signalisiert damit: „Passt auf, jetzt kommt etwas ganz Wesentliches, es lohnt sich, genau hinzuhören!" Außerdem ist nun das Publikum gezwungen, sich zu konzentrieren, will es den Referenten überhaupt akustisch verstehen.

Versuchen Sie es einmal! Sie spüren förmlich, wie es ruhiger wird, wie die Spannungskurve steigt. Mitunter kann dabei sogar eine „atemlose" Stille eintreten, ein Moment, in dem die Zuhörer gebannt „den Atem anhalten". Mit einem Male fühlen wir, wie ungeheuer laut Stille sein kann, geradezu schreiend.

Allerdings sollten wir beim leisen Sprechen ebenfalls einige Warntafeln beachten. So dürfen wir auch dieses Mittel keineswegs überreizen. Weniger ist oft mehr. Es gilt das gleiche wie zuvor. Die verminderte Tonstärke muss zum Inhalt passen. Alles andere wäre nur billige Effekthascherei. Außerdem fänden es die Zuhörer komisch oder fühlten sich gefoppt, trüge man banale Sachverhalte in höchst theatralischer Form vor. Deshalb sollten wir auch nie zu lange bei der leisen Stimmführung verbleiben und alsbald wieder zu einer normalen Tonstärke zurückkehren.

Als weitere sprechtechnische Grundregel können wir demnach formulieren:

> Wechseln Sie gelegentlich die Lautstärke, um Ihren verbalen Ausdruck zu steigern!
> Hüten Sie sich aber vor Übertreibungen!

4.2.3 Die Veränderung der Tonhöhe

Wir wollen an dieser Stelle nochmals auf einen der schlimmsten sprechtechnischen Fehler hinweisen. Viele Menschen sprechen permanent zu hoch. Sie tun das, weil sie dauerhaft mit übergroßer Lautstärke reden. Stimmermüdungen oder gar -schädigungen sind die unausweichliche Folge. Wir sollten uns stattdessen mehr an der Indifferenzlage orientieren. Sie befindet sich, wie wir wissen, etwa am oberen Ende des unteren Drittels unseres Stimmumfangs. Hier sprechen wir mit dem geringsten Kraftaufwand und folglich besonders stimmschonend. Dieser phonetische Bereich und kein anderer sonst sollte daher unsere bevorzugte Tonhöhe sein.

Heißt das, die Stimmführung muss sich stets und ausnahmslos in einem ganz engen Intervall um die Indifferenzlage herum bewegen? Keineswegs! Es wäre monoton und langweilig. Wir wollen doch eindringlich sprechen, unsere Zuhörer mitreißen. Letzteres aber gelingt uns nur, wenn wir sämtliche modulatorischen Ausdrucksmittel einsetzen. Und dazu gehört ganz wesentlich die Variation der **Tonhöhe**.

Wussten Sie, dass wir rund zwanzig Tonhöhen zur Verfügung haben? Es wäre doch schade, davon lediglich eine oder ganz wenige zu nutzen. Wie dem Gesang die Melodie wesenseigen, so hat auch der Vortrag sein ganz spezifisches Melos. Nur erfolgt beim Sprechen die Tonhöhenveränderung gebrochener und unvermittelter.

Schöpfen Sie die Variationsbreite Ihrer Stimme voll aus! Sie klingt dadurch nicht nur abwechslungsreicher und nuancierter, sondern auch angenehmer und sympathischer. Überdies können Sie dadurch Ihren Worten mehr Nachdruck geben.

Angenommen, Sie wollen den Willen der Zuhörer beeinflussen. Sie rufen zum Handeln auf, wie z. B. beim Schlussappell einer Meinungsrede. Dies erfordert einen lauten und kräftigen Stimmeinsatz. Automatisch gehen Sie mit der Tonhöhe nach oben. Damit steigern Sie noch die suggestive Wirkung des Appells, sein Befehlscharakter wird verstärkt.

Möchten Sie dagegen das Gefühl positiv ansprechen, z. B. Vertrauen erwecken oder jemanden beruhigen, dann ist das untere Tonregister vorzuziehen. Sie wollen etwa ein Kind trösten, das gerade hingefallen ist. „Na Mäxchen, hast du dir weh getan? Ist doch nicht so schlimm; ist doch bald wieder gut." Jetzt sprechen wir sinnvollerweise mit tiefer Stimme. Das gleiche Vorgehen empfiehlt sich bei einer hitzigen Diskussion, wenn die Atmosphäre aufgeladen ist, und die Stimmung überzukochen droht. In einer solch prekären Situation wirkt ein tiefer, dunkler und zudem gelöster Stimmeinsatz meist wie Balsam auf die erregten Gemüter.

Aber auch bei dem sprechtechnischen Instrument „Variation der Tonhöhe" sollten wir einige Warntafeln beachten. So muss die gewählte Stimmlage stets zur jeweiligen inhaltlichen Aussage passen. Ein Satz wie „*Von dem Dome schwer und bang tönt der Glocke Grabgesang*", aufgesagt mit hoher Kastratenstimme, ist nicht „stimmig" und verleitet eher zum Schmunzeln. Das Gleiche gilt, tragen wir die Worte „*Hell tönt das Glöcklein von der Bergkapelle herüber*" im tiefsten Brummbass vor.

Vor allem aber dürfen wir beim Sprechen nicht in ein singsangartiges Leiern verfallen, wie dies leider allzu oft zu beobachten ist. Wiederum gilt: Übertreiben Sie nicht, kein falsches Pathos! Bleiben Sie natürlich! Es ist eine der Grundvoraussetzungen für erfolgreiches Reden.

Und vergessen Sie nicht: Kehren Sie immer wieder zur Indifferenzlage zurück! Starke Tonhöhenveränderungen sollten eher die Ausnahme bleiben und sind nur empfehlenswert, wenn vom Inhalt her ein vermehrter Ausdruck geboten ist.

Halten wir als weitere sprechtechnische Regel fest:

Variieren Sie ab und an die Tonhöhe!
Wechseln Sie dabei von den tieferen zu den höheren Stimmregionen!
Vermeiden Sie aber künstliche Effektsteigerungen!

4.2.4 Die Veränderung der Sprechgeschwindigkeit

4.2.4.1 Allgemeine Hinweise

Ein ausgezeichnetes Mittel, die Ausdrucksdynamik zu intensivieren, ist auch der sprachliche Tempowechsel. Die Skala reicht hier von schleppend langsam bis übersprudelnd schnell.[30] Als Orientierungspunkt dient uns dabei die mittlere Sprechgeschwindigkeit. Sie ist stark persönlichkeitsgebunden, d. h. individuell sehr unterschiedlich. Der eine redet von Natur aus eher bedächtig, ein anderer dagegen in rascherem Tempo.

---

[30] In der Musik kennen wir folgende Bezeichnungen:
adagio = langsam
andante = mäßig langsam
andantino = etwas schneller als andante
allegretto = bewegt
moderato = mäßig schnell
allegro = schnell
allegro molto = sehr schnell
vivace = lebhaft
presto = sehr rasch
prestissimo = so rasch wie möglich

Drücken Sie also ab und an, bildhaft gesprochen, aufs Gaspedal! Bauen Sie bewusst vereinzelte Schnellpassagen mit ein! Sie lockern dadurch Ihren Vortrag auf, sorgen für ein zusätzliches Spannungsmoment. Überdies erwecken Sie den Eindruck der Intelligenz, Kompetenz und Informiertheit. Im Allgemeinen unterstellen wir nämlich: Wer schnell denkt, kann auch schnell sprechen, und wer redegewandt ist, braucht nicht lange nach Worten zu suchen. Zudem wissen wir alle aus Erfahrung: Je mehr wir mit einer Sache vertraut sind, je mehr wir uns auskennen, desto rascher strömt es von unseren Lippen.

Diese Vorteile sollten aber nicht zu dem Fehler verführen, dauerhaft mit überhöhter Geschwindigkeit zu reden. Es wäre sprechtechnisch ungeschickt, denn: Ausdrucksdynamik erreichen wir ja gerade durch den Tempowechsel. Darüber hinaus fühlte sich der Zuhörer allzu leicht überfordert. Er hat kaum Zeit nachzudenken. Vergessen wir nicht: Der Redner hat sich vorbereitet. Er kennt den Inhalt. Für die Empfänger dagegen ist er neu. Sie müssen das Gesagte erst aufnehmen und verinnerlichen.

Was die Verständlichkeit betrifft, so kommt noch ein weiteres Gefahrenmoment hinzu. Schnelles Sprechen verleitet häufig zur Undeutlichkeit. Der Referent verschluckt Laute und Silben bzw. trennt nicht exakt zwischen End- und Anfangssilben. Daneben steigt das Risiko, sich zu versprechen. Er verhaspelt sich, weil ihm die rasche Lautbildung Probleme bereitet oder auch, weil er schneller sprechen will, als er überhaupt zu denken in der Lage ist.[31]

Es gibt noch weitere Vorbehalte. In Rhetorikseminaren erlebe ich immer wieder: Bei Statements vor laufender Kamera sprechen die Teilnehmer ihren Text oft sehr geschwind und hastig herunter. Das ist aber in aller Regel kein Ausdruck von Kompetenz, sondern eher von Angst und Unsicherheit. Sie können es kaum erwarten, ihren sicheren Platz zu erreichen. Nicht selten hat der Vortragende auch einfach Angst vor unangenehmen Fragen.

Wir sehen also: Ein flott gehaltener ist nicht immer ein überzeugender Vortrag. Mitunter ist es viel sinnvoller, seine Redegeschwindigkeit herunterzufahren. Wir formulieren betont langsam, geradezu zeitlupenhaft. Ein solches Vorgehen kann sehr wirkungsvoll sein. Dies gilt z. B. in psychologischer Hinsicht. Die langsame Sprechweise weckt Vertrauen, Glaubwürdigkeit und Sympathie. Es gilt also das

---

[31] Es gibt allerdings noch weitere Ursachen für das Versprechen. So kann es z. B. vorkommen, dass wir in Gedanken schon bei einem noch folgenden Wort sind. Der Redner möchte z. B. mitteilen: *„Es ist besser, wir machen es richtig"*. Stattdessen sagt er: *„Es ist becher, wir machen es richtig."* Versprecher können zudem auch psychisch bedingt sein. So versprechen wir uns z. B. häufig, wenn wir nervös sind. Auch der ängstliche Gedanke daran: „Hoffentlich verspreche ich mich nicht", kann das sprachliche Fehlverhalten noch verstärken. So erlebe ich es regelmäßig: Wenn ich Seminarbesucher einfache Texte vorlesen lasse, vertun Sie sich öfter, als dies normalerweise der Fall wäre. Der Grund: Sie wollen es einfach besonders gut machen und sich auf keinen Fall versprechen.

4.2 Die Modulation

Gleiche wie für den tiefen, dunklen Sprachton. Der besagte Effekt verstärkt sich noch, wenn wir beide Instrumente miteinander kombinieren. Dabei ist es empfehlenswert, eine Rede im Allgemeinen mit verhaltenem Sprechtempo und tieferer Stimmlage zu beginnen.

Daneben eignet sich die verlangsamte Ausdrucksweise zur inhaltlichen Differenzierung. Wenn der Redner seine Geschwindigkeit reduziert, signalisiert er: „Aufpassen, jetzt kommt etwas ganz Wichtiges!" Sprechtechnisch unterstreicht er jenes noch, indem er die Vokale und alle Dauerkonsonanten, wie z. B. die Nasale, dehnt, d. h. breit ausspricht. Auch diese Wirkung kennen wir bereits von einem anderen Instrument: dem leisen Stimmeinsatz. Wiederum können wir den Effekt steigern, indem wir beide Mittel verbinden. Wir sprechen leise und langsam. Auf solche Weise reden wir besonders eindringlich. Es ist zugleich eines der wirkungsvollsten Rezepte, die Aufmerksamkeit der Zuhörer neu zu beleben. Über unwichtige Sachverhalte können wir dagegen schnell hinweggehen.

Alsbald sollten wir aber stets zu unserem mittleren Sprechtempo zurückkehren. Es wäre falsch, permanent langsam reden zu wollen, in der Annahme, damit den Ausführungen mehr Nachdruck zu geben. Bei manchen Rednern weiß man schon nach drei Worten, was sie sagen möchten, danach brauchen sie aber noch Minuten, um ihren Gedanken zu Ende zu bringen. Ein solcher Redner wirkt phlegmatisch und träge. Nein, nicht die Geschwindigkeit an sich sorgt für Sprechdynamik, sondern – um es nochmals zu betonen – in erster Linie der Tempowechsel, im letzteren Falle also der **Übergang** zu einer verlangsamten Sprechweise, zum ritardando (rit.), wie es in der Musik heißt.[32]

Wir wollen daher an dieser Stelle als neuerliche Grundregel festhalten:

Verändern Sie hin und wieder die Sprechgeschwindigkeit!

4.2.4.2 Die Sprechpause

Sprechen wir jetzt noch eine der stärksten rhetorischen Figuren überhaupt an: die **Pause**. Viele begehen einen verhängnisvollen Fehler: Sie sprechen pausenlos, machen also keine oder zu wenig Pausen. Das ist bedauerlich. Denn besonders die gekonnte Pausensetzung bietet eine ganze Reihe von Vorzügen, für den Redner, wie auch für die Zuhörer. Ja, es ist erstaunlich, welche Kraft gerade von der Pause ausgehen kann.

---

[32] Der gegenteilige Ausdruck lautet accelerando (schneller werden).

Betrachten wir zunächst einmal die Vorteile für den Redner selbst:
- Er hat Zeit zum Atmen, kann tief Luft schöpfen. Wir wissen ja: Der Atem ist der Betriebsstoff für die Lautbildung.
- Er kann sich sammeln und neue Gedanken im Geist vorformulieren. Die Pause erleichtert also das Sprechdenken, eine Fähigkeit, die für die freie Rede unerlässlich ist. Wir wollen hierauf später noch ausführlich eingehen.
- Er kann bestimmte Worte hervorheben, ihnen besonderes Gewicht verleihen. Machen wir z. B. eine Pause vor einem wichtigen Gedanken, künden wir an: „Jetzt kommt etwas Außerordentliches." Auch die Pause **nach** einem inhaltlichen Höhepunkt kann sehr effektvoll sein. Wir unterstreichen damit nochmals: „Was Sie gerade gehört haben, ist besonders bedenkenswert." Zudem lassen wir dadurch unsere Worte nachwirken.
- Er kann unterschiedliche Gedanken voneinander trennen. Der Vortrag wird übersichtlicher und transparenter. Es ist wie bei einem Schulaufsatz. Dort sind es die Absätze, womit wir unsere Ausführungen strukturieren.
- Die Pause ist auch ein geeignetes Instrument, um Spannung zu erzeugen. Denken wir z. B. an eine Erlebniserzählung:
„Gestern passierte etwas Merkwürdiges. Ich gehe gerade im Wald spazieren. Ich genieße so richtig die laue Abendluft. Alles um mich herum ist so wunderbar friedlich und still. Plötzlich raschelt es neben mir im Gehölz. – **Pause** – *Ich schaue mich um und traue meinen Augen nicht.* – **Pause** – *Taucht doch plötzlich ein riesiger Keiler auf..."*
- Nicht zuletzt strahlt der Referent, wenn er die Pausentechnik beherrscht, Souveränität und Sicherheit aus. Der unsichere Redner hingegen scheut die Pause wie ein Nichtschwimmer das tiefe Wasser. Er hat Angst vor jeder Zäsur und möchte seinen Vortrag so schnell wie möglich hinter sich bringen.

Auch unseren Zuhörern erweisen wir mit dem sprechtechnischen Instrument der Pause einen Gefallen.
- Sie haben Gelegenheit, geistig zu verschnaufen, fühlen sich nicht mehr einem unaufhörlichen rhetorischen Wasserfall ausgesetzt.
- Darüber hinaus geben wir ihnen eher die Möglichkeit zum Nachdenken und Mitdenken. Ja, wir fordern sie regelrecht hierzu auf, machen sie zu einem aktiven Partner und begünstigen dadurch eine dialogische Grundstimmung.

Allerdings müssen wir auch bei diesem Ausdrucksmittel einige Warnzeichen beachten. Eine Pause ist nur dann ein wirkungsvolles Instrument, wenn wir sie gekonnt und klug einsetzen. Keineswegs gehört hierzu die Verlegenheitspause, womöglich noch angefüllt mit irgendwelchen Verlegenheitslauten wie „äh", „äm" etc. Apropos

4.2 Die Modulation

Füllsilben: Sie gehören mittlerweile zu den am weitest verbreiteten sprechtechnischen Unarten. Viele Redner haben sie sich angewöhnt, ohne es selbst zu wissen. Man kann dies immer wieder in Rhetorikseminaren beobachten, wenn ein Vortrag mit elektronischen Medien aufgezeichnet wird. Die meisten sind selbst überrascht, wie oft sie solche störenden Verlegenheitslaute verwenden. Dabei ist es ganz leicht, besagte Unsitte rasch abzulegen. In der Regel genügt es bereits, sich ihrer bewusst zu sein und ein wenig darauf zu achten. Wenn wir dann wieder in Versuchung kommen, atmen wir stattdessen einfach ein. Beim Einatmen können wir ja keine Laute bilden.

Wir dürfen die Pause auch keineswegs an der falschen Stelle einlegen. Das kann zu unerwünschten Akzentverschiebungen führen. Mitunter stellen sich sogar nicht gewollte Heiterkeitserfolge ein. Da beginnt z. B. der Rektor einer Universität seine Begrüßungsrede an die Erstsemester in der feierlichen Eröffnungsveranstaltung wie folgt:

„Sehr geehrte Studentinnen und Studenten! Der vor Ihnen liegende Abschnitt ist der letzte in Ihrem Leben, – **Pause** *– in dem Sie sich ausschließlich der Weiterbildung widmen."*

Noch ein weiteres sprechtechnisches Übel wollen wir in diesem Zusammenhang erwähnen: das **abgehackte Sprechen**. Es gibt Redner, die an allen nur denkbaren Stellen eine Pause machen. Es sind die berüchtigten Hacksprecher. Sie halten nach jedem Wort, mitunter sogar nach Silben oder Einzellauten an. Ihre Ausdrucksweise ist stockend. Das klingt nicht nur unschön. Es ist auch widersinnig. Der Referent zerreißt damit seinen Gedankenzusammenhang. Eine Pause ist nur angebracht an den jeweiligen **Sinneinschnitten**. **Sinneinheiten** sollte man dagegen fließend gebunden, d. h. aus einem Guss vortragen. Nicht von ungefähr ist die Suada – der Redefluss – einer der elementaren Grundbausteine wirklicher Redekunst.

Eine Pause machen wir also nur dort, wo sie sich vom Sinn her anbietet, dann aber ausreichend lange. Das bedeutet: Sie sollte mindestens etwa ein bis zwei Sekunden dauern, um ihre sprechtechnische Wirkung voll entfalten zu können. Wir dürfen aber auch nicht übertreiben, damit der Sprechfluss nicht völlig zum Erliegen kommt. Eine Pause einlegen heißt, *„nur auskuppeln, nicht den Motor abstellen."* (Maximilian Weller)

Als weitere sprechtechnische Regel können wir somit formulieren:

Machen Sie öfters Pausen! Überfahren Sie keine rhetorischen Haltezeichen!
Legen Sie eine Zäsur ein an den jeweiligen Sinnabschnitten!
Vermeiden Sie aber Verlegenheitspausen und sprechen Sie nicht abgehackt!

4.2.5 Die Klangfarbe

Die Klangfarbe ist eines der stärksten Ausdrucksmittel in der Redekunst. In ihr zeigt sich am klarsten der Vorzug des gesprochenen Wortes gegenüber dem bloß geschriebenen Text. Um es mit Friedrich Nietzsche zu sagen: *„Das Verständliche an der Sprache ist nicht das Wort selber, sondern die Musik hinter den Worten, die Leidenschaft hinter der Musik, die Person hinter dieser Leidenschaft, alles das also, was nicht geschrieben werden kann."* Gerade im Klangbild offenbart sich der tiefere Sinngehalt des Satzes: *„Sprich, damit ich dich sehe!"* Der Redner zeigt sich jetzt von seiner persönlichsten Seite, er lässt uns in seine Seele schauen, gewährt uns Anteil an seinem Gefühlsleben. Mit der **Stimme** bekundet er seine **Stimmung**.

Wie weit reicht doch die Skala unserer seelischen Empfindungen? Mit welcher Vielfalt von Ausdrucksfarben können wir z. B. allein den kürzesten aller denkbaren Sätze, das Wörtchen „Ja" wiedergeben: freudig, begeistert, mürrisch, verstimmt, klagend, fragend, zweifelnd, ironisch, sarkastisch usw. Wilhelm Höffe hat in seiner Abhandlung „Der hochdeutsch gelautete Einwortsatz Ja" über 50 verschiedene Bedeutungen angeführt.

Wir sehen also: Der Ton macht die Musik. Oft steckt bereits in einzelnen Worten oder sogar Buchstaben eine gewisse Lautmalerei, die den jeweiligen Bedeutungs- und Gefühlsinhalt noch verstärkt. So ist z. B. das „a" in „**warm**" ein langgezogener Wohllaut, das kurze „a" in „**kalt**" dagegen lässt uns frösteln. Auch das Wort „streicheln" verkörpert eine geradezu „sinnliche Qualität der Lautbeschreibung" (Samy Molcho). Wir spüren förmlich, wie hier eine Art Erlebnisbeziehung hergestellt werden soll.

Die Klangfarbe ist zugleich das sprechtechnische Mittel mit der größten suggestiven Wirkung. Für den Redeerfolg ist nicht nur entscheidend, **was** wir sagen, sondern ebenso **wie** wir es vermitteln. Der Ausdruck bestimmt den Eindruck. Dies wusste man schon in der Antike. Von Horaz kennen wir die Spruchweisheit: *„Willst du daher zu Tränen mich rühren, weine sie selber zuerst."* Ähnliches meint Augustinus, wenn er sagt: *„Nur wer selbst brennt, kann andere entflammen."*

Anspruch und Wirklichkeit klaffen allerdings oft weit auseinander. Dies zeigt uns immer wieder das alltägliche Redeverhalten. Die meisten nutzen gar nicht die Möglichkeiten der klanglichen Differenzierung. Manche sprechen sogar völlig ausdruckslos und blass. Selbst bei den größten gedanklichen Steigerungen und Höhepunkten zeigen sie nicht die geringste Regung. Vor uns präsentiert sich kein Mensch aus Fleisch und Blut, voll Gefühl und Engagement, sondern ein lebloser Sprechautomat. Ein solcher Redner kann nicht überzeugen.

Formulieren wir demnach als zusätzliche rhetorische Regel:

4.2 Die Modulation

Sprechen Sie eindringlich durch Variation des sprachlichen Klangbildes!

Erneut wollen wir noch vor einem möglichen Fehlverhalten warnen. Selbstverständlich sollte der klangliche Ausdruck mit dem Inhalt übereinstimmen und darf nicht aufgesetzt wirken. Wer Banales und Nebensächliches mit überschwänglichem Pathos vorträgt, sorgt für unfreiwillige Komik. Auch Art und Anlass der Rede spielen eine Rolle. Bei einem Sachvortrag gebe ich mich sinnvollerweise weniger gefühlsbetont als bei einer Meinungs- und Kampfrede.

Zum Abschluss noch ein Übungshinweis. Es gibt eine wirkungsvolle Möglichkeit, sein klangliches Ausdrucksverhalten zu steigern. Lesen oder tragen Sie Texte guter Bühnenschauspiele laut vor! Versetzen Sie sich in die jeweilige Rolle hinein! Versuchen Sie dabei, völlig aus sich herauszugehen! Sie werden sehen, das ist gar nicht so einfach. Möglicherweise sind Sie gehemmt, finden es befremdend oder komisch, Gefühle zu produzieren. Dies ist aber unumgänglich, wollen Sie andere Menschen überzeugen.

Im folgenden Beispielsfall können Sie gleich einmal üben. Es handelt sich um eine Szene aus William Shakespeares Komödie „Wie es euch gefällt". Der Lebensverächter Jaques drückt hier seine überaus pessimistische und negative Weltsicht aus.

„Die ganze Welt ist Bühne und alle Menschen sind bloß Komödianten.
Sie treten auf und gehen wieder ab.
In seiner Zeit spielt jeder viele Rollen und seine Akte sind die sieben Alter.
Zuerst der Säugling, der da quäkt und geifert im Arm der Amme.
Dann das Schulkind, quengelnd, den Ranzen auf dem Rücken, frisch gewaschen,
kriecht es verdrossen und im Schneckenschritt zur Schule.
Als nächster der Verliebte, seufzend wie Wind im Schornstein,
mit der Schmachtballade, die seines Mädchens Lippenpaar besingt.
Und dann der Soldat, von tollen Flüchen strotzend, erpicht auf Ehre,
jähzornig und kampfbereit, sucht er die Seifenblase Ruhm, selbst im Kanonenschlund.
Und dann der Richter, schön rund der Bauch, mit Kapaun gemästet,
ein strenger Blick, ein spitzgeschnittener Bart,
voll weiser Sprüche und abgedroschenem Stroh. So spielt er seine Rolle.
Das sechste Alter schlüpft in den hageren Pantoffelhelden.
Brille auf der Nase, Beutel zur Seite, die Hosen seiner Jugend wohl geschont,
zu weite Welten für geschrumpfte Schenkel.
Die tiefe Männerstimme dreht sich zurück zu fistelndem Diskant
und pfeift und piepst im Ton.
Der allerletzte Akt, der dieses seltsam reiche Stück beschließt,

*ist zweite Kindheit, völliges Vergessen.
Denn wieder hat der Spieler keine Zähne und sieht und schmeckt nichts
und wird wieder nichts."*

4.3 Sprechen in großen Räumen

Weisen wir nun noch auf einige sprechtechnische Besonderheiten hin bei Vorträgen in großen Räumen. Gemeint sind hier Reden vor einem stattlichen Auditorium, z. B. in Hörsälen einer Hochschule mit mehreren hundert Sitzplätzen. Wir wollen dabei zunächst davon ausgehen, der Referent spricht nicht mit Mikrofon, d. h. ohne den Einsatz irgendwelcher technischer Tonverstärker.

▷ **Lauter sprechen**
Natürlich muss der Redner jetzt seine Lautstärke erhöhen, will er auch von den Zuhörern in den letzten Reihen akustisch verstanden werden. Gerade aber, weil es unumgänglich ist, die Phonzahl zu steigern, sollte er den allergrößten Wert legen auf eine saubere und einwandfreie Sprechtechnik. Auf keinen Fall darf der Referent in den Fehler verfallen zu pressen, um so aus seiner Stimme das letzte an Tonkraft herausholen zu wollen. Wir wissen ja: Sprechermüdung oder gar Stimmschädigung wären die unausweichliche Folge. Richtig ist vielmehr, den Atemstrom zu verstärken und tief einzuatmen, wann immer es möglich und sinnvoll ist. So kann ich meine Stimmkraft erhöhen, ohne gefährliche Nebenwirkungen befürchten zu müssen.

Der Redner kann aber noch mehr tun. Nun gilt es in vermehrtem Maße, die phonetischen Resonanzräume voll auszunutzen. Gemeint ist hier in erster Linie die Nasenresonanz. Gerade durch sie gewinnt unsere Stimme, wie wir gesehen haben, entscheidend an Klangfülle und Tragkraft.

▷ **Schärfere Artikulation**
Auf ein Weiteres sollten wir unbedingt achten. Bei Vorträgen in großen Sälen müssen wir besonders deutlich und lautrein artikulieren. Einer der Gründe hierfür ist der Schallschluck. Darunter leidet vor allem die Geräuschseite unserer Lautbildung. Während die Vokale, d. h. die Klanglaute unserer Sprache, meist noch vernehmbar sind, ist bei weiten Distanzen von den Konsonanten – unseren Geräuschtönen – kaum noch etwas oder gar nichts mehr zu hören. Was die Anwesenden in den letzten Reihen einzig mitbekommen, ist oft nur noch ein *„unverständliches Vokalgehalle"*. (Maximilian Weller)

Um dies zu verhindern, müssen wir gerade die Geräuschseite bei der Lautbildung besonders betonen. Ja, es ist sogar empfehlenswert, die Konsonanten ü-

4.3 Sprechen in großen Räumen

berdeutlich auszusprechen. Das „d" in „und" wird so zu einem scharf akzentuierten „t", das „b" in „löblich" zu einem überpointiert artikulierten „p" usw. Was normalerweise affektiert klänge, erweist sich bei einem Vortrag in großen Räumen als phonetische Tugend. Nicht von ungefähr bedienen sich gerade Schauspieler einer solchen Sprechweise.

Daneben ist es bei weiten Distanzen ratsam, die Nebensilben etwas stärker hervorzuheben. Üblicherweise betonen wir im Deutschen die Hauptsilben kräftiger, die Nebensilben aber nur ganz schwach: „loben", „heben", „tönen" etc. Sprechen wir so in großen Vortragssälen, fallen die Nebensilben glatt aus. Sie werden gänzlich verschluckt, sind für die Zuhörer in den letzten Reihen überhaupt nicht mehr vernehmbar. Deshalb müssen wir die Nebensilben stärker betonen. Statt „gebn" sagen wir „geben". Wichtig ist: Das „e" in der Endsilbe muss deutlich hervortreten. Übertreiben Sie dabei aber nicht zu sehr! Machen Sie aus „geben" kein langgedehntes, unnatürlich klingendes „gebäähn"! Als Faustregel für große Räume gilt: Betonen Sie die Hauptsilben etwa doppelt so stark wie die Nebensilben!

Was wir allgemein für die Nebensilben ausgeführt haben, trifft in besonderem Maße auf das dumpfe, gemurmelte „e" am Ende eines Wortes zu, das gerade für die deutsche Sprache so charakteristisch ist. Allein im letzten Satz kommt es siebenmal vor (dumpfe, gemurmelte etc.). Normalerweise sprechen wir den Schlussvokal völlig unbetont aus. Er besitzt daher nicht die geringste Tragfähigkeit. Gerade aber in großen Vortragsräumen ist das sehr fatal. An die Stelle des dumpfen Auslauts tritt ein akustisches Vakuum. Um dies zu vermeiden, müssen wir das End „e" kräftiger hervorheben, d. h. etwas heller und höher aussprechen als gewöhnlich. Das mag den Zuhörern in den ersten Reihen vielleicht ein wenig aufgesetzt erscheinen. Wir wollen es aber in Kauf nehmen, streben wir doch an, von allen Besuchern im Saal gleichermaßen verstanden zu werden.

▸ **Langsamer Sprechen**
Was die Verständlichkeit betrifft, müssen wir noch weitere Besonderheiten beachten. Dazu gehört: Sprechen Sie nicht zu schnell! Die Schallwellen müssen jetzt einen weiteren Weg zurücklegen, um das Ohr des Adressaten zu erreichen. Denken Sie auch an mögliche Nachhalleffekte, die zu unerwünschten akustischen Tonüberlagerungen führen können! Das aber kann nur heißen: Reden Sie möglichst langsam, langsamer als Sie es sonst tun! Hierbei geht es nicht um längere Pausen, wie wohl mancher vorschnell annehmen könnte. Gemeint ist vielmehr die Art der Lautbildung. Wir müssen die Vokale dehnen, breiter machen, uns auf ihnen ausruhen. Gleiches gilt für die konsonantischen Dauerlaute

wie z. B. die Nasale „m", „n", „ng", die Klinger „l" und „w" oder die Reibelaute „sch", „s" etc.

▶ **Weniger Modulation**
Und noch eins sollten wir bei Auftritten vor großer Kulisse berücksichtigen. Wir dürfen unsere geschilderten rhetorischen Mittel, mit denen wir ansonsten für besondere Sprechdynamik sorgen, nicht zu ausdrucksvoll einsetzen. Dies gilt vor allem für die Variation der Tonhöhe. Abrupte und starke Schwankungen unserer Stimmführung erschweren angesichts der spezifischen Klanggegebenheiten in geräumigen Vortragssälen die Verständlichkeit. Was nützt uns die größte Effektsteigerung, wenn wir von einem Teil der Zuhörer überhaupt nicht verstanden werden?

Als rhetorische Grundregel für Vorträge in großen Räumen wollen wir resümieren:

> Geben Sie Ihrer Stimme mehr Lautstärke und Tragfähigkeit durch einen kräftigeren Atemstrom und die volle Nutzung der phonetischen Resonanzräume!
> Bemühen Sie sich um eine besonders scharfe Artikulation!
> Sprechen Sie langsamer und mit geringerer Tonhöhenveränderung!

Alle genannten Empfehlungen gelten indes nur dann, wenn, wie zunächst angenommen, dem Referenten kein Mikrofon zur Verfügung steht. Kann er auf ein solches zurückgreifen, ist die Situation eine ganz andere. Selbst der gigantischste Vortragssaal nimmt jetzt – in akustischer Hinsicht – bescheidene, leicht überschaubare Dimensionen an. Auch die phonetischen Anforderungen sind dann die gleichen wie in kleinen Räumen. Wir können wieder zu einem dezenteren Kammerton zurückkehren.

Das darf natürlich nicht heißen, wir brauchen uns nun beim Sprechen keine besondere Mühe mehr zu geben. Das wäre ganz falsch. So müssen wir auch beim Einsatz des Mikrofons auf eine lautreine Artikulation achten. Sprachschlampereien dieser Art lassen sich durch technische Hilfsmittel nicht vertuschen. Allerdings können wir jetzt auf bestimmte phonetische Übertreibungseffekte verzichten. Es ist z. B. nicht mehr erforderlich, Konsonanten im Silbenauslaut oder am Ende eines Wortes überpointiert zu betonen. Im Gegenteil: Wir müssen uns sogar gerade davor hüten, etwa Explosionslaute hart auszusprechen. Dadurch entstünde schnell das gefürchtete „Knallen", was bei den Zuhörern leicht zu schreckhaften Reaktionen führt und von ihnen stets mit Unmutsäußerungen bedacht wird.

5 Körpersprache

„Passt die Gebärde dem Wort, das Wort der Gebärde an, wobei ihr sonderlich darauf achten müsst, niemals die Bescheidenheit der Natur zu überschreiten."
(William Shakespeare, Hamlet III, 2)

„Der Körper ist der Übersetzer der Seele ins Sichtbare."
(Christian Morgenstern)

„Die Augen reden mächtiger als die Lippen."
(Gerhart Hauptmann)

Im Mittelpunkt unserer Betrachtungen stand bisher das gesprochene Wort. Wie verbessere ich meinen Sprechstil, was gehört zu einer gelungenen Sprechtechnik? Und dies hat seinen Grund: Wer die hier vorgestellten Mittel beherrscht und gekonnt einsetzt, ist dem Durchschnittsredner, wie er uns in der alltäglichen Redepraxis begegnet, bereits ein gutes Stück voraus. Allerdings dürfen wir nicht außer Acht lassen: Wir drücken uns nicht nur verbal aus. Wir sprechen immer zugleich mit dem ganzen Körper. Neben die Wortsprache tritt also noch eine zweite wichtige Mitteilungsebene, die **nonverbale** Kommunikation. Nur die gelungene Synthese von Wort- und Körpersprache ermöglicht wahre rhetorische Meisterschaft. Denn: Eine Rede wird nicht nur gehört, sie wird auch gesehen.

Beobachten wir doch einmal, wenn Menschen in ihrem natürlichen Umfeld ganz ungezwungen miteinander kommunizieren. Wie vielfältig und nuanciert ist doch ihr Gebärdenspiel. Sie verändern ihre Körperhaltung, gestikulieren lebhaft mit den Armen, den Händen, ständig wechselt der Gesichtsausdruck – alles ist in permanenter **Bewegung**. Nun wird deutlich, warum wir „Körpersprache" auch als **Kinesik** bezeichnen. Dahinter steckt das griechische Wort „kinesis", wörtlich übersetzt, „die Lehre von der sprechenden Bewegung". Die gleiche Stammsilbe finden wir übrigens im Begriff „Kino", was uns an die Zeiten erinnert, „als die Bilder laufen lernten". Wenn wir innerlich bewegt sind, setzen wir dies spontan in äußere Bewegungen, in „**Hand**lungen" um. Auch den Römern war besagter Zusammenhang bereits bewusst. „Emotion" leitet sich vom lateinischen „movere" ab, von „bewegen". Das vorangestellte „E" signalisiert, dass wir uns hinwegbewegen, aus uns **heraus**gehen. Emotionen lösen demnach in aller Regel Handlungsimpulse aus. Bildhaft ausgedrückt: Der Körper ist das Sprachrohr unserer Seele.

Wodurch zeichnet sich aber eine wirkungsvolle Kinesik aus? Mit dieser Frage wollen wir uns im Folgenden näher befassen. Wir beschränken uns dabei bewusst auf die wichtigsten Wesensmerkmale. Die körpersprachlichen Botschaften und Signale sind viel zu komplex, um auf jeden möglichen Detailaspekt eingehen zu können. Wenn Sie sich umfassender mit dem faszinierenden Thema der nonverbalen Kommunikation beschäftigen wollen, können Sie auf die – mittlerweile im Fachhandel zahlreich angebotene – Spezialliteratur zurückgreifen.

5.1 Allgemeine Grundregeln

Beginnen wir mit einigen generellen Empfehlungen für eine überzeugende Körpersprache. Einer der wichtigsten Grundsätze lautet:

Sprechen Sie möglichst natürlich!

So einfach dieses Postulat auch klingen mag, so unendlich schwierig ist seine Umsetzung in die rhetorische Praxis. Oscar Wilde hat Recht, wenn er sagt:
„Natürlich zu sein ist die allerschwerste Pose, die wir einnehmen können."
Das gilt vor allem für die öffentliche Rede. Wer es nicht glaubt, braucht nur einmal einen Blick in ein Rhetorikseminar zu werfen. Die meisten Teilnehmer verhalten sich alles andere als natürlich, vor allem, wenn die Kamera auf sie gerichtet ist.

Viele reden äußerst ausdrucksarm. Sie wirken hölzern, steif. Fast könnte man meinen, sie sprechen körpersprachlich mit angezogener Handbremse. Manche scheinen sogar regelrecht zu einer Salzsäule erstarrt zu sein. Der Grund: Sie fühlen sich unsicher, gehemmt. Wer aber innerlich verkrampft ist, muss auch nach außen hin verkrampfen. Die Muskeln des ganzen Körpers ziehen sich zusammen, die der Arme, Beine, des Gesichts, ja selbst des Sprechapparates. Die Angst schnürt den Stressgeplagten förmlich die Kehle zu. Ihre Stimme erklingt ihnen wie ein fernes Echo. Sie sind sich selbst fremd. Obwohl sie reden, wirken sie stumm. Obgleich sie agieren, muten sie passiv und teilnahmslos an. So kann niemand rhetorisch überzeugen. Wie soll ich die Feuersbrunst in die Seele meiner Zuhörer werfen, wenn ich innerlich wie äußerlich blockiert bin und mein Redegebaren zur lähmenden Ausdruckslosigkeit einer Mumie verkümmert?

Wir begegnen bei Rhetorikveranstaltungen noch einer zweiten Kategorie von Sprechern. Ihr Verhalten wirkt nicht weniger irritierend. Paradoxerweise handelt es sich

5.1 Allgemeine Grundregeln

gerade um solche, die meist schon über eine gewisse Redeerfahrung verfügen und meinen, entsprechend auftreten zu müssen. Sie gebärden sich überaus expressiv, neigen zu demonstrativen Gesten, mit denen sie ihre Sicherheit und rednerische Routine unterstreichen wollen. Bei näherem Hinsehen fällt aber auf: Irgendwie wirkt die Körpersprache unecht und aufgesetzt. Die Bewegungen verlaufen symmetrisch, stereotyp, schablonenhaft, wie bei einer Marionette. Man hat das Gefühl: Das Gebärdenspiel ist nicht Ausdruck der individuellen Persönlichkeit, sondern angelernt und einprogrammiert. Das Schlimme aber ist: Die Zuhörer merken sofort, ob ein Verhalten natürlich ist oder bloß gekünstelt und retortenhaft. Sie reagieren mit Befremden und gehen innerlich auf Distanz.

Wer als Redner überzeugen möchte, sollte daher unbedingt den elementaren Warnspruch Kurt Tucholskys beachten: *„Suche keine Effekte zu erzielen, die nicht in deinem Wesen liegen!"*

Die Körpersprache muss also stets zum jeweiligen, individuellen, d. h. „einzigartigen" Typus des Redners passen.

Daraus können wir eine weitere maßgebliche Regel der Kinesik ableiten:

Ahmen Sie keine anderen Sprecher nach, sollten diese auch noch so versiert sein!

Der ehemalige Wirtschafts- und Finanzminister Oskar Lafontaine gilt allgemein als exzellenter Redner. Für 1996 wurde er sogar vom Förderkreis für Politische Rhetorik mit dem Goldenen Mikrofon als bester Redner des Jahres ausgezeichnet. Nichts wäre törichter, eine solche oder vergleichbare Rednerpersönlichkeit(en) einfach kopieren zu wollen. *„Fremden Stil nachahmen heißt eine Maske tragen"* (A. Schopenhauer). Der Sprecher würde sein „Gesicht verlieren" und sich zur Unperson degradieren. Wie heißt es doch im Volksmund so treffend: *„Der Rabe, der den Seeraben nachahmt, ersäuft."*

5.2 Tipps zu den jeweiligen körpersprachlichen Bereichen

In der Kinesik unterscheiden wir im Wesentlichen drei Teilbereiche: die **Körperhaltung**, die **Gestik** und die **Mimik**.[33] Im Folgenden wollen wir noch näher auf diese Segmente eingehen.

5.2.1 Die Körperhaltung

Der **Augenblick** ist gekommen. Wir treten vor unser Auditorium. Bevor wir auch nur ein Wort sprechen, werden wir also bereits **optisch** wahrgenommen. Doch hier gibt es schon ein erstes Problem. In welcher Rednerpose sollte ich mich meinen Zuhörern präsentieren? Wie sieht eine optimale rhetorische Grundstellung aus? Schließlich wollen wir als Sprecher ja eine „gute Figur machen" und „Haltung bewahren".

Zunächst einmal sollte unsere Grundhaltung **offen** sein und nicht verschlossen. Wir wenden Bauch, Brust und Hals unserem Publikum unmittelbar zu, verbergen sie nicht hinter Armen und Händen. Damit signalisieren wir Zuwendung und Selbstsicherheit. Anders dagegen bei der „geschlossenen" Haltung. Der Redner verschränkt z. B. seine Arme und/oder kreuzt seine Beine. Das verrät eher Unsicherheit und Distanz. Der Sprecher verschanzt sich hinter einer Barriere, blockiert sich so aber letztlich selbst. Der selbstbewusste Redner braucht sich nicht zu verstecken.

Neben der „Offenheit" gibt es noch weitere körpersprachliche Signale, mit denen der Vortragende seine Sicherheit bekunden kann. Er steht entspannt aufrecht mit „erhobenem Haupt" (aber nicht hochnäsig) und leicht durchgedrückten Knien. Sein Brustkorb ist spielerisch verbreitert und nach außen gewölbt, der Rücken geweitet, die Schultern etwas angehoben. Der Oberkörper bietet viel Platz für freies und kräftiges Atmen. Die Bewegungsrichtung geht also nach oben und außen. Das ist die Haltung eines **Siegers**. Beim **Verlierer** ist es genau umgekehrt. Die Motorik verläuft nach unten und innen. Er lässt den Kopf hängen, die Brust ist eingesunken, der Rücken leicht gekrümmt, die Schultern gesenkt; er klappt förmlich in sich zusammen. Am liebsten möchte er im Erdboden versinken, für alle anderen unsichtbar, wie ein Vogel Strauß.

---

[33] In der Literatur werden z. T. noch weitere Segmente genannt wie das Territorial- und Distanzverhalten oder die Motorik (das heißt die Art des Bewegens, vor allem des Gehens).

Körpersprachliche Souveränität kann ich auch durch die Haltung der Füße dokumentieren. Wenn ein Redner gehemmt und verkrampft ist, kann man häufig Folgendes beobachten: Er steht mit seinen Füßen gar nicht fest auf dem Boden. Er hat z. B. den Fuß seines Spielbeins verkantet und jongliert damit hin und her. Manche Sprecher kreuzen gleichzeitig das Spielbein vor dem Standbein, was besonders unbeholfen wirkt. Noch fataler ist es, wenn der Redner den Fuß des Standbeines anwinkelt. Dann verliert er die Bodenhaftung und kann leicht ins Taumeln geraten wie ein Trunkener. Wer so steht, hat keinen „festen Standpunkt". Als Redner sollten wir darauf achten, mit beiden Füßen festen Bodenkontakt zu halten. Auf die richtige „Erdung" kommt es an. Denn: *„Von unten her trägt die Energie Vitalitätsbewusstsein und Ausstrahlung nach oben." (Samy Molcho)*

Nun wissen wir, wie eine überzeugende Körperhaltung aussieht. Es gibt aber ein weiteres Problem: Wohin mit den Händen? Tatsächlich scheint dies für viele Redner die Hauptsorge zu sein. Instinktiv spüren sie, dass es gerade die Hände sind, die man oftmals nicht „in der Hand hat" und am ehesten die eigene Nervosität verraten. Wohin also damit? Beobachten wir das Verhalten in der Redepraxis, z. B. in einem Rhetorikseminar, werden wir nicht selten Zeuge eines geradezu skurrilen Versteckspiels. Die einen verschränken die Arme hinter ihrem Rücken, wobei sich der Sprecher selbst die Hand gibt vergleichbar einem Kleinkind, das in einer Gefahrensituation nach der Hand der Mutter (oder des Vaters) greift. Es handelt sich hier zwar um eine „offene" Körperhaltung. Doch wirkt diese alles andere als zupackend und **hand**lungsorientiert, vielmehr geradezu amputiert. Welche Selbstblockade eine solche Gebärde darstellt, kann man vor allem bei Rednern beobachten, die von Natur aus zu einer lebhaften Gestik neigen. Da sie unter einem starken inneren Druck stehen, ihre Arme aber nicht spannungsmindernd einsetzen können, bewegen sie ersatzweise ihren Körper hin und her. Wir wissen ja: Emotionen müssen sich zwangsläufig in Bewegung niederschlagen. Das Sprechgebaren ist widersprüchlich und hat etwas Quälendes, so als wolle sich der Redner aus einer selbst auferlegten Zwangsjacke befreien.

Andere wiederum versuchen, eine Hand oder gar beide in die Hosentasche(n) zu stecken. Manche sind dabei so nervös, dass ihnen selbst dieser einfache Vorgang nicht auf Anhieb gelingt. Linkisch an der (den) Hosentasche(n) herumstochernd, benötigen sie gleich mehrere Anläufe. Haben Sie es dann endlich geschafft, kann eine solche Gebärde indes sehr leger und mitunter aufreizend lässig wirken. Aber der Schein trügt. Wieder einmal zeigt sich, dass demonstrativ zur Schau gestellte Sicherheit oftmals Ausdruck größter Unsicherheit ist. Außerdem gilt „Hände in den Hosentaschen" nach wie vor bei öffentlichen Reden als unhöflich.

Wohin aber dann mit ihnen? Rhetoriktrainer empfehlen z. T., die Arme einfach rechts und links locker am Körper herabhängen zu lassen. Die Haltung ist dann offen. Außerdem belässt sie dem Sprecher alle Möglichkeiten, seine Arme und Hände unbehindert gestisch einzusetzen. Dennoch halte ich eine solche Ausgangshaltung persönlich nicht für ideal. Leicht kann sich das bedrückende Gefühl einstellen, die Arme ziehen wie Bleigewichte nach unten. Überdies wirkt eine solche Grundstellung eher steif, vor allem bei groß gewachsenen Menschen. Sie kommen einem dabei zuweilen recht schlaksig vor. Zudem entsteht auch hier allzu schnell der Eindruck von Passivität und mangelnder Handlungsbereitschaft. Das Schlimme daran ist: Die starre, ausdruckslose Gebärde kann sich wiederum auf die Stimmung des Redners übertragen. Es ist schwierig, aus einer statischen, monotonen Grundhaltung heraus starke Gefühle zu entwickeln. Da aber Emotionen ihrerseits die Voraussetzung sind für eine lebendige Körpersprache, bleibt der Redner auch gestisch weiterhin farblos, eine verhängnisvolle Wechselwirkung. Schließlich kann auch diese scheinbar doch so offene und unverfängliche Grundhaltung mitunter Ansätze zu einer körpersprachlichen Lüge beinhalten. In Rhetorikseminaren erlebe ich es des Öfteren: Da lässt der Sprecher zwar die Arme an beiden Seiten des Körpers herunterhängen, die Handrücken sind aber dem Auditorium zugewandt. Ein solches Gebaren ist nicht kongruent. Mit seinem ungeschützten Oberkörper signalisiert er zwar Offenheit und Zuwendung, auf der anderen Seite hat er aber die Innenflächen seiner Hände, d. h. gerade deren sensibelsten Bereich, vom Publikum abgekehrt. Als Zuhörer merken wir rasch: Da stimmt etwas nicht. Jedenfalls erscheint uns ein solches Sprechgebaren alles andere als überzeugend.

Hin und wieder wird in der rhetorischen Literatur zudem folgende Grundhaltung empfohlen: Der Redner faltet die Hände vor seinem Körper kurz unterhalb der Gürtellinie oder legt sie dort locker ineinander. Man spricht hier von der „Freistoßhaltung" – bekanntlich begegnen wir solchen Schutzgesten häufig bei Fußballspielern während eines Freistoßes – oder der „Sylter-Grundhaltung", in Anspielung auf die Freikörperkultur, die auf besagter Insel traditionell gepflegt wird. Leider scheint mir auch diese Rednerpose nicht das Nonplusultra zu sein. Dafür mutet sie meines Erachtens zu demutsvoll und verschämt an. Der Sprecher steht dort wie ein Büßer oder armer Sünder. Außerdem kann es dabei unversehens zu manch skurrilen Einlagen und Peinlichkeiten kommen. Dies ist z. B. der Fall, wenn ein schüchterner Redner, ausgehend von der Sylter-Grundhaltung, seine ersten zaghaften gestischen Bewegungen mit seinen Fingern oder Händen unterhalb der Gürtellinie vollzieht. Das wirkt komisch und kann bei den Zuhörern allgemeine Heiterkeit auslösen.

Um Sie nicht weiter zu verunsichern mit Beispielen, wie Sie es besser nicht machen sollten, möchte ich nunmehr auf die von mir selbst am meisten befürwortete Grundhaltung zu sprechen kommen. Zunächst lassen Sie die Arme rechts und links herunterhängen. Dann winkeln Sie den einen, anschließend den anderen Arm an und zwar so, dass sich beide oberhalb der Gürtellinie befinden bei leicht geöffneten Händen.

Wichtig ist: Die Stellung der Arme zueinander sollte nicht symmetrisch sein wie bei einem Schutzmann, sondern versetzt. Das verstärkt den Eindruck der Natürlichkeit. Bei alledem bleiben Sie so locker wie möglich. Sie dürfen also die Arme nicht eng an den Körper pressen. Arme und Hände müssen vielmehr frei beweglich bleiben. Das ist die optimale Ausgangsstellung, offen für eine jederzeitige spontane Gestik.

Fassen wir nochmals als Grundregeln für die Körperhaltung zusammen:

Ihre Körpersprache sollte „offen" sein. Arme und Hände dürfen keine Barriere bilden.
Nehmen Sie eine „Siegerhaltung" ein! Stehen Sie aufrecht mit erhobenem Kopf und gedehnter Brust!
Achten Sie auf eine feste Standhaltung, d. h. beide Füße müssen in vollem Bodenkontakt stehen!
Winkeln Sie beide Arme oberhalb der Gürtellinie an! Die Armhaltung sollte locker sein, natürlich und nicht symmetrisch.

5.2.2 Die Gestik

5.2.2.1 Arten der Gestik

Unter „Gestik" verstehen wir die Bewegungen unserer Arme, Hände und Finger. Bei näherem Hinsehen können wir zwei Arten von Gesten unterscheiden:

▷ **Beschreibende** oder **interpretierende** Gesten
Wir verdeutlichen bestimmte Gegenstände durch entsprechende Gesten. Beispielsweise erklären wir den Begriff Wendeltreppe indem wir mit dem Zeigefinger eine spiralförmige Bewegung vollführen. Beschreibende Gesten setzen wir vor allem bei Sachvorträgen ein.

▷ **Emotionale** Gesten
Gesten sind vielfach eine natürliche Reaktion auf unsere Empfindungen. Mit anderen Worten: *„Gesten sind sichtbar gewordene Emotionen" (Baldur Kirchner).* Emotionale Gesten spielen besonders bei Meinungsreden eine wichtige Rolle.

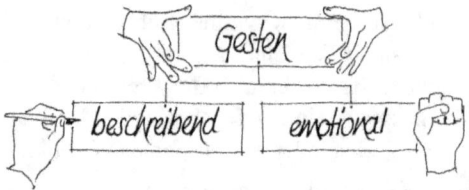

Wie sieht nun eine überzeugende Gestik aus? Im Folgenden stellen wir einige wichtige Grundregeln dar. Anhand von Negativbeispielen wollen wir zudem auf häufig vorkommende gestische Unarten hinweisen.

5.2.2.2 Kongruenz

Ein erstes wesentliches Postulat lautet: Gesten müssen kongruent sein. Das heißt: Die körpersprachliche Botschaft und das gesprochene Wort müssen übereinstimmen. Nur **sinngemäße** Gesten sind **sinnvolle** Gesten. Das gilt für beide Formen der Gestik, die beschreibende wie auch die emotionale.

Angenommen, ich erwähne in einem Sachvortrag: „Das Bruttoinlandsprodukt ist real um zwei Prozent **gestiegen**." Dann kann ich diese Aussage durch eine Handbewegung nach **oben** (beschreibende Gestik) optisch verdeutlichen. Verbale und nonverbale Aussage sind kongruent. Mache ich stattdessen eine Handbewegung nach **unten**, wäre mein Sprechgebaren nicht stimmig.

In einer Meinungsrede bekunde ich vehement meinen Zuhörern gegenüber: „Ich bin unbedingt dafür ..." Durch eine Doppelgeste nach oben (emotionale Gestik) unterstreiche ich die Glaubwürdigkeit meines Engagements. Mache ich dagegen eine wegschiebende Bewegung oder eine solche zum Boden hin, die inneren Handflächen nach vorne bzw. nach unten gewendet, dann haben wir es wiederum mit einem Widerspruch zu tun. Wort- und Körpersprache stimmen nicht überein.

Immer, wenn Gestik und verbale Botschaft nicht zueinander passen, fühlen wir uns als Zuhörer verunsichert. Wir wissen nicht mehr, woran wir uns halten sollen. Zumindest ist die Glaubwürdigkeit des Redners in Frage gestellt. Vielleicht werden wir im Zweifel sogar dem körpersprachlichen Signal mehr vertrauen. Denn wie heißt es im Sprichwort so schön: *„Körpersprache schlägt die Wortsprache."*

Bisher haben wir die Kongruenz auf die **inhaltliche** Aussage bezogen. Wir können aber noch einen Schritt weitergehen. Die beiden Sprachebenen müssen auch hinsichtlich des **zeitlichen** Reaktionsablaufs stimmig sein. Und hier können wir gleich eine weitere wichtige Grundregel anführen: Gesten gehen natürlicherweise dem gesprochenen Wort voraus. Sie sind ja ein spontaner Reflex auf unsere Gedanken und Empfindungen. Zuerst senden wir also stets unsere körpersprachlichen Signale, bevor wir unsere Einfälle und Gefühle in Worte kleiden. Wird dieses natürliche Ablaufschema nicht eingehalten, entsteht sofort der Eindruck mangelnder Kongruenz.

Aus dem aufgezeigten Zusammenhang leitet sich eine andere rhetorische Forderung ab:

Versuchen Sie niemals, Gesten einzustudieren! Tun Sie es doch, verstoßen Sie allzu leicht gegen besagtes Gebot der adäquaten zeitlichen Abstimmung. Es gibt Redner, die in ihrem Manuskript genau vermerken, an welcher Stelle sie welchen Gestus vollführen:

„Das Bruttoinlandsprodukt hat um zwei Prozent zugenommen." – Handbewegung nach oben!

„Gegen diesen Angriff werden wir uns zur Wehr setzen." – Entrüstung zeigen, Faust bilden etc.!

Während des Vortrags sieht das dann vielleicht wie folgt aus:

„Das Bruttoinlandsprodukt hat um zwei Prozent zugenommen." Da fällt ihm plötzlich ein: *„Oh je, hier wollte ich doch eine Handbewegung nach oben machen."* Die Worte sind schon gesprochen, da reicht er die entsprechende Geste nach und zeichnet eine imaginäre Trendlinie vor sich hin. Die Zuhörer sind verdutzt, sie fühlen, irgendetwas stimmt hier nicht, so als würde man den Donner vor dem Blitz wahrnehmen. Aber selbst wenn der Sprecher die beabsichtigte Handbewegung im vorgenannten Falle synchron oder sogar etwas früher absolviert hätte, könnte eine solche Gestik nicht überzeugen. Einstudiertes Gebaren stimmt mit dem natürlichen Ablauf einfach nicht überein, auch wenn die zeitliche Diskrepanz nur den winzigen Bruchteil einer Sekunde ausmacht. Daher haben antrainierte Gesten immer etwas Gekünsteltes an sich und verstoßen zugleich gegen das eingangs erwähnte Grundpostulat der Natürlichkeit unserer Körpersprache.

Als zusätzliche rhetorische Grundregel können wir formulieren:

Achten Sie bei Ihrer Körpersprache auf Kongruenz!
Gesten müssen inhaltlich stimmig sein, d. h. dem Sinn der verbalen Aussage entsprechen.
Gesten müssen zeitlich stimmig sein, d. h.: Gesten gehen dem gesprochenen Wort voraus.
Studieren Sie keine Gesten ein! Angelernte Gesten verstoßen gegen das Gebot der zeitlichen Stimmigkeit.

5.2.2.3 Frequenz

Wenden wir uns jetzt einem weiteren wesentlichen Punkt zu. Von Seminarteilnehmern wird immer wieder die Frage gestellt: Wie gestenreich sollte ich sprechen? Ist es vorteilhaft, viele Gesten zu machen oder sollte ich lieber zurückhaltender agieren? Wer hier Patentrezepte erwartet, den muss ich leider enttäuschen. Jede pauschale, verabsolutierende Antwort verbietet sich und wäre unseriös. Wir müssen vielmehr relativieren. Beginnen wir also mit der in solchen Fällen üblichen Einleitungsformel: *„Es kommt darauf an."* Es kommt vor allem an auf den Typ des Redners. Ein von seiner Veranlagung her temperamentvoller Mensch wird naturgemäß zu einer lebhafteren Gestik neigen. Und dies ist auch gut so. Nichts wäre verkehrter als einen solchen Sprecher gewaltsam umpolen zu wollen. Man legte ihm nur unnötig „rhetorische Handschellen" an. Umgekehrt können wir einem eher ruhigen, phlegmatischen Typus wohl kaum empfehlen, dem Gebärdenspiel eines feurigen Südländers nachzueifern.

Daraus dürfen wir aber nicht folgern, jegliche Kritik am körpersprachlichen Verhalten sei von vornherein unzulässig. Das gilt auch für die Häufigkeit von Gesten. Wir können diesbezüglich leicht des Guten zu viel oder zu wenig tun.

So gibt es Redner, die jedes Wort körpersprachlich mit einer Geste untermalen. Ihr Sprechgebaren ist vergleichbar dem eines Taubstummen. Was dort aber notwendig ist für die Verständigung, da die akustische Sprachebene fehlt, wirkt hier überladen und aufgebauscht. Da erwähnt z. B. ein Redner den Begriff „Buch". Sogleich zeichnet er mit dem Zeigefinger die Umrisse eines Buches nach mit allen vier Kanten und Ecken, minutiös und geometrisch exakt im rechten Winkel. Dabei wissen wir alle doch recht gut, ohne optische Präsentation, was ein Buch ist und wie es aussieht. Ein solches Vorgehen wirkt pedantisch und oberlehrerhaft.

Auch bei emotionalen Gesten neigen manche zu Übertreibungen. Mitunter begegnen wir Sprechern, die selbst die inhaltlich banalsten Sachverhalte mit theatralischer Geste vortragen. Sie stochern mit den Händen wild in der Luft herum, reihen eine Doppelgeste an die andere etc. Ihr Gehabe erinnert fatal an das eines Trunkenen. Wie kann ich mich dann aber bei den wirklich bedeutsamen Passagen, etwa beim Schlussappell, noch steigern? Effektvolle Gesten sollten wir nur dort einsetzen, wo sie vom Inhalt und dramatischen Geschehen angebracht sind. Ansonsten verstoßen wir leichtfertig gegen das Gebot einer sinnvollen rhetorischen Ausdrucksdifferenzierung. Weniger ist also auch bei der Gestik manchmal mehr.

Auf der anderen Seite gibt es Redner, die so gut wie keine Gesten benutzen. Sie sprechen allein mit Worten, während die nonverbale Sprachebene glatt ausfällt. Ihnen können wir nur empfehlen, die verstummte Körpersprache zu aktivieren, da sie als Redner sonst niemals überzeugen können. Das heißt allerdings nicht, der

Redner solle sich ein Repertoire an wirkungsvollen Gesten künstlich antrainieren. Wir wissen ja, einstudierte Posen wirken schnell unnatürlich. Der Redner muss vielmehr lernen, beim Sprechen Emotionen zu entwickeln. Dann folgt die entsprechende Gestik wie von selbst. Eine Voraussetzung hierfür ist z. B., dass der Redner sich voll mit seiner inhaltlichen Botschaft identifiziert. Ein gänzlich anderes Mittel, das ich selbst gerne praktiziere, könnte darin bestehen: Sie hören sich Musikstücke an, die Sie innerlich stark ansprechen. Drücken Sie dann Ihre Gefühle aus, indem Sie spontan mitdirigieren.

Wir können unseren Katalog rhetorischer Grundregeln um eine weitere ergänzen:

Die optimale Frequenz des gestischen Einsatzes ist stark persönlichkeitsgebunden und hängt in erster Linie ab vom Naturell des Sprechers.
Vermeiden Sie jedoch Übertreibungen! Erschlagen Sie die Zuhörer nicht mit einer endlosen Flut theatralischer Gesten! Lassen Sie Ihre Körpersprache umgekehrt nicht gänzlich verstummen!

5.2.2.4 Souveränität

Körpersprachliche Überzeugungskraft hängt nicht allein ab von der **Kongruenz** und **Frequenz** unserer Gestik, sondern zudem davon, wie souverän wir unsere Arme, Hände und Finger einsetzen. Wir wollen als Redner selbstsicher auftreten und dies nach außen hin mit unserem Sprechgebaren signalisieren. Welche Gesten wirken aber souverän und selbstsicher, welche nicht? Damit wollen wir uns anschließend noch etwas näher befassen.

In der Kinesik unterscheiden wir drei verschiedene Räume:
▶ den Bereich unterhalb der Gürtellinie
▶ den Bereich etwa in Höhe der Gürtellinie
▶ den Bereich oberhalb der Gürtellinie

In welchem dieser Bereiche sollten wir vorzugsweise unsere Gesten vollführen? Wie wir schon im Zusammenhang mit der „Freistoßhaltung" gesehen haben, können Handbewegungen in der unteren Körperzone mitunter komisch oder peinlich anmuten. Am besten, wir erklären den Bereich unterhalb der Gürtellinie daher von vornherein zur körpersprachlichen Tabuzone. Gesten haben dort nichts verloren, ausgenommen solchen, die sich vom Inhalt einer Aussage rechtfertigen. Das aber kann nur heißen: Wir setzen unsere Gestik vorzugsweise in der oberen Körperhälfte ein.

Diese ist für unser Sprechgebaren der positive Bereich, wobei die Gürtellinie selbst als neutrale Pufferzone fungiert.

Damit haben wir bereits ein wichtiges Merkmal souveräner Gestik kennengelernt. Es gibt noch einige weitere. Beginnen wir aber auch jetzt wieder mit der negativen Variante. Oftmals fuchteln Redner hektisch in der Luft herum. Sie rudern mit ihren Armen und Händen nach allen Richtungen, nach oben, unten, in die Quere. Ihre Bewegungen sind unkontrolliert und unkoordiniert, vergleichbar einem Marionettenspieler, bei dem sich die Fäden heillos verwirrt haben.

Auch wenn Gestik stets von Spontaneität geprägt sein soll, können wir ein solches Sprechgebaren unmöglich als gekonnt bezeichnen. So redet jemand, der die Kontrolle über sich und seine Körpersprache verloren hat. Dazu darf es nicht kommen. Ein souveräner Redner baut seine Gesten eher langsam auf, nicht zu hastig. Seine Motorik ist leicht, harmonisch, dennoch zupackend und von einer bezwingenden Festigkeit. Nichts ist aufgesetzt, jede Gebärde von einer wohltuenden Selbstverständlichkeit.

Neben den „körpersprachlichen Chaoten" gibt es jene, mehr verzagt anmutenden Sprechertypen. Ihre Gestik erfolgt nur **ansatzweise**. Sie pressen beide Oberarme krampfhaft an ihren Körper. Mit den Händen und Unterarmen führen sie dann halbherzige Bewegungen durch. Ihr Sprechgebaren wirkt irgendwie gehemmt. Es gelingt ihnen einfach nicht, aus sich herauszugehen. Den durch die natürliche Reichweite ihrer Arme abgesteckten Raum nutzen sie gestisch gar nicht in vollem Umfang.

Wie anders auch hier wieder der souveräne Sprecher. Er macht seine Gestik aus dem Schultergelenk, locker und spielerisch. Alle Gebärden schließt er ganz ab. Er scheut sich nicht vor der „großen Geste", macht gelegentlich weit ausholende Armbewegungen, wenn dies von der Situation her angebracht ist.

Die meisten Menschen neigen in bestimmten „kritischen Situationen" zu Gesten, die ihre momentane Hilflosigkeit widerspiegeln. Man spricht hier daher treffend von **Verlegenheitsgesten**. Sehr beliebt sind dabei die sog. „Hand zu Kopf Bewegungen". Ich berühre den Mund, die Nase, kratze mich am Kopf, ziehe am Ohrläppchen, streichle über meine Haare, zupfe am Bart usw.

"Mein Gott, was wollte ich nur sagen?"

Der versierte Redner wird solche offensichtlichen Verlegenheitsgesten tunlichst zu vermeiden suchen.

Wir wollen in unserem Zusammenhang auch eine bestimmte Kategorie von Gesten erwähnen, die zwar nicht unbedingt auf Unsicherheit schließen lassen. Wegen ihres dominanten oder aggressiven Charakters wirken sie jedoch provozierend. Wir sollten diese daher nicht zu den souveränen Gesten rechnen und am besten ebenfalls unterlassen. Höchstens im Meinungswettstreit mit allzu übel gesonnenen Zeitgenossen haben sie eine gewisse Berechtigung.

Wer von uns kennt nicht den „erhobenen Zeigefinger". Es ist die typische Gebärde eines Oberlehrers. Der Zeigefinger gilt als der sog. „Besserwisser" unter unseren Fingern. Transaktionsanalytisch gesehen wendet sich der Sprecher an das „Kindheits-Ich", was bei den Adressaten leicht zu Unmutsreaktionen führen kann.

Der Zeigefinger lässt sich aber auch gut als Waffe benutzen. Wir brauchen uns nur einmal die Redner im Parlament anzusehen. Immer wieder können wir beobachten, wie der Sprecher mit waagerecht nach vorn gestrecktem Zeigefinger herumstochert. Der Zeigefinger wird jetzt zum Dolch, mit dem er auf seine Widersacher einsticht.

Doch dieser Finger scheint die Gabe einer Allzweckwaffe zu besitzen. Manche richten ihn wie den Lauf einer Pistole nach vorne. Dabei ist der Daumen wie ein Hahn nach oben gespannt, während die restlichen Finger nach hinten einen Griff bilden.

rhetorische Drohgebärden

Zu den gängigen Drohgebärden zählt ferner die erhobene Faust. Die Wirkung verstärkt sich noch, wenn der Daumen, der „Diktator" oder „Dominanzfinger", frei nach oben zeigt.

Und noch eine häufig benutzte aggressive Gestik wollen wir erwähnen. Vielfach schlagen Redner mit den Kanten ihrer senkrecht geöffneten Hände auf und nieder. Ihre Bewegungen erinnern an die eines Karateschlägers, der mit der bloßen Hand Holz spaltet.

Im Übrigen: Wie nicht anders zu erwarten, reagieren die Adressaten auf solches Drohverhalten oftmals mit Gesten der Abwehr und Distanz. Sie kreuzen z. B. die Arme vor ihrem Oberkörper. Andere wiederum bilden einen **Kammriegel**. Sie verschränken die Hände und zwar so, dass die Finger untereinander verflochten sind. Spreizen sie dabei die Finger nach oben, wird aus dem Kammriegel ein **Stachelschwein**, auch **Spanischer Reiter** genannt.

Bei alledem dürfen wir aber nicht vergessen: Gesten sind in der Regel **mehrdeutig**. Je nach Situation können sie ganz verschiedene Botschaften beinhalten.

Fassen wir als weitere körpersprachliche Grundregel zusammen:

Achten Sie beim Sprechgebaren auf einen souveränen Ausdruck!
Vollführen Sie Ihre Gesten vorwiegend in der oberen Körperhälfte!
Machen Sie Ihre Gebärden nicht hastig und unkontrolliert! Entwickeln Sie diese stattdessen ruhig, aber dennoch zwingend und bestimmt!
Setzen Sie Ihre Gesten nicht bloß ansatzweise ein! Führen Sie sie vielmehr vollständig aus! Bedienen Sie sich dabei, wenn sinnvoll, der gesamten, durch die Reichweite Ihrer Armlänge begrenzten Raumzone!
Vermeiden Sie Verlegenheitsgesten! Seien Sie vorsichtig mit allzu dominanten und aggressiven Gesten!

5.2.3 Die Mimik

5.2.3.1 Ausdrucksvielfalt

Kommen wir nun zum dritten wesentlichen Bereich unserer Körpersprache, der Mimik. Wir verstehen darunter die Ausdrucksmöglichkeiten des Gesichts und seiner Partien.

Wussten Sie, dass unser Gesicht über 25 Muskelstränge verfügt? Das eröffnet uns unzählige Variationsmöglichkeiten, vom zartesten Wimpernschlag bis hin zur stärksten Grimasse. Wie sehr gerade unser Gesicht „mitredet", können wir leicht testen: Stellen Sie sich vor: Sie beißen in eine Zitrone. Schon beim bloßen Gedanken daran scheinen sich alle unsere Gesichtsmuskeln zusammenzuziehen. Keine Frage: Der Blick kann sehr aussagekräftig sein, ja mitunter gar „Bände sprechen". Sein besonderer Vorzug: Er erleichtert uns den „Einblick" in die Gefühlswelt des Redners. Das Gesicht ist somit wie ein Buch, aus dem wir das innere Befinden des Sprechers ablesen können.

Was wir hier für das Gesicht als Ganzes bemerkt haben, gilt auch für dessen einzelne Teile. Sie sind es ja, die durch ihr Zusammenwirken den Gesamtausdruck bestimmen. Nehmen wir nur unsere Augen. Mal strahlen sie vor Freude, dann wiederum funkeln sie vor Wut. Bei einem „gebrochenen Auge" dagegen ist jeder „Lichterglanz" erloschen. Für einen solchen Menschen ist die Welt dunkel und hoffnungslos. Wir sehen also: Das Auge ist nicht nur das Instrument, mit dem wir unsere Außenwelt optisch wahrnehmen. Es gibt zugleich den Blick frei in unser Inneres. Bildhaft ausgedrückt: *„Die Augen sind der Spiegel unserer Seele."*

Ähnliches lässt sich auch von anderen Sinnesorganen behaupten. Die Nase etwa ist nicht nur ein Geruchs- und Atmungsorgan, sondern überdies Träger körpersprachlicher Botschaften. Die Nasenflügel z. B. können vor Erregung förmlich beben. Rümpfen wir stattdessen die Nase, bekunden wir damit unser Missfallen. Wir signalisieren, dass uns etwas buchstäblich „stinkt".

Auch mit dem Mund vermitteln wir nonverbale Informationen. Mit zusammengepressten Lippen und einem verkniffenen Mund drücken wir unser Misstrauen aus. Dagegen steht uns in Momenten großen Erstaunens der Mund offen, wobei wir gleichzeitig noch den Unterkiefer herabfallen lassen.

5.2.3.2 Überzeugende Mimik

Die für uns entscheidende Frage aber lautet: Wodurch zeichnet sich eine überzeugende Mimik aus? Als erstes können wir eine äußerst einfache Grundregel nennen: Achten Sie auf einen **freundlichen** Gesichtsausdruck! Ein chinesisches Sprichwort besagt: *„ Wer nicht lächeln kann, sollte keinen Laden aufmachen."* Das gilt genauso für den Redner. Sind wir denn nicht bei unseren öffentlichen Sprechauftritten ebenfalls Verkäufer? Schließlich wollen wir ja unsere Botschaft und uns selbst so gut wie möglich „verkaufen".

So selbstverständlich unsere Forderung klingt. Das eigentliche Problem liegt offenbar wiederum in der praktischen Umsetzung. Schauen wir uns das Redegebaren doch einmal etwas näher an. Die meisten Sprecher sind viel zu ernst. Ihr Gesichtsausdruck wirkt angestrengt und unbeweglich. Manche setzen gar eine griesgrämige, sauertöpfische Miene auf, als sei ihnen das ganze Leben zur verhassten Bürde geworden. Wie will ein solcher Redner die Herzen seiner Zuhörer gewinnen?

In diesem Zusammenhang erinnere ich mich an ein Rhetorikseminar. Eine Teilnehmerin war mir besonders aufgefallen wegen ihres freundlichen, einnehmenden Wesens und ihres natürlichen, herzhaften Lachens. Das änderte sich aber schlagartig, als sie vor die Gruppe trat, um ihren Vortrag zu halten. Alle Heiterkeit war mit einem Male aus ihrem Gesicht verschwunden. Sie blickte streng, beinahe finster, als trüge sie eine schwere seelische Last mit sich herum. Versuche, durch ein erzwungenes Lächeln zur ursprünglichen Fröhlichkeit zurückzufinden, schlugen fehl. Sie zog die Gesichtsmuskeln, insbesondere den Lippenringmuskel übertrieben in die Breite. Die natürliche Abstimmung von Augen- und Mundmuskulatur wie beim „echten" Lachen üblich, funktionierte nicht. Sie lächelte zwar, doch lachten die Augen nicht mit. Plötzlich wurde mir klar, wie sehr wir an Ausstrahlung verlieren, wenn wir unter einer besonderen inneren Anspannung stehen. Ich kann nur freundlich erscheinen, wenn ich locker und entspannt bin. Eines ist nicht möglich ohne das andere. Das ist auch der Grund, weshalb professionelle Sprecher, z. B. unmittelbar vor ihrem Fernsehauftritt, oftmals spannungsmindernde Gesichtsgymnastik betreiben.

Als zweite wichtige Maxime überzeugender Mimik können wir herausstellen: Auch die mimische Reaktion sollte **stimmig** sein, inhaltlich wie zeitlich. Das heißt zum einen: Der Gesichtsausdruck muss mit dem Sinn der verbalen Aussage harmonieren. Ich kann nicht sagen: „Ich bin der glücklichste Mensch auf Erden", mache dabei aber das Gesicht eines Trauerkloßes. Das wäre widersprüchlich. Wahrscheinlich würden wir erneut mehr der körpersprachlichen Botschaft trauen. Andererseits geht auch der mimische Ausdruck in aller Regel dem gesprochenen Wort zeitlich voraus. Unsere Gesichtsmuskulatur arbeitet bereits, bevor wir unsere Zunge in Gang setzen. So reiße ich z. B. im Augenblick des Erschreckens die Augen weit auf, noch ehe ich irgendwelche Lautäußerungen von mir gebe.

Wollen wir an dieser Stelle als weitere Grundregel der Kinesik festhalten:

> Verschaffen Sie sich Sympathie durch eine freundliche Mimik!
> Natürliche Freundlichkeit lässt sich nur erreichen bei einem lockeren und entspannten Gesichtsausdruck.
> Wie die Gestik, so muss auch die Mimik kongruent sein. Dies bedeutet: Die mimische Reaktion muss mit dem Sinn der verbalen Botschaft übereinstimmen und geht dieser zeitlich voraus.

5.2.3.3 Blickkontakt

Auf einen ganz entscheidenden Aspekt der Mimik müssen wir unbedingt noch eingehen: den **Blickkontakt**. Er gehört sicherlich zu den bedeutendsten Instrumenten erfolgreicher Rhetorik. Ohne visuelle Kontaktaufnahme mit dem Publikum kann ich nicht überzeugen, sollte mein Vortrag ansonsten noch so perfekt sein.

Der Blickkontakt ist eine starke Brücke zwischen Redner und Auditorium und in vielerlei Hinsicht vorteilhaft:

▶ **Der Redner vermittelt das Gefühl, persönlich zu den Hörern zu sprechen.**

▶ **Der Redner kontrolliert die Wirkung seiner Worte.**
Wie ist die Aufmerksamkeit? Hören die Gäste gebannt zu oder sind sie eher desinteressiert und teilnahmslos? Sind sie einverstanden mit dem, was ich sage oder erkenne ich deutliche Anzeichen von Missbilligung? Werde ich überhaupt verstanden, oder sehe ich in lauter fragende Gesichter? ...

▶ **Der Sprecher benutzt den Blickkontakt als Disziplinierungsinstrument.**
Ich schaue Besucher, die gerade geistig abwesend zu sein scheinen, an und ermuntere sie dadurch zu größerer Aufmerksamkeit. Störenfriede ermahne ich mit strafendem Blick zu mehr Disziplin.

▶ **Der Redner strahlt durch Blickkontakt Selbstsicherheit aus.**
Unsichere Redner halten oftmals keinen Blickkontakt. Sie sind von sich und ihrer Sache sowenig überzeugt, dass sie nicht den Mut aufbringen, ihre Zuhörer anzusehen. Sie haben Angst, in deren Mimik die negative Wirkung ihrer schwachen Ausführungen abzulesen. Am liebsten möchten sie fliehen. Da dies aber nicht möglich ist, flüchten sie ersatzweise mit den Augen. Nun beginnt ein wahrer Teufelskreislauf. Weil der Sprecher keinen visuellen Kontakt aufnimmt, wendet sich auch das Publikum immer mehr ab. Der Redner spürt es und traut sich erst recht nicht, seinen Zuhörern ins Gesicht zu sehen.
Ganz anders der selbstsichere Sprecher. Für ihn ist Blickkontakt die natürlichste Sache der Welt und zugleich ein probates Ausdrucksmittel seiner inneren Festigkeit und rhetorischen Stärke.

▶ **Der Redner demonstriert durch Blickkontakt persönliches Engagement.**
Wie wir an anderer Stelle bereits hervorgehoben haben, sind die Augen der „Spiegel unserer Seele". Auf einen solchen Informationsträger wird ein professioneller Sprecher daher nicht verzichten. Gerade über die persönlichste aller rhetorischen Kontaktmöglichkeiten, die unmittelbare Begegnung Auge zu Auge, kann er signalisieren, wie sehr er innerlich brennt und hinter dem steht, was er seinen Zuhörern vermittelt.

Halten wir als rhetorische Grundregel fest:

Achten Sie beim Sprechen unbedingt auf Blickkontakt!
Der Blickkontakt ist ein unentbehrliches rhetorisches Instrument zur Herstellung einer dialogischen Grundstimmung.

Nachdem wir die Vorzüge gebührend hervorgehoben haben, bleibt uns noch die Frage:
Wie sollte der Blickkontakt erfolgen?
Es gibt eine Reihe empfehlenswerter Erfahrungsregeln. Auf die wichtigsten wollen wir nachfolgend etwas näher eingehen.

▷ **Beziehen Sie möglichst viele oder alle Zuhörer in den Blickkontakt ein!**
Als Redner gleichen wir einem Dompteur. Wir müssen alle einbeziehen. Tun wir es nicht, können wir leicht bei dem oder den Ausgeschlossenen Aggressionen wecken. Denn kaum etwas nehmen wir unseren Mitmenschen mehr übel, als von ihnen zur Unperson, zum Nichts degradiert zu werden. **Nicht**beachtung empfinden wir mitunter sogar noch schlimmer als **Miss**achtung, die immerhin eine bewusste Wahrnehmung der betreffenden Person(en) voraussetzt.
Geradezu „gefährlich" aber kann es für einen Redner werden, wenn er ganze Personengruppen „wie Luft behandelt". Ähnliches beobachte ich hin und wieder bei Rhetorikveranstaltungen an der Hochschule. Zu den Aufgaben der Studenten gehört es, ein zu Hause erarbeitetes Referat vorzutragen, das anschließend vom Dozenten bewertet wird. Die Sitzplätze sind dabei, wie im Verhaltenstraining üblich, in U-Form angeordnet. Durch den Doppelstress von öffentlicher Rede und Notendruck bis aufs äußerste angespannt, vergraben manche ihren Blick im Manuskript, ohne ein einziges Mal aufzuschauen. Andere wiederum sehen nur immerfort in eine Richtung, z. B. nach rechts, zu irgendwelchen ihnen vertrauten Personen hinüber. Ihr Blickkontakt ist im wahrsten Sinne „einseitig". Sie lassen die Übrigen „links liegen". Mitunter passiert sogar Folgendes: Da führt der Referent ein visuelles Zwiegespräch allein mit dem Dozenten. Für das restliche Publikum „hat er keine Augen". Das mag zwar für den so Herausgestellten schmeichelhaft sein, wirkt aber autoritätsbezogen und devot. Besonders schlimm jedoch ist: In allen geschilderten Fällen kann bei den „Ausgegrenzten" schnell Unmut aufkommen. Ich habe es sogar schon erlebt, wie einer der Anwesenden demonstrativ den Stuhl umdrehte und sich mit dem Rücken zum Sprecher setzte. Deutlicher kann man nicht signalisieren: *„Wenn ich selbst nicht beachtet werde, brauche ich auch dir keine Beachtung zu schenken."*

Also: Es ist nicht nur ein Gebot des Anstands, sondern auch in taktischer Hinsicht ratsam, mit dem gesamten Zuhörerkreis Blickkontakt zu halten. Allerdings taucht jetzt ein Problem auf: Wie verhalte ich mich denn bei Reden in großen Räumen vor einem Massenpublikum? Ich kann hier doch unmöglich mit jedem Einzelnen visuelle Verbindung aufnehmen. In diesem Falle empfiehlt sich folgendes Vorgehen: Ich schaue eine bestimmte Person an irgendwo im Saal z. B. auf der rechten vorderen Seite. Das Schöne daran: Dadurch fühlen sich die benachbarten Zuhörer gleich mit angesprochen. Der individuelle Blickkontakt gilt also repräsentativ für eine ganze Gruppe. Entsprechendes mache ich mit Besuchern aus den übrigen Teilen des Raumes. Bei Wiederholungsdurchgängen wähle ich dann möglichst andere Zuhörer aus. So hat jeder der Anwesenden den Eindruck, persönlich einbezogen zu sein.

▶ **Halten Sie Ihren Blickkontakt angemessen lange!**
Es genügt nicht, die Zuhörer anzusehen. Der Blickkontakt muss auch **angemessen** lange dauern, um seine volle Wirkung zu entfalten bzw. als solcher überhaupt wahrgenommen zu werden. „Angemessen" bedeutet: mindestens ca. drei bis fünf Sekunden. Wir sollten uns also ruhig Zeit nehmen für unseren persönlichen visuellen Dialog. Keinesfalls dürfen wir den Blick hin und her „flitzen" lassen. So kann ich keine Kontaktbrücke aufbauen. Außerdem wirkt ein solches Verhalten hektisch und unstet. Freilich sind auch nach oben Grenzen gesetzt. Die Adressaten dürfen nicht das Gefühl haben, „angestarrt" zu werden.

Etwas modifizierte Regeln gelten wiederum bei Reden vor einem größeren Publikum. Eine Richtzeit von fünf bis zehn Sekunden ist hier durchaus adäquat. Wir wissen ja: Nach den Gesetzmäßigkeiten der Masse steht beim Augenkontakt der Einzelne stellvertretend für eine ganze Gruppe.

▶ **Wechseln Sie den Blick nicht ruckartig!**
Manche Redner brechen ihren Augenkontakt abrupt ab und wechseln ruckartig die Blickrichtung. Das sieht nicht nur steif und marionettenhaft aus, sondern auch komisch, so als habe der Sprecher nervöse Zuckungen. Vor solch unfreiwilligen Showeinlagen können wir nur warnen. Richtig ist vielmehr, den Blick langsam, in aller Ruhe umherschweifen zu lassen.

Fassen wir als rhetorische Grundregel zusammen:

Nehmen Sie möglichst mit allen Zuhörern eine visuelle Beziehung auf! Bei einem Massenpublikum genügt es, den Augenkontakt auf einzelne, möglichst gleichmäßig im Raum verteilte, Personen zu beschränken. Das gibt jedem im näheren Umkreis das Gefühl, mit angesprochen zu sein.

Ihr Blickkontakt sollte hinreichend lang sein, d. h. im Normalfall rund drei bis fünf Sekunden, bei großem Auditorium fünf bis zehn Sekunden.
Wechseln Sie den Blick nicht ruckartig, sondern lassen Sie ihn langsam umherschweifen!

5.3 Zusammenspiel verschiedener Sprechebenen

Wie ein kunstvolles Uhrwerk, dessen Zahnräder ineinander greifen, so sind auch die Sprachebenen der Rhetorik auf wundersame Weise miteinander verbunden. Die Wortsprache mit ihren Facetten wie Sprechstil und Sprechtechnik beeinflusst die Körpersprache und umgekehrt. Es ist ein faszinierendes Wechselspiel sich gegenseitig verstärkender Wirkungsimpulse.

Beispiel: Angenommen, Sie wollen in einer Erlebniserzählung – vielleicht haben Sie als Sportfischer einen Hecht von überproportionaler Länge geangelt – die Eigenschaft „riesig groß" nonverbal veranschaulichen. Spontan öffnen Sie Ihre Arme zu einer weit ausladenden Gestik. Aber damit nicht genug: Infolge der Streckbewegung hebt sich auch Ihr Oberkörper, ebenso der Kopf, und die Pupillen weiten sich. Dieses Gebärdenspiel wiederum überträgt sich auf Ihre Modulation. Unterstützt durch die bildhafte Vorstellung sprechen Sie die Vorsilbe „riesig" äußerst gedehnt aus mit einem Klangbild, das Ihr gefühlsmäßiges Erlebnis nachempfinden lässt.

Wir können daraus ersehen: Auch die Kunst der Rede basiert auf dem Prinzip der Ganzheitlichkeit. Dabei harmonieren in der Regel nur solche Verhaltensweisen, die komplementär zueinander sind, konträre können sich dagegen regelrecht blockieren. Hierzu ein kleines Experiment:

Unterstellen wir, Sie sind Seminartrainer und wollen die Teilnehmer auf die anstehende Kaffeepause hinweisen. Sie tun dies zunächst auf dominante Weise in der Pose eines Oberlehrers. Mit gestrecktem Zeigefinger zeigen Sie nach unten und sagen in bestimmtem Tonfall: „Kaffeepause!" Versuchen Sie dabei zu lächeln! Es gelingt Ihnen nicht. Der Grund ist einfach: Autoritäre Gebärden, eine gebieterische Stimme und ein entspanntes Lächeln schließen einander aus.

Nehmen wir zum Vergleich die partnerschaftliche Variante. Sie öffnen beide Arme, die Handflächen nach oben, als trügen Sie ein Tablett in den Händen. Erneut sagen Sie, diesmal aber in leicht fragendem Tonfall: „Kaffeepause?" Versuchen Sie wieder zu lächeln! Diesmal klappt es. Das ist nicht überraschend. Sie unterbreiten den Teilnehmern jetzt ein Angebot. Damit fällt die Anspannung weg. Sie treten lockerer auf,

5.3 Zusammenspiel verschiedener Sprechebenen

Ihre Haltung ist offen, die Stimme klingt weicher. Und so ist auch eine freundliche Mimik wieder möglich.

Die Kenntnis der wechselseitigen Verbundenheit verschiedener Sprachebenen kann für unser praktisches Auftreten hilfreich sein. Oft sitzen wir bei Gesprächen oder Verhandlungen dem Partner unmittelbar gegenüber. Den Kopf halten wir dabei gerade in direkter Konfrontationslinie. Diese Pose drückt eine gewisse Anspannung aus und überträgt sich sofort auf die Stimmführung. Der Ton wird härter, nachdrücklicher. Beim Gesprächspartner kann ein solches Verhalten Abwehrreaktionen auslösen. Anders, wenn wir den Kopf etwas zur Seite neigen. Das sorgt für zusätzliche Lockerheit. Die Stimme klingt verbindlicher und konzilianter. Wir sind eher in der Lage, Charme zu entfalten und freundlicher aufzutreten.

6   Aufbau einer Rede

„*Was dem Dilettanten eigentlich fehlt, ist Architektonik im höchsten Sinne.*"
(*Johann Wolfgang von Goethe*)

„*Wer kein Ziel hat, braucht sich nicht zu wundern,
dass er ganz woanders ankommt.*"
(*Robert F. Mager*)

„*Eine Rede ohne klaren Aufbau ist wie ein Haus ohne Fundament.*"
(*Alfred Mohler*)

„*Es ist auf der Erden kein besser List, als wer seiner Zunge ein Meister ist.*"
(*Martin Luther*)

Ziehen wir an dieser Stelle ein kleines Zwischenfazit. Wodurch zeichnet sich eine gelungene Rede aus? Wie gelingt es uns, die Zuhörer dauerhaft zu fesseln und mitzureißen?

Aus den bisherigen Ausführungen können wir entnehmen: Rhetorische Kompetenz setzt sich aus zahlreichen Facetten zusammen. Erst die additive Verknüpfung, ihre gleichzeitige versierte Handhabung verleiht dem Meister der Rede jenes Profil, jenes Charisma, das ihn aus der Masse der Übrigen so weit herausragen lässt.

Zunächst einmal gehört zu den Wesensmerkmalen überzeugender Rhetorik ein guter Sprechstil. Dynamik erzeugen durch belebende Tätigkeitswörter, anschaulich sprechen durch Bilder, Beispiele, Vergleiche und konkrete Bezeichnungen etc.

Nicht weniger wirkungsvoll ist die packende Sprechtechnik: gezielte Variation des stimmlichen Ausdrucks, engagierte, couragierte Vortragsweise, gesteuert von starken emotionalen Impulsen usw.

Auch durch eine vitale Körpersprache, durch ausdrucksstarke Gestik und Mimik kann der Vortragende, wie wir gesehen haben, sein inneres Mitfühlen bzw. Miterleben nach außen bekunden und den Eindruck einer ganzheitlich stimmigen, dynamischen und temperamentvollen Rednerpersönlichkeit vermitteln.

Damit hat der Sprecher seine Möglichkeiten aber noch lange nicht ausgeschöpft. Und nun kommen wir bei unserem Streifzug durch die faszinierende Welt der Rhetorik zu einem weiteren wichtigen Kapitel: dem Aufbau einer Rede. Denn: Kein Redner der Welt, sonst auch noch so meisterlich, kann überzeugen ohne ein sinnvolles Ordnungsprinzip, d. h. ohne ein wohldurchdachtes, harmonisches und dramaturgisch geschicktes Ordnungsgefüge.

Zeichnen wir die Konstruktion unseres Redegebäudes doch einmal chronologisch nach. Beginnen wir also mit dem, was am Anfang jedes gelungenen Redeentwurfs steht: der systematischen Vorbereitung.

6.1 Vorbereitung einer Rede

Angenommen, wir sollen in drei Wochen einen Vortrag halten. Das Thema ist bereits bekannt. Wie gehen wir vor? Oder fragen wir doch zunächst: Was geht in uns vor? Mit einem Male spüren wir eine gewisse innere Unruhe, ein merkwürdiges Kribbeln. Es ist, als seien wir plötzlich von einem Fieber befallen. Immer wieder kreisen unsere Gedanken um den bevorstehenden Auftritt und das betreffende Thema. Bei der Morgentoilette, der Fahrt zum Arbeitsplatz und auch danach: Es lässt uns einfach nicht mehr los. Unser Kopf arbeitet. Vor wem spreche ich? Mit wie viel Zuhörern kann ich rechnen? Wird es hinterher noch eine Aussprache geben? Woher bekomme ich nähere Informationen? Auch erste Informationen zum Thema fallen uns ein. Vielleicht ist es eine treffende Pointe, ein Zitat, ein Vergleich, ein schlagkräftiges Argument. Was immer es sei, wir sollten uns die kleine Mühe machen, sie schriftlich festzuhalten, auf einem Blatt Papier, einem Zettel, einem Karteikärtchen oder in elektronischer Form. So geht nichts verloren und wir selbst ersparen uns den quälenden Druck, unsere Ideen behalten zu müssen.

Als nächstes gilt es, konkrete Schritte zu unternehmen. Wie gelange ich zu weiterem Informationsmaterial? Die bequemste und zeitsparendste Möglichkeit besteht darin, im Internet nachzusehen. Sie geben einfach in einer der gängigen Suchmaschinen Ihr themenbezogenes Stichwort ein und oftmals gelangen Sie so zu ersten brauchbaren Materialien. Über spezielle Literaturdatenbanken können Sie sich zudem einen Überblick verschaffen über einschlägige Veröffentlichungen. Als gute Anlaufstellen erweisen sich überdies die Bibliotheken von Universitäten und Fachhochschulen mit ihren umfangreichen Beständen an Literatur und Fachzeitschriften. Auch die Pressestellen von Ministerien, Banken, Verbänden, größeren Unternehmen oder Zeitschriftenverlagen können bei der Informationsbeschaffung hilfreich sein. Ferner kann uns das Gespräch mit einem Experten manch nützlichen Fingerzeig geben. Sind wir bei unseren Recherchen auf eine geeignete Ausarbeitung gestoßen, finden wir dort meist Hinweise auf weiterführende Publikationen.

Gehen wir also davon aus, wir verfügen über ausreichend Informationsmaterial. Jetzt kommt es darauf an, dieses zu sichten. Am besten notieren wir uns dabei alle Gedanken, die für das Thema irgendwie von Bedeutung sein könnten. Vielleicht selektieren wir schon nach gewissen Grobkriterien. Aber das ist im jetzigen Stadium noch nicht so entscheidend. Wichtig ist zunächst: Wir legen uns eine, möglichst weitgehende, Stoffsammlung an. Nunmehr haben wir alle benötigten Baustoffe – das rhetorische Grundmaterial – zusammen. Unsere Vorarbeit ist erfolgreich abgeschlossen.

Wir können an dieser Stelle nochmals als elementare Regel der Rhetorik definieren:

Besorgen Sie sich detaillierte Informationen über Ihr Redethema, und legen Sie sich eine umfassende Stoffsammlung an!

6.2 Mögliche Redepläne

Wer aber glaubt, das meiste sei bereits getan, der irrt. Jetzt beginnt der eigentliche schöpferische Prozess. Es gilt, Ordnung in das bisherige Chaos zu bringen. Denn:
„Ein Haufen Steine ist noch kein Haus, ein Haufen Worte macht noch keine Rede."
(Maximilian Weller)
Wir alle kennen diesen Typus: Da redet jemand zügellos daher, wie ihm der Schnabel gewachsen ist. Alles geht wie Kraut und Rüben durcheinander. Zwischendurch berauscht er sich oftmals an spontanen Gedankeneingebungen, spinnt diese aus, kommt vom Hölzchen aufs Stöckchen und entfernt sich immer weiter vom Thema. Vergebens sucht man einen roten Faden. Die Ausführungen sind ein einziges Gedankengestrüpp, in dem sich der Zuhörer hoffnungslos verfängt. Ein solcher Redner sollte für uns ein abschreckendes Beispiel sein. Ein maßgeblicher Grundsatz der Rhetorik lautet nämlich:

Eine überzeugende Rede braucht einen klaren Aufbau.
Wie aber sollte dieser aussehen? Es gibt eine einfache Möglichkeit: Wir gliedern nach dem vertrauten Schema: **Einleitung – Hauptteil – Schluss.** Was sich bei unseren Schulaufsätzen bewährt hat, ist auch für Reden, Vorträge und Referate bestens geeignet.

Bei Meinungsreden wird häufig auch die einprägsame Formel „Bus" benutzt:

B = behaupten
U = untermauern
S = Schluss

Die „Bus-Formel" ist vor allem für Stegreifreden geeignet, wenn wir eine einfache und schnelle Orientierungshilfe benötigen.

Steht uns mehr Zeit zur Verfügung, können wir auch auf detailliertere Gliederungsschemata zurückgreifen. Am bekanntesten ist wohl der sog. **Fünfsatz** oder die **Fünf-Punkte-Formel.** Wir sprechen hier in fünf Schritten oder Sätzen.

Beispiel für einen Fünfsatz:
1. Satz: **Ich wecke Interesse oder erzeuge Spannung.**
2. Satz: **Ich beschreibe den Sachverhalt, um den es geht.**
3. Satz: **Ich liefere Begründungen und Beweise.**
4. Satz: **Ich bringe Beispiele und versuche, das Gefühl der Zuhörer anzusprechen.**
5. Satz: **Ich formuliere einen positiven Schlusssatz oder fordere zum Handeln auf.**

In der Rhetorikliteratur stoßen wir auf eine Vielzahl von Varianten des Fünfsatzschemas, jeweils abgestimmt auf die jeweilige Redesituation.[34] Auf einige besonders markante wollen wir im Folgenden noch etwas näher eingehen.

Angenommen, Sie halten eine Rede zu einem Streitthema vor großer Kulisse. Sie wissen: Das Publikum sympathisiert mit der gegnerischen Meinung. Sie haben es mit starken Widersachern zu tun und müssen sich auf heftige Ablehnung aus dem Auditorium gefasst machen. Die Stimmung ist gegen Sie, die Atmosphäre span-

---

[34] Hierhold unterscheidet z. B. zwischen folgenden Fünfsätzen:
Linearer Fünfsatz
Paralleler Fünfsatz
Diskrepanz Fünfsatz
Divergierender Fünfsatz
Zur Erklärung vgl. Hierhold, E.: Sicher präsentieren - wirksamer vortragen, S. 80.
Albert Thiele zählt zu den wichtigsten Fünfsatzstrukturen: die Standpunktformel, die Reihe, die Kette, den dialektischen Fünfsatz, die Kompromissformel und die Problemlösungsformel. Vgl. Thiele, A., Argumentieren unter Stress, S. 124 ff.

nungsgeladen. Wie gehen Sie als Redner vor? In dieser schwierigen Ausgangslage kann das Fünfsatz-Schema „Positive Argumentation" eine hilfreiche Orientierung bieten.

Fünfsatz: Positive Argumentation
1. **Einstimmung auf das Thema**
2. **Positive Darstellung der anderen Meinung**
3. **Positive Darstellung der eigenen Position**
4. **Abwägen der Vorteile beider Standpunkte**
5. **Schlussfolgerung: Die eigene Meinung ist die bessere.**[35]

Sehen wir uns die Situation noch etwas näher an. Der Redner tritt hier in der Rolle des Außenseiters auf. In einer solchen Situation sind rhetorisches Feingefühl und psychologisches Einfühlungsvermögen gefragt. Ich muss meine Worte sorgsam wählen und alles vermeiden, was die andere Seite provozieren könnte, d. h.: Keine herabsetzende Kritik am Standpunkt der Kontrahenten! Im Gegenteil: Nach einer kurzen Eröffnung (Satz eins: Einstimmung auf das Thema), beschäftige ich mich sehr wohlwollend mit deren Auffassung, d. h.: Ich stelle die Meinung meiner Widersacher bewusst positiv dar (Satz zwei). Damit versuche ich, Spannung herauszunehmen und die Meinungsgegner ruhig zu stellen. Außerdem präsentiere ich mich als fairer Streiter, der sich offensichtlich um Objektivität bemüht. Das dämpft zusätzlich das aufgestaute Aggressionspotential. Erst im späteren Verlauf (Satz drei) gehe ich dann auf meine eigene Position ein. Jetzt benötige ich vor allem argumentatives Geschick, denn es beginnt die Phase der eigentlichen Überzeugungsarbeit, die positive Begründung meiner Auffassung. Natürlich muss ich weiterhin meine Worte mit Bedacht formulieren. Schon der kleinste Fauxpas könnte die Stimmung erneut aufheizen. Also: Keine auftrumpfende Besserwisserei, keine vorschnellen Bewertungen etc.! Habe ich schließlich die Vorzüge meines Standpunktes ausreichend beschrieben, kann ich den nächsten Schritt tun. Ich wäge die Vorteile beider Positionen gegeneinander ab (Satz vier). Und dabei stellt sich heraus: Die eigene Meinung erweist sich als die bessere (Satz fünf).

Szenenwechsel: Erneut halten Sie eine Meinungsrede vor großem Publikum. Diesmal ist die Ausgangslage aber eine ganz andere. Die Zuhörer sind völlig auf Ihrer Seite. Mit Widerspruch ist nicht zu rechnen. Sie haben sozusagen ein Heimspiel. Wie bauen Sie jetzt Ihre Rede auf? In einer solchen Situation kann Ihnen die Fünfsatz-Regel „Konfrontation" als Richtschnur dienen.

---

[35] Vgl. auch Kellner, H., Reden Zeigen Überzeugen, S. 44.

Fünfsatz: Konfrontation
1. **Angriff gegen die Meinung des Kontrahenten**
2. **Begründung, weshalb die Meinung des anderen nicht zutrifft**
3. **Vorstellung des eigenen Standpunkts**
4. **Begründung, weshalb die eigene Meinung vorzuziehen ist**
5. **Appell an das Auditorium, die richtige Entscheidung zu treffen**

Eine solche Vorgehensweise können Sie z. B. wählen bei einer Gegenrede, wenn Ihr Vorgänger gerade eine Außenseiterposition vertreten hat oder auch bei einem Parteitagsauftritt vor lauter Gleichgesinnten. Jetzt müssen Sie keine Rücksicht mehr nehmen. Sofort starten Sie einen Konfrontationskurs und attackieren aufs Schärfste die andere Position (Satz eins). Schonungslos und in der Pose eines Triumphators legen Sie die Gründe offen, weshalb die gegnerische Meinung völlig daneben liegt (Satz zwei). Nun stellen Sie Ihren eigenen Standpunkt vor, die frohe Botschaft, die Ihre Jünger schon sehnsüchtig erwarten (Satz drei). Mit bedeutungsvoller Mimik und starken Worten nennen Sie die Gründe, die Ihren Standpunkt so überlegen machen (Satz vier). Zum Schluss richten Sie einen flammenden Appell an das Publikum, sich für die gute Sache zu entscheiden (Satz fünf).[36]

Halten Sie einen Sachvortrag, wählen Sie zweckmäßigerweise ein Gliederungsschema, das sich weniger an kämpferisch strategischen, sondern mehr an sachlogischen Gesichtspunkten orientiert. Angenommen Ihr Vortragsthema lautet: *„Die Arbeitslosigkeit in Deutschland – Hauptübel unserer hochentwickelten Industriegesellschaft"*. Dann können Sie sich bei Ihrer Gliederung an folgendem Frageleitsystem orientieren:

1. **Was verstehen wir unter?**
2. **Was war?**
3. **Was ist?**
4. **Wie kam es dazu?**
5. **Was kann ich tun?**

Im **Punkt eins** befassen wir uns also zunächst mit einer klärenden Begriffsdefinition. Was verstehen wir überhaupt unter Arbeitslosigkeit? Wie wird sie gemessen?

---

[36] Steht bei einer Rede die Problemlösung im Vordergrund, können Sie auch folgendes Gliederungsschema verwenden:
1. Beschreibung des Istzustands
2. Benennung möglicher Ursachen
3. Eine Zielvorgabe machen
4. Mittel zur Zielerreichung anführen
5. Schlussfolgerung

6.2 Mögliche Redepläne

„Maßstab für die Arbeitslosigkeit ist die so genannte Arbeitslosenquote. Diese beschreibt ..."

In **Punkt zwei** schildern wir dann die Entwicklung der Arbeitslosigkeit. Allerdings wollen wir hier auf einen häufigen Fehler aufmerksam machen. Viele Redner holen bei ihrer historischen Bestandsaufnahme viel zu weit aus, fangen sozusagen bei „Adam und Eva" an und werden so zu Opfern der „Historitis". Es gibt aber kaum etwas, wodurch man seine Zuhörer mehr langweilen kann, als mit einer endlosen Beschreibung längst vergangener Geschehnisse. In unserem Beispiel genügt es demnach vollends, die wichtigsten Etappen der Arbeitslosenentwicklung in der Nachkriegsgeschichte Deutschlands aufzuzeigen.

In **Punkt drei** gehen wir auf den gegenwärtigen Ist-Zustand ein. In aller Deutlichkeit und mit kräftigen Farben schildern wir das bedrohliche Ausmaß der Arbeitslosigkeit in unserem Lande. Auf diese Weise schüren wir das Problembewusstsein der Zuhörer. Zugleich wecken wir Interesse für die kommenden Ausführungen und sorgen so für einen zusätzlichen Spannungsimpuls.

In **Punkt vier** befassen wir uns mit den Ursachen der Arbeitslosigkeit. Wir schlüpfen sozusagen in die Rolle des Diagnostikers und demonstrieren unsere Kompetenz in der Analyse von Ursache-Wirkungsbeziehungen.

„Die hohe Arbeitslosigkeit ist zurückzuführen auf:
– den dramatischen Anstieg der Lohnnebenkosten
..."

Auf die Diagnose folgt schließlich in **Punkt fünf** der wichtigste Teil: die Therapie. Wir zeigen auf, was nötig ist, die Arbeitslosigkeit zu bekämpfen.

„Um die hohe Arbeitslosigkeit zu vermindern, ist es daher unumgänglich,
– die Lohnnebenkosten zu senken.
..."

Wie wir sehen, hat unser Vortrag jetzt so etwas wie einen „roten Faden", d. h. ein mögliches, zum betreffenden Thema passendes, sachlogisches und sinnvolles Ordnungsgerüst. Nur wenn wir über einen solchen Kompass verfügen, können wir verhindern, unterwegs auf gedankliche Abwege zu geraten.

Halten wir einen Vortrag aus dem Stegreif, können wir anstelle des vorherigen Gliederungsschemas auch auf die griffige „Win-Formel" zurückgreifen:

w = war
i = ist
n = neu.

Selbstverständlich sind noch andere Strukturgefüge als die zuvor genannten denkbar, wobei wir uns nicht sklavisch an einer bestimmten Zahl festklammern müssen.

Ein häufig gewähltes Ablaufschema gerade bei Sachthemen ist z. B. auch das **vom Allgemeinen zum Besonderen**. Der Redner beginnt also mit generellen Bemerkungen, gewissermaßen aus der Makroperspektive, bis er sich dann zu den spezifischen Facetten, d. h. zum Mikrobereich, vorarbeitet.

Unterstellen wir einmal, unser Vortragsthema lautet: *„Die Volksrepublik China – ein Wirtschaftsstandort mit Zukunft"*. Der Redner eröffnet sein Referat mit **allgemeinen Betrachtungen** über Land und Leute oder, wissenschaftlicher ausgedrückt, über die geographischen, demographischen und soziokulturellen Merkmale. Danach wendet er sich der Ökonomie zu, skizziert zunächst das Wirtschaftssystem und die allgemeine volkswirtschaftliche Entwicklung. Dann verengt sich sein Blickwinkel zusehends und richtet sich auf immer **speziellere Themensegmente**. Er beschreibt z. B. die einzelnen Teilmärkte, den Markt für Konsumgüter, für Investitionsgüter usw. Schließlich kommt er sogar zu den Einstiegsmöglichkeiten in diese Märkte und befasst sich ausführlich mit den verschiedenen Formen des Markteintritts wie z. B. Exporte, Lizenzvereinbarungen, Joint Ventures oder Direktinvestitionen.

Um es nochmals hervorzuheben: Die genannten Aufbauregeln sind keinesfalls als strikte Gebote aufzufassen. Sie sind lediglich eine Richtschnur, eine mögliche Orientierungshilfe. Der Redner darf sich nicht eingezwängt fühlen in eine Zwangsjacke. Er braucht vielmehr einen gewissen Freiraum, um dem Gesagten seine persönliche Note zu geben, ihm seinen individuellen und unverwechselbaren Stempel aufzudrücken. Nur so findet er zu jener Originalität wie sie alle Kunst auszeichnet, auch die der Rede.

Den nachfolgenden Ausführungen legen wir das uns von der Schulzeit her geläufige Gliederungsschema Einleitung, Hauptteil und Schluss zugrunde. Als grundsätzlicher Ordnungsrahmen reicht es für unsere Zwecke zunächst aus. Wir können dann immer noch sehen, wie wir die einzelnen Bestandteile, also Einleitung, Hauptteil und Schluss, inhaltlich näher gestalten.

Halten wir zunächst als weitere rhetorische Grundregel fest:

> Achten Sie in Ihrer Rede auf einen klaren Aufbau!
> Als Gliederungsmöglichkeiten bieten sich u. a. an: der Fünfsatz oder die klassische Form Einleitung – Hauptteil – Schluss.

An dieser Stelle wollen wir noch auf eine Frage eingehen, die von Seminarteilnehmern immer wieder gestellt wird: „Soll ich während meiner Ausführungen die Gliederung näher erläutern, vielleicht sogar mit Beamer oder Tageslichtprojektor einblenden?" Das lässt sich meines Erachtens pauschal nicht beantworten. Bei Meinungsreden würde ich eher davon abraten. Die Zuhörer erwarten dies in der Regel

6.2 Mögliche Redepläne

auch gar nicht. Man stelle sich vor, ein Abgeordneter im Bundestag stürzte sich in die Hitze des Gefechts, indem er zunächst umständlich sein Gliederungskonzept ausbreitete. Das widerspräche allen Regeln einer psychologisch geschickten Kampfrede. Zudem klänge es oberlehrerhaft und pedantisch.

Anders dagegen bei einem Sachvortrag. Die Angabe einer Gliederung kann jetzt durchaus sinnvoll sein. Der Zuhörer weiß dann stets an welcher Stelle der Sprecher sich gerade befindet. Vor allem bei schwierigen Abhandlungen, z. B. wissenschaftlichen Referaten, ist das Auditorium dankbar für Richtungstafeln und Haltegriffe, die ihm die Orientierung in dem komplizierten Gedankengebäude erleichtern. Offen ist allerdings noch, wie detailliert die Wegbeschreibung sein sollte. Meiner persönlichen Einschätzung nach ist es nicht unbedingt erforderlich, eine sehr weitgefächerte Gliederung bis in alle Einzelheiten vorzustellen. Das Publikum möchte schnell einen Überblick gewinnen. Dazu genügt es, die Hauptgliederungspunkte aufzuzeigen. Ein stark verästeltes Ordnungskonzept liefe diesem Zweck gerade entgegen und würde nur für Verwirrung sorgen. Möchte ich dagegen auf keinen Fall meinen Zuhörern die vollständige Gliederung vorenthalten, ist es ratsam, diese zuvor auszuteilen. So hat jeder die Möglichkeit, vorab oder zwischendurch einen Blick hineinzuwerfen.

In unserem Kontext drängt sich aber eine andere Frage auf, womit sich das gerade geschilderte Problem möglicherweise von selbst löst. Gemeint ist: Sollten wir in unseren Vortrag überhaupt viele Gliederungspunkte einbauen oder lieber zurückhaltender sein und es bei einer begrenzten, überschaubaren Zahl bewenden lassen? Wie so oft, dürfte auch hier „weniger mehr" sein. Als Redner sollten wir alles vermeiden, was die Zuhörer konfus machen kann. Das gilt besonders für den Aufbau. Er sollte so klar und durchsichtig wie möglich sein. Alle Verschnörkelungen, Erker und Spielereien wirken störend und engen das Gesichtsfeld unnötig ein. Es ist wie bei großen Kunstwerken: In der Einfachheit liegt die Schönheit. Der Redner beschränke also seine Ausführungen auf einige wenige Grundgedanken statt den Zuhörer mit einer maßlosen Vielfalt zu überfordern.

Der besseren Verständlichkeit dient es zudem, wenn der Sprecher die einzelnen Kernpunkte deutlich voneinander trennt. Darin liegt im Übrigen ein wesentlicher Unterschied zwischen einem Vortrag und einer schriftlichen Ausarbeitung. Bei letzterem ist es durchaus angebracht, ja sogar ein Ausdruck gekonnten Schreibstils, die einzelnen Gedanken geschickt miteinander zu verbinden, für nahtlose Überleitungen zu sorgen. Anders dagegen bei einer Rede. Die Konturen müssen klar herausgemeißelt werden, sie dürfen nicht verschwimmen, ineinander laufen wie bei einem impressionistischen Gemälde. Im Klartext heißt das: Für ein sinnvolles Gliederungskonzept genügen einige wenige Säulen oder Bausteine, die der Redner zudem plakativ nebeneinander setzt.

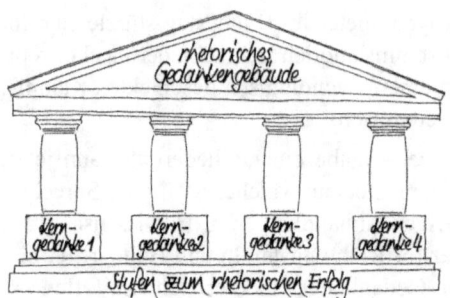

Unsere rhetorische Grundregel lautet demnach:

Erschlagen Sie den Zuhörer nicht mit einer endlosen Flut von Gedanken!
Beschränken Sie sich vielmehr auf einige wenige Grundaussagen!
Grenzen Sie die Kernpunkte zudem klar und umrissscharf voneinander ab!

Schauen wir uns jetzt die einzelnen Segmente einer Rede etwas näher an.

6.2.1 Die Einleitung

Nehmen wir einmal an, ein Redner beginnt seinen Vortrag wie folgt:

„Meine sehr geehrten Damen und Herren!
Ich möchte heute zu Ihnen über das Thema sprechen: Tempolimit auf Autobahnen –
ja oder nein?
Ich bin für eine Geschwindigkeitsbegrenzung auf 100 km pro Stunde und zwar aus
folgenden Gründen:
Erstens ... "

Wer so anfängt, macht einen verhängnisvollen Fehler: Er springt gleich mitten hinein, in medias res, fällt sozusagen mit der Tür direkt ins Haus. Was allenfalls noch bei einem kurzen Statement, also unter Zeitknappheit vertretbar erscheint, ist bei einer längeren Rede ungeschickt und dramaturgisch völlig falsch. Ich muss den Zuhörer doch erst einmal einstimmen, ihn zum Thema hinführen, auf Hörfang gehen. Beide Seiten brauchen Zeit, sich gegenseitig zu „beriechen". Das aber heißt: An den Anfang einer überzeugenden Rede gehört zunächst die Einleitung. Hier erkennen wir die nahe Verwandtschaft der Rhetorik zu einer anderen künstlerisch dramatischen Gattung – der Oper. Auch diese beginnt bekanntlich mit der Ouvertüre.

Doch wie sieht eine gelungene Eröffnung aus? Nun, es gibt zahlreiche Möglichkeiten für den gekonnten Einstieg. Bei näherem Hinsehen kristallisieren sich allerdings zwei prinzipielle Hauptformen heraus: Wohlwollen erwerben und Interesse wecken.

6.2.1.1 Wohlwollen erwerben

Stellen wir uns die Ausgangssituation einmal bildhaft vor! Da steht jemand auf dem Podium, bereit eine Rede zu halten. Vor sich erblickt er eine mehr oder weniger große Ansammlung von Menschen: fremd, anonym und bedrohlich. Er kennt sie nicht, weiß nicht, was sie denken, empfinden, von ihm erwarten. Das ist dann einer der Momente, in denen er fühlt, wie allein, wie furchtbar einsam man als Redner sein kann. Aber auch die Zuhörer sehen sich zunächst einer unbekannten Person gegenüber. Mit einer Mischung von Neugier und Skepsis fragen sie sich: „Was ist das für einer, der gleich zu uns spricht?"

Diese Situation bedeutet für den Redner eine Herausforderung. Nun gilt es, eine persönliche Beziehung aufzunehmen, die Brücke zum Auditorium zu schlagen. Er muss das Eis zwischen sich und seinem Publikum zum Schmelzen bringen und sich eine positive Atmosphäre, ein Sympathiefeld schaffen. Die Herzen der Zuhörer sollen sich öffnen. Hier wird deutlich: Rhetorik ist mehr als bloße Redefertigkeit; sie verkörpert immer auch die Kunst, mit Menschen umgehen, sie führen und im gewünschten Sinne beeinflussen zu können.

Was wir soeben angesprochen haben, ist eine beliebte Form des Einstiegs: **Wohlwollen erwerben**. Diese Technik ist seit langer Zeit bekannt und wurde bereits von Quintilian im ersten Jahrhundert nach Christus empfohlen. Die Römer nannten sie „Captatio benevolentiae".

Doch wie erreiche ich das Wohlwollen der Zuhörer? Patentrezepte gibt es keine. Denn: Fade Verhaltensschablonen vereinbaren sich nicht mit einem solch hochsensiblen Bereich wie dem der zwischenmenschlichen Kommunikation. Vieles hängt z. B. von den näheren Begleitumständen ab, dem Ort des Geschehens, der Zusammensetzung der Zuhörerschaft, den Ausführungen des Vorredners usw. Dennoch können wir einige Empfehlungen geben, die, bei entsprechender Feinfühligkeit, ihre Wirkung nicht verfehlen:

▷ Wir bedanken uns für die Einladung zu diesem Vortrag und für das Vertrauen, das uns damit bekundet wird.
▷ Wir danken dem Begrüßungsredner für seine einleitenden Worte und unsere Vorstellung.
▷ Wir loben das Publikum und machen Komplimente.
▷ Wir betonen eine Gemeinsamkeit mit den Hörern – etwa die Herkunft oder den Lebenskreis betreffend.

Wohlwollen erwerben durch Geschenke

Gerade die beiden letzten Methoden sind bei Politikern, denen es ja um die Beeinflussung von Menschen geht, sehr beliebt. Die folgenden Kostproben unterstreichen dies sehr eindrucksvoll.

Eine der berühmtesten und folgenreichsten Reden ist diejenige von Winston Churchill vor dem amerikanischen Kongress, als er sich bemühte, die USA zur Teilnahme am zweiten Weltkrieg zu bewegen.

„Ich fühle mich durch Ihre Einladung in hohem Maße geehrt. Die Tatsache, dass meine amerikanischen Vorfahren im Leben der Vereinigten Staaten ihre Rolle gespielt haben und dass ich, ein Engländer, in Ihrer Mitte willkommen geheißen werde, erheben diese Stunde zu einem der stärksten Erlebnisse meines Daseins. Ich wünsche schlicht, meine verehrte Mutter könnte mich heute in Ihrem Kreise sehen. Bei dieser Gelegenheit muss ich daran denken, dass ich wohl selbst in Ihren Reihen stünde, wenn mein Vater ein Amerikaner und meine Mutter eine Engländerin, statt umgekehrt, gewesen wären."

Was wir gerade erlebt haben, ist ein Musterbeispiel für die Captatio benevolentiae, dazu noch von einem der größten Redner des letzten Jahrhunderts. Mit welcher Eindringlichkeit beschwört hier Churchill seine persönliche Beziehung zur US-amerikanischen Nation. Wäre seine Rede ähnlich wirkungsvoll gewesen, hätte er sein Anliegen direkt vorgebracht?

Unser zweites Beispiel dürfte, zumindest in Deutschland, noch bekannter sein. Gemeint ist die Rede des seinerzeitigen US-Präsidenten John F. Kennedy 1963 vor dem Schöneberger Rathaus in Berlin.

„Meine Berliner und Berlinerinnen!
Ich bin stolz heute in Ihre Stadt zu kommen als Gast Ihres hervorragenden Regierenden Bürgermeisters, der in allen Teilen der Welt als Symbol für den Kampf und

den Widerstandsgeist Westberlins gilt. Ich bin stolz, auf dieser Reise die Bundesrepublik Deutschland zusammen mit Ihrem hervorragenden Herrn Bundeskanzler besucht zu haben, der während so langer Jahre die Politik bestimmt hat nach den Richtlinien der Demokratie, der Freiheit und des Fortschritts."
Kurz darauf dann die Bemerkung, die fast schon zu einem Geflügelten Wort geworden ist: *„Vor Zweitausend Jahren war der stolzeste Satz, den ein Mensch sagen konnte, der: ‚Ich bin ein Bürger Roms'. Heute ist der stolzeste Satz, den jemand in der freien Welt sagen kann: ‚***Ich bin ein Berliner**‘."*

Bemerkenswert ist: Kennedy trug seine Rede in Englisch vor; nur einen einzigen Satz sprach er in Deutsch: „Ich bin ein Berliner." Gerade aber dieser Ausspruch, der im Gesamtzusammenhang einen ganz anderen Sinn ergibt, prägte sich den Zuhören ein als Ausdruck höchster Verbundenheit.

Auch wenn wir heute, aus der Zeitdistanz, die Worte des damaligen US-Präsidenten vielleicht als zu pathetisch empfinden, so sollten wir doch bedenken, in welcher Situation sie gesprochen wurden. Die Menschen standen noch ganz unter dem Eindruck des Mauerbaus. Der Schock saß tief, und die seelischen Wunden waren noch nicht vernarbt. Denken und Handeln waren von starken Emotionen bestimmt, von Entsetzen, Wut, Angst, von Resignation und Hilflosigkeit. Auf diese Seelenlage musste sich der Redner einstellen. Sie verlangte geradezu nach dem tröstenden Appell an das Gefühl.

Hinzu kommt: Kennedy sprach vor einer riesigen Menschenansammlung. In diesem Fall gelten also die Gesetze der Massenpsychologie. Der Mensch in der Masse tendiert nun einmal – wir mögen es bedauern oder nicht – zu einem primitiveren Reaktionsverhalten.[37] Seine Urteilskraft ist geschwächt, dafür neigt er mehr zu raschen und heftigen Gemütsbewegungen. Ein geschickter Redner wie z. B. Kennedy passt sich gezielt der veränderten Hörererwartung an. Von vornherein vermeidet er komplizierte Gedankengänge, die sich an einen scharfen Intellekt richten. Stattdessen spricht er leichter verständlich und vor allem gefühlsbetonter.

Dennoch möchte ich an dieser Stelle auf eine Gefahr hinweisen. Gehen Sie nicht zu sorglos mit der Captatio benevolentiae um. Im Allgemeinen sollten wir uns nämlich vor Übertreibungen hüten und nicht zu dick auftragen. Ansonsten werden wir schnell als Schulterklopfer und Einschmeichler angesehen, als Schleimer, der sich anbiedert und anderen Honig um den Bart schmiert.

Die Captatio benevolentiae sollte vielmehr treffend und unaufdringlich sein. Das gilt besonders für Komplimente. Man braucht dazu stets etwas Fingerspitzengefühl. Ein

---

[37] Vgl. hierzu u. a. Le Bon, Gustave, Psychologie der Massen, Freud, Sigmund, Massenpsychologie und Ich-Analyse.

Meister hierin war z. B. der frühere Bundeskanzler Helmut Schmidt. Bei seinen diversen Wahlkampfauftritten verteilte er gern das eine oder andere Zückerchen. *„Freiburg hat viel Charme."* Dieses passende Kompliment verhalf ihm sicherlich zu einigen Sympathiepunkten. Behauptete dagegen jemand etwas ähnliches von Bitterfeld, klänge es unglaubwürdig und würde als bloße Anbiederei, als plumpe Masche empfunden. Das aber wäre für den Redner fatal. Das Kompliment wirkte seinem Zweck direkt entgegen, erreichte also das Gegenteil dessen, was er beabsichtigte. Um es mit Goethes Torquato Tasso auszudrücken: *„Man fühlt die Absicht und ist verstimmt."*

Mitunter können bereits kleine sprachliche Nuancen die Stimmung positiv beeinflussen.

Eine beliebte Vorgehensweise, Gleichklang mit den Zuhörern zu erreichen, ist z. B. die **„Wir**-Form". Sagen wir also nicht: „Meine Damen und Herren, **ich** möchte **Sie** noch auf folgenden Sachverhalt hinweisen." Psychologisch geschickter ist: „Werfen **wir** noch einen Blick auf folgenden Sachverhalt." Oder: „Beschäftigen **wir uns** noch mit folgendem Sachverhalt." Die **Ich-Sie-Form** wirkt trennend, die **Wir-Form** dagegen verbindend. Diese einfache Grundregel kann sich auch ein Begrüßungsredner zunutze machen, wenn er seine Zuhörer willkommen heißt. Statt: „Meine sehr geehrten Damen und Herren, **ich** darf **Sie** herzlich begrüßen", sagt er etwa: „Meine sehr geehrten Damen und Herren, herzlich willkommen hier bei **uns**." Unterstreicht er seine Worte noch mit einer einladenden Geste, so ist ein Teil der anfänglichen Distanz bereits überwunden.

Kein Wohlwollen erwerben wir allerdings mit **unechten** Wir-Formen. Da wendet sich z. B. der Spieß beim Freitagabend-Appell an den Gefreiten: „Na, wie wär's, wollen **wir** am Wochenende ein wenig hier bleiben und Wache schieben?" Eine solch verbale Verbrüderung kann in den Ohren des „Opfers" nur wie blanker Hohn erscheinen.

Als falsch und unecht empfinden wir auch die **anbiedernde** Wir-Form. Denken wir an die geschäftstüchtige Kellnerin, die ihrem Gast in kumpelhafter Form ein weiteres Getränk aufnötigen möchte: „Na, wie wär's, wollen **wir** noch ein Bierchen trinken?"

Wie gesagt: Zur Captatio benevolentiae gehört immer eine gute Portion Fingerspitzengefühl.

So erlangen wir z. B. kein Wohlwollen mit billigen und abgedroschenen Allerweltsfloskeln und Plattitüden:

„Es ist mir ein besonderes Vergnügen, hier heute vor diesem erlauchten Kreis sprechen zu dürfen."

6.2 Mögliche Redepläne

„Ich freue mich, dass Sie den langen Weg nicht gescheut haben."
„Ich danke Ihnen, dass Sie so zahlreich gekommen sind."
Unklug wäre es auch, Unmut zu äußern über eine möglicherweise geringe Besucherzahl: *„Schade, dass sich nur so wenige eingefunden haben!"*, oder: *"Ich sehe viele, die nicht hier sind."* Niemals dürfen wir die Erschienenen für das Fernbleiben der anderen bestrafen. Wer dies trotzdem tut, provoziert nur allzu leicht verärgerte Zurufe aus dem Publikum: *„Das müssen Sie doch nicht uns sagen, wir können doch nichts dafür."*
Es gibt auch Redner, die sich vor aller Öffentlichkeit selbst abwerten:
„Ich kann nicht gut reden."
„Leider bin ich nicht so gut vorbereitet, da ..."
„Ich muss mich bei Ihnen entschuldigen ..."
Offenbar bitten sie schon im vorhinein um Nachsicht für das, was sie nach ihrer geringen Selbsteinschätzung den Zuhören anschließend zumuten. Wie aber soll ich andere überzeugen oder gar mitreißen, wenn ich mir selbst nichts zutraue?
Allerdings müssen wir hier etwas differenzieren. Was im Allgemeinen falsch und ungeschickt ist, kann in bestimmten Fällen zweckdienlich und sehr wirkungsvoll sein. So wird z. B. der Hinweis: *„Leider bin ich kein guter Redner"* mitunter von „ausgebufften" Redeprofis als taktisches Manöver eingesetzt. Sie wollen damit suggerieren: *„Ich gehöre nicht zu jener Sorte von sophistischen Rednern, die mit einem Blendwerk geschliffener Formulierungen andere hinters Licht führen wollen."* Tiefstapelei dient hier somit als psychologischer Schachzug, das Vertrauen der Zuhörer zu gewinnen. Zugleich möchte man damit seine Ausführungen noch indirekt aufwerten. *„Wenn ich doch nur ein wenig besser reden könnte* (in Gedanken wollen wir hinzufügen: *„so gut wie die, die den Gegenstandpunkt vertreten"*), *wäre es ein Leichtes, Sie von der guten und edlen Seite meines Anliegens zu überzeugen."*
Wie wir sehen, kann „Bescheidenheit" als strategisch-manipulatorisches Kampfmittel benutzt werden, um die Zuhörergunst zu erwerben. Ein Paradebeispiel hierfür liefert die berühmte Rede Mark Antons auf dem Forum Roms in William Shakespeares „Julius Cäsar". Soeben hat Brutus, einer der Verschwörer gegen Cäsar, seine Rede beendet, in der er den Mord am römischen Diktator rechtfertigte. Er hat sein Ziel erreicht, die Volksmenge kocht, empört über den Tyrannen Cäsar, bereit, Brutus zum Nachfolger zu erheben. Nun tritt Mark Anton, ein Anhänger Cäsars, auf das Rednerpodest, dem die Verschwörer erlaubt hatten, bei der Bestattungsfeier einige Worte an die Masse zu richten. Gekonnt setzt Mark Anton bei passender Gelegenheit das Instrument der „taktischen Bescheidenheit" ein:

„Nicht euer Herz zu stehlen komm ich, Freunde:
Ich bin kein Redner, wie es Brutus ist,

nur, wie ihr alle wisst, ein schlichter Mann,
dem Freund ergeben, und das wussten die
gar wohl, die mir gestattet, hier zu reden.
Ich habe weder Schriftliches noch Worte,
noch Würd' und Vortrag, noch die Macht der Rede,
der Menschen Blut zu reizen; nein, ich spreche
nur gradezu und sag euch, was ihr wisst.
Ich zeig euch des geliebten Cäsars Wunden,
die armen stummen Munde, heiße die
statt meiner reden. Aber wär' ich Brutus
und Brutus Mark Anton, dann gäb' es einen,
der eure Geister schürt' und jeder Wunde
des Cäsar eine Zunge lieh', die selbst
die Steine Roms zum Aufstand würd' empören."[38]

Dabei ist Mark Anton keineswegs rhetorisch so naiv, wir er sich demutsvoll selbst darstellt. Im Gegenteil: Was er auf dem Forum abliefert, ist ein Musterbeispiel allerhöchster Redekunst. Es gelingt ihm, die Stimmung der Bürger völlig umzudrehen. Den Verschwörern bleibt nur die Möglichkeit, Hals über Kopf aus der Stadt zu fliehen, um sich vor der aufgebrachten Menge in Sicherheit zu bringen. Gibt es einen eindrucksvolleren Beleg für die Macht und die suggestive Kraft, die von einer Rede ausgehen können?

Wie das vorhergehende Beispiel zeigt, kann der Hinweis auf die eigene Schwäche auch Ausdruck der Stärke sein. Dieses rhetorische Mittel wurde schon in der römischen Antike gerne benutzt. Ja, man ging bisweilen sogar noch einen Schritt weiter. So empfiehlt z. B. der Rhetor Crassus, der Redner müsse zu Beginn eher verzagt, unsicher und verlegen auftreten. Der Zuhörer brauche dann gar nicht erst zu befürchten: *„Da spricht ein kühler, durchtriebener Stratege."*

Was Crassus hier fordert, können wir psychologisch wie folgt deuten: Um die Zuhörer manipulieren zu können, muss ich zunächst einmal den Eindruck vermeiden, sie manipulieren zu **wollen**. Dazu ist „Tollpatschigkeit" das geeignete Mittel. Zugleich erhalten wir so einen ersten Einblick in die Kunst des Manipulierens. Schon immer gehörten zu ihrem Repertoire auch Verstellung und Schauspielerei. Mitunter frisst der Wolf eben Kreide und schlüpft in einen Schafspelz, um sein Ziel leichter zu erreichen.

Ich selbst kannte einen Kollegen, der die Technik des gespielt tollpatschigen Verhaltens virtuos beherrschte. Seine Vorlesung begann er etwa wie folgt: *„Meine Damen*

---

[38] William Shakespeare, Julius Caesar.

und Herren! – Halt, stopp! Wo habe ich denn jetzt meine Unterlagen?" Dann fing er an zu suchen in einem Chaos von Blättern. *"Ach so, jetzt hab ich's."* Mittlerweile konnten sich die Zuhörer ihr Lachen nicht mehr verkneifen. Aber es war kein Auslachen, eher ein Schmunzeln über den geistesabwesenden Professor. Zerstreutheit wurde nicht als Schwäche angesehen, sondern als Ausdruck professoralen Tiefgeistes.

Wie allerdings das vorige Beispiel zeigt, kann das Instrument des gezielt tollpatschigen Verhaltens wohl schwerlich zur allgemeinen Nachahmung empfohlen werden. Was dem einen gerne nachgesehen wird und sogar einen Sympathiebonus einbringt, wäre bei einem anderen ein rhetorisches Eigentor. Zudem gilt: Wenn ich „gekonnt unsicher" auftreten will, muss ich mir selbst und meiner Sache sehr sicher sein. Was aber am bedenklichsten stimmt: Ein Redner, der in heuchlerischer Absicht die Maske des Biedermannes aufstülpt, will damit genau das erreichen, was die Zuhörer **nicht** wollen, sie mit taktischen Finessen in seinem Sinn beeinflussen. Damit ist aber die Grenze zur unfairen Dialektik fast schon überschritten.

Halten wir als zusätzliche rhetorische Grundregel fest:

Bemühen Sie sich darum, zu Beginn Ihrer Rede Wohlwollen zu erwerben!
Möglichkeiten hierzu sind u. a.:
▶ Dank für die Einladung
▶ Dank an den Begrüßungsredner
▶ Komplimente an die Zuhörer
▶ Gemeinsamkeit(en) betonen.
Komplimente sollten treffend und möglichst unauffällig sein.
Mit der „Wir-Form" können wir den Gleichklang mit dem Publikum betonen.
Vermeiden Sie aber unechte und anbiedernde „Wir-Formen"!
Kein Wohlwollen erlangen wir auch mit abgedroschenen Höflichkeitsfloskeln.

6.2.1.2 Interesse wecken

Wenden wir uns jetzt – nach der Captatio benevolentiae – der zweiten Möglichkeit für einen gelungenen Einstieg näher zu: **Interesse wecken**. Diese Methode – die Angelsachsen nennen sie „attention step" – bezieht sich mehr auf die dramatische Seite der Redekunst. Der Vortragende möchte die Hörer neugierig machen, sie sollen ihre Antennen auf Empfang stellen und gebannt seinen Worten folgen. Aufmerksamkeit schüren, Spannung erzeugen, wer möchte das nicht gerne? Wie aber erreiche ich es? Nun, der Phantasie des Redners sind hier keine Grenzen gesetzt. Bei den folgenden Beispielen handelt es sich daher lediglich um mögliche Beispiele, keineswegs um eine erschöpfende Aufzählung.

▸ **Einen aktuellen Aufhänger benutzen, z. B. an ein politisches, wirtschaftliches, kulturelles oder sonstiges Ereignis anknüpfen**
„Meine sehr geehrten Damen und Herren!
Gestern verkündete der Sprecher der Tagesschau: ‚Der Zusammenstoß zweier Supertanker in der Karibik lässt eine Umweltkatastrophe schlimmsten Ausmaßes befürchten. Ein riesiger Ölteppich treibt auf die Naturschutzgebiete der Küstenregion zu.' Meine Damen und Herren! Wie lange wollen wir die systematische Zerstörung unserer Umwelt noch hinnehmen? Wollen wir weiter tatenlos zusehen, wie wir uns und unseren Kindern die Lebensgrundlagen immer mehr entziehen? Das Thema, zu dem ich heute zu Ihnen sprechen will, ist daher aktueller denn je: **Wie sollte eine zukunftsorientierte Umweltpolitik aussehen?"**

▸ **Ein persönliches Erlebnis schildern, z. B. eine Begebenheit auf dem Weg zum Vortragsort**
„Meine sehr geehrten Damen und Herren!
Als ich heute Morgen mit dem Wagen zur Kongresshalle fuhr, hatte ich genügend Zeit zum Nachdenken. Denn unversehens geriet ich in einen Verkehrsstau. Nichts lief mehr. Wieder einmal wurde mir klar, wie nahe wir doch bereits dem Verkehrsinfarkt sind. Zugleich musste ich unwillkürlich daran denken, was wir unserer Umwelt doch alles zumuten. Meine Damen und Herren! Das Thema, zu dem ich heute zu Ihnen sprechen möchte, geht uns daher alle an: **Wie sollte eine zukunftsgerechte Umweltpolitik aussehen?"**

▸ **Eine Anekdote erzählen**
„Meine sehr geehrten Damen und Herren!
Lassen Sie mich mit einer kleinen Anekdote beginnen.
Wir sind im Jahr 2050. Jack the Ripper ist schon lange in der Hölle, fragt aber Beelzebub immer wieder, ob er nicht vierzehn Tage Urlaub bekommen könne. Schließlich bewilligt ihm der oberste aller Teufel den Urlaub wegen mustergültig satanischen Verhaltens auf Erden und leidlich guter Führung in der Hölle. Aber schon nach zwei Tagen ist Jack the Ripper wieder da, völlig verstört. Beelzebub: ‚Was soll das heißen?'
Jack the Ripper: ‚Entsetzlich, unerträglich! Es gibt keine Wälder mehr, keine Bäume mit grünen Blättern in der wärmeren Jahreszeit. Die Luft ist so stickig, zum Atmen benötigt man eine Gasmaske. An heißen Sommertagen darf man nicht ins Freie wegen der gefährlichen UV-Strahlen.'

6.2 Mögliche Redepläne

Meine Damen und Herren! Was ich Ihnen hier gerade erzählt habe, hört sich an wie eine aufgebauschte Horrorvision. Sie könnte aber schon bald bittere Wirklichkeit werden, wenn wir so weitermachen wie bisher.
Wollen wir Menschen uns wirklich das eigene Grab schaufeln? Nun, soweit darf es nicht kommen. Das Thema, zu dem ich heute zu Ihnen sprechen möchte, ist daher eines der brennendsten unserer Zeit: **Wie sollte eine zukunftsgerechte Umweltpolitik aussehen?"**

▸ **Mit einer Demonstration beginnen**
„Meine sehr geehrten Damen und Herren!
Das Foto, das Sie vorne als Plakat sehen, zeigt Ihnen einen Kormoran nach dem Tankerunglück vor der Küste von Wales. Das Gefieder ist ölverklebt. Der Vogel stirbt einen qualvollen, entsetzlichen Tod.
Bilder wie diese gehen nicht nur um die Welt, sie gehen uns auch unter die Haut. Voller Gewissensbisse müssen wir uns fragen: Sind wir Menschen nicht dabei, unsere eigenen Lebensgrundlagen und die der übrigen Lebewesen systematisch zu zerstören? Das Thema, zu dem ich heute zu Ihnen sprechen möchte, ist daher von allerhöchster Brisanz: **Wie sollte eine zukunftsgerechte Umweltpolitik aussehen?"**

▸ **Mit einer bewussten Provokation beginnen**
„Meine sehr geehrten Damen und Herren Umweltverschmutzer!
Entschuldigen Sie, dass ich Sie so anrede, aber ich gehe davon aus, Sie sind genau wie ich Autofahrer.
Selbstverständlich habe ich nichts gegen das Autofahren an sich als moderne Form der Fortbewegung. Nur, sind wir uns wirklich bewusst, wie sehr wir oftmals durch unser eigenes Verhalten die Umwelt belasten? Gehen wir nicht zu verschwenderisch mit den knappen Ressourcen unserer Natur um?
Nun, meine Damen und Herren! Hier erscheint mir ein Umdenken unausweichlich. Zugleich berühren wir damit einen Themenkreis, der uns alle betrifft: **Wie sollte eine zukunftsgerechte Umweltpolitik aussehen?"**

Natürlich gibt es noch zahlreiche weitere Möglichkeiten, wie wir in der Einleitung Interesse wecken können. Der Redner beginnt mit einer rhetorischen Frage, bringt einen Vergleich usw. Wie gesagt, der Phantasie sind keine Grenzen gesetzt. Erlaubt ist grundsätzlich alles, was die Neugier des Publikums entfacht und den Spannungsbogen nach oben treibt.

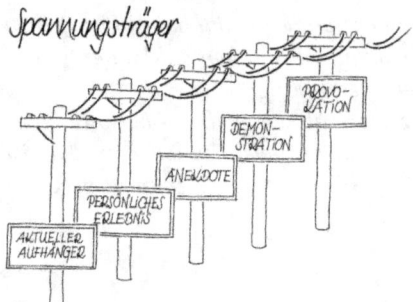

Wir können nunmehr unseren Katalog rhetorischer Grundregeln um eine zusätzliche ergänzen:

Wecken Sie in der Einleitung Interesse!
Dies erreichen Sie, wenn Sie
▶ einen aktuellen Aufhänger benutzen
▶ ein persönliches Erlebnis schildern
▶ eine Anekdote erzählen
▶ mit einer Demonstration beginnen
▶ mit einer bewussten Provokation einsteigen
▶ usw.

Wenden wir uns in diesem Zusammenhang einer anderen Frage zu: Welche Anrede sollten wir zweckmäßigerweise benutzen?

Am gebräuchlichsten ist wohl: *„Meine sehr geehrten Damen und Herren!"* Leider ist besagte Form nicht sehr originell und ohne „Pfiff". Es ist eben ein Allerweltsanfang. Interesse wecke ich damit nicht.

Wie wäre es stattdessen mit folgender Anrede: *„Meine sehr geehrten Damen, meine Herren!"*?

Wir lassen also lediglich das Bindewort „und" weg und schon klingt sie ganz anders, nicht so abgedroschen und steif. Außerdem haben wir die Möglichkeit, mittendrin, an der gedanklichen Kommastelle, eine Zäsur zu machen und den Blick ruhig umherschweifen zu lassen. Auf solche Weise nehmen wir zugleich den ersten visuellen Kontakt zu den Anwesenden auf. Im Laufe des Vortrags können wir diesen dann noch weiter vertiefen. Daher sollten wir die Zuhörer auch zwischendurch hin und wieder persönlich ansprechen. Bereits ein schlichtes, schnörkelloses *„Meine Damen und Herren!"* reicht hier als Anrede völlig aus.

6.2 Mögliche Redepläne

Elegant und professionell wirkt auch die **nachgesetzte Begrüßung**. Wir beginnen den Vortrag nicht mit der Anrede sondern holen sie später nach: *„Ein besonderes Ereignis steht an diesem Tage an. Wir feiern heute – meine sehr geehrten Damen, meine Herren! – das 50-jährige Jubiläum unserer Firma."*
Oder: *„In der letzten Nacht ging in Jerusalem nahe der Altstadt eine Bombe hoch. 15 Menschen starben, über 50 wurden zum Teil schwer verletzt, darunter viele Frauen und Kinder. Wieder einmal hat sich der Terror von seiner schlimmsten Seite gezeigt. Guten Abend, meine sehr geehrten Damen und Herren!, herzlich willkommen zum Heute-Journal."*

Allerdings ist die „nachgesetzte Anrede" heute keineswegs mehr so außergewöhnlich und originell wie einstmals. Gerade bei Fernseh- und Rundfunkreportern gehört sie mittlerweile sogar oft schon zum Standardrepertoire.

Im Übrigen sollten wir die Anrede stets abstimmen auf die Redesituation und die Zuhörerschaft. *„Liebe Kollegen!" „Liebe Stammtischfreunde!" „Liebe Genossinnen und Genossen!" „Liebe Kommilitoninnen und Kommilitonen!" „Liebe Närrinnen und Narren!"* etc. Einen Ehrengast nennen wir höflicherweise direkt mit Namen. Sind mehrere Ehrengäste anwesend, begrüßen wir sie gemäß ihrer gesellschaftlichen Rangfolge. Das ist nicht immer einfach und erfordert eine gewisse Vertrautheit mit den jeweiligen Riten sozialer Statusdifferenzierung. *„Sehr geehrter Herr Minister, sehr geehrte Frau Staatssekretärin, sehr geehrter Herr Rektor, meine sehr geehrten Damen und Herren! ..."*

Und wie reden wir die Zuhörer an, wenn sich unter ihnen genau eine Vertreterin des weiblichen Geschlechts befindet? Denkbar wäre: *„Meine Dame, meine Herren!"* Wem dies zu ungewohnt klingt, der könnte die Teilnehmerin, falls bekannt, auch direkt mit ihrem Namen ansprechen: *„Frau Maier, meine Herren!"* Allerdings ist hier eine gewisse Vorsicht angebracht. Manche mögen es überhaupt nicht, wenn sie permanent als einzige mit Namen genannt werden und zucken bei der persönlichen Anrede jedes Mal zusammen.

Um dies zu vermeiden, können Sie gegebenenfalls auf eine nähere Unterscheidung bei der Anrede auch ganz verzichten und z. B. einfach beginnen mit: *„Sehr geehrte Anwesende!"* oder: *„Liebe Gäste!"*

Die aufgezeigten Höflichkeitsregeln für die Anrede gelten vor allem für männliche Vortragende. Spricht eine Redner**in**, sieht die Situation etwas anders aus. Eine höfliche Referentin wird umgekehrt die Herren der Schöpfung bevorzugt behandeln: *„Sehr geehrte Herren, meine Damen!"* oder: *„Sehr geehrter Herr Müller, meine Damen!"*

Im Übrigen sollten wir auch bei der Anrede nicht zu dick auftragen und von übertriebenen Höflichkeitsfloskeln absehen. *„Hochzuverehrende Anwesende! Ich darf*

Sie herzlich begrüßen." Die Steigerung **„hoch"** wirkt allzu devot. Außerdem bringen wir unserem Publikum nicht Verehrung entgegen. Wir sagen *„sehr geehrte"* und nicht *„sehr verehrte"* Damen und Herren. Auch die Formulierung: *„Ich darf Sie ..."* klingt unterwürfig und bescheiden. Fast hat man den Eindruck, der Redner wolle hier zunächst einmal untertänigst um Genehmigung nachsuchen.

Und wie stellen Sie sich selbst vor? Am besten, Sie nennen einfach Ihren Vor- und Familiennamen. Aber benutzen Sie keine steifen Eigenanreden: *„Ich bin der Herr ..., ich bin die Frau ..."*, mit denen Sie sich zu viel Selbstreferenz erweisen. Verzichten Sie auch auf akademische Titel: *„Ich bin Professor Dr. Müller."* Formulieren Sie aber auch nicht zu salopp: *„Ich bin der ..., ich bin die ..."* *„Ich bin die Kerstin Meier aus Oberammergau."* Das klingt zu sehr nach Hitparade der Volksmusik.

Wir sehen: Die Einleitung ist ein wesentlicher Bestandteil der Rede. Schon in diesem Frühstadium können wir vieles falsch machen. Allerdings sind ungeschicktes Auftreten und rhetorische Fehler hier nicht ganz so fatal wie bei den folgenden Redeabschnitten. Wir können im Verlauf unseres Vortrags manches wieder gutmachen und unseren Zuhörern zeigen, was wir wirklich können.

Auf eines sollten wir aber unbedingt achten: Eine Einleitung ist eine Einführung und nicht mehr. Sie muss also **kurz** sein. Keinesfalls dürfen wir breit ausholen, womöglich ganze Romane erzählen oder weitgespannte geschichtliche Abrisse zum Besten geben. Nichts wäre langweiliger. Zudem widerspräche es dem dramaturgischen Zweck der Einleitung. Eine ihrer wichtigsten Aufgaben besteht darin, zum Thema hinzuführen. Daher sollte am Ende der Einleitung stets die Angabe des Themas stehen. Letzteres werden wir dann im nachfolgenden Redeabschnitt, dem Hauptteil, näher abhandeln.

Als Grundregel für einen gelungenen Einstieg können wir also abschließend formulieren:

Die Einleitung muss kurz sein und zum Thema hinführen.

6.2.2 Der Hauptteil

Die Ouvertüre ist vorbei, der Vorhang öffnet sich, das eigentliche Geschehen kann beginnen: der Hauptteil. Tatsächlich bildet der Hauptteil, wie der Name schon sagt, den Schwerpunkt, das Rückgrat der Rede. Jetzt handeln wir das Thema ab, setzen uns damit auseinander, geben unser Wissen, unsere Erkenntnisse weiter. Nachdem der Redner – bildhaft gesprochen – den Hafen verlassen hat, befindet er sich nunmehr auf offener See. Spätestens jetzt muss er sich bewähren, muss zeigen, was er rhetorisch zu bieten hat.

6.2.2.1 Trennung Zwischen Meinung und Tatsache

Gleich zu Beginn wollen wir auf einen wesentlichen Sachverhalt aufmerksam machen. Bei unseren Aussagen müssen wir strikt unterscheiden zwischen Tatsachenfeststellungen und Meinungen. *„Köln liegt am Rhein"* ist eine Tatsache, ebenso *„Konstanz liegt am Bodensee"* und – so könnte man hinzufügen – *„wer's nicht glaubt, geh' hin und seh'."* Sage ich dagegen: *„Köln (bzw. Konstanz) ist eine der schönsten Städte Deutschlands"*, dann handelt es sich um eine Meinung, die ein Werturteil beinhaltet.

Nicht selten halten Menschen etwas für eine unumstößliche Tatsache, was im Grunde nur ihre höchst subjektive Meinung darstellt. Schlimmer noch: Das sich hinter ihrer Ansicht verbergende Werturteil entpuppt sich bei näherem Hinsehen oftmals sogar als Vorurteil. Eine der Ursachen hierfür liegt im weit verbreiteten naiven Realitätsbewusstsein. Viele Menschen gehen offenbar von der irrigen Vorstellung aus, die Wirklichkeit, so wie sie diese wahrnehmen, sei die Wirklichkeit selbst. Dabei nehmen wir alle Informationen, die wir empfangen, durch bestimmte Filter auf. Solche Filter sind zum einen unsere Sinneseindrücke, aber auch, wie wir spätestens seit Immanuel Kant wissen, unsere Vernunft. Wir können sogar noch einen Schritt weiter gehen: Auch unsere psychische Verfassung prägt unser Vorstellungsvermögen. So sehen wir unsere Außenwelt im Zustand der Niedergeschlagenheit möglicherweise mit düsterer Brille, wohingegen uns die ganze Welt in den Momenten größter Euphorie in „rosaroten Farben" erscheint.

Hinzu kommt: Viele Informationen nehmen wir gar nicht direkt wahr. Sie erreichen uns erst über Umwege, z. B. über Fernsehen, Presse, Erzählungen von Bekannten etc. Sie durchlaufen also, bevor sie unser Filtersystem erreichen, erst einmal dasjenige Dritter, die sie eventuell selbst wieder von anderen übernommen haben. Wer aber erkannt hat, wie wenig unser Wissen auf gesicherten Erkenntnissen beruht, der dürfte ein für alle Mal vor intellektuellem Hochmut gefeit sein; er kann sich nur wundern über die vielen, die mit der Attitüde der Unfehlbarkeit – ohne sich um weitergehende Informationen bemüht zu haben – höchst subjektive Ansichten als unbezweifelbare Wahrheiten hinstellen.

6.2.2.2 Sachkompetenz unabdingbar

Und welche Konsequenzen haben wir als Redner daraus zu ziehen? Um eventuellen Fehlinterpretationen vorzubeugen: Keinesfalls sollte der Sprecher, eingedenk der

Bedingtheit und Relativität menschlichen Wissens, halbherzig und verzagt agieren. Nein, auch wenn ich weiß, ich verkünde nur meinen subjektiven, höchstpersönlichen Standpunkt und kein unumstößliches Tatsachenwissen, brauche ich meine Meinung doch nicht verschämt „hinter dem Berg zu halten". Im Gegenteil: Ich sollte sie mit allem Nachdruck vertreten. Um es mit E. Geißler auszudrücken: *„Wie kannst du verlangen, dass andere dir vertrauen, wenn du es selbst nicht tust? Glauben steckt an; so sei du selbst dein erster Gläubiger. ... Durch nichts wirkt ein Verkündiger anschaulicher, als wenn er zeigt: Einen Jünger habe ich schon, einen, der mit mir durch dick und dünn geht: mich selbst."*

Eine wesentliche Voraussetzung ist aber: Ich muss mich zuvor eingehend informiert haben. Ohne entsprechende Recherchen, ohne Know-how klingt jedes Wort, wenn auch noch so forsch vorgetragen, unbedeutend und hohl wie das laute Geklapper einer leeren Getreidemühle.

Hier wäre Zurückhaltung weit angemessener oder wie Ludwig Wittgenstein im berühmten Schlusssatz seines Tractatus logico philosophicus empfiehlt: *„Wovon man nicht sprechen kann, darüber muss man schweigen."*

Vielleicht wird jetzt mancher enttäuscht einwenden: „Unter rhetorischer Meisterschaft verstehe ich aber etwas anderes. Für mich ist nur der ein wirklicher Könner, der auch ohne größeres Fachwissen sein Publikum zu begeistern weiß. Besteht denn nicht ein Teil der Redekunst darin, fachliche Defizite durch rhetorisches Geschick kompensieren zu können?"

Doch Vorsicht! Meiner Meinung nach handelt es sich hier um einen gefährlichen Trugschluss. Wer so denkt, riskiert, als Blender, als bloßer Wortschwaller und Sprücheklopfer abgestempelt zu werden. Unterschätzen wir nicht die Zuhörer. Sie haben meist ein feines Gespür für fachliche Kompetenz; schnell erkennen sie, ob der Referent ein wirklicher Experte ist oder sich nur als solcher aufführt. Das gilt im Übrigen auch für unsere Studenten an den Hochschulen. Sie haben recht bald eine Vorstellung davon, wie der jeweilige Professor fachlich einzustufen ist. Mehr Schein als Sein war noch nie ein Beleg für rhetorische Könnerschaft und bewahrt den Redner nicht vor peinlichen Selbsterfahrungen. Da geht es ihm wie dem Skifahrer, der in topmodischer Skiausrüstung zunächst die Blicke anzieht, sich dann aber, ohne die nötige Fahrpraxis die Piste hinunter wagt. Spätestens nach dem ersten unausweichlichen Sturz verwandelt sich der anfängliche Respekt der Übrigen in Schadenfreude und schallendes Hohngelächter.

Als trügerisch erweist sich auch folgende Einstellung. Da gibt es jene Spezies von Rednern, die glaubt, aufgrund einer längeren Vortragserfahrung zu den großen Routiniers zu gehören. Allzu selbstgefällig behaupten sie von sich: „Richtig vorbereiten brauche ich mich doch nicht, das ist was für den Anfänger. Mir kann keiner etwas.

6.2 Mögliche Redepläne

Kritische Situationen? Die gibt es für mich nicht. Da kann ich mich ganz auf mein rhetorisches Geschick verlassen. Unangenehme Zwischenfragen etwa brauche ich nicht zu fürchten. Ich weiche ihnen gekonnt aus oder wische sie mit einer flapsigen Bemerkung lässig beiseite."

Gefährlich ist diese Einstellung u. a. deshalb, weil sie zu einer gewissen Oberflächlichkeit verführt. Darunter leidet die inhaltliche Vortragsgestaltung. Der Redner verfällt in eine Art Plauderton, ja, die ganze Rede erinnert sehr an ein Kaffeekränzchen, wo man sich bei Smalltalk und allerlei unterhaltsamen Geschichten die Zeit vertreibt. Das mag amüsant sein und zwischendurch auch auflockernd wirken, zurück bleibt dennoch ein fader Beigeschmack. Es mangelt einfach an der nötigen Substanz und die Zuhörer beschleicht das Gefühl, nichts mitgenommen zu haben, um ihre kostbare Zeit betrogen worden zu sein. Was aber besonders fatal ist: Der Referent gerät schnell in den Ruf eines Schwadronierers: „Der Gutenachtliebonkel erzählt."

Nein, seriöse, wirkliche Redekunst hat mit virtuosem Wortgeplänkel, überhaupt mit Bluffen, sowenig gemein, wie ein kostbares Geschmeide mit unechtem, billigem Moderamsch.

Aber vielleicht sind die hier geschilderten Fälle, mit allerlei rhetorischen Kabinettstückchen und rednerischem Imponiergehabe fachliche Blößen verdecken zu wollen, ohnehin nicht als typisch anzusehen. Einem Redner mit unzureichender fachlicher Kompetenz fehlt es in aller Regel an der nötigen Selbstsicherheit. Er fühlt sich unsicher, gehemmt, hat permanent Angst vor möglichen Misserfolgserlebnissen. Entsprechend tritt er dann auch auf. Er geht nicht aus sich heraus, bleibt rhetorisch blass und steif und ist nur froh, wenn er einigermaßen heil und ungeschoren aus der Dilemmasituation herauskommt. Da gleicht er eher – um im Bilde zu bleiben – jenem Anfänger auf den Skibrettern, der beim ersten Anblick eines Steilhangs, im Bewusstsein seiner fahrerischen Defizite, wacklige Knie bekommt und völlig verkrampft.

Zur fachlichen Inkompetenz gesellt sich beim Redner somit allzu leicht noch die rhetorische. Der Misserfolg ist auf diese Weise geradezu vorprogrammiert.

Halten wir also nochmals fest: Egal wie wir es drehen und wenden. Über eines sollten wir uns als Redner stets im Klaren sein: Ich kann in Sachvorträgen bzw. Meinungsreden nur dann die gewünschte Wirkung erzielen, wenn ich Experte auf dem zu behandelnden Gebiet bin oder mich zumindest hinreichend informiert habe. Nur so kann ich das Vertrauen der Zuhörer erlangen. Mit anderen Worten:

Erfolg in der Rede setzt fachliche Versiertheit voraus.

6.2.2.3 Argumente bringen

Sachkenntnis benötigen wir auch, wenn wir unsere Meinung durch Argumente untermauern und abstützen wollen. Damit sind wir bei einem weiteren maßgeblichen Punkt der Redekunst angelangt: der überzeugenden Argumentation. Die Argumente sind es, mit denen wir unseren Ausführungen Substanz und Gewicht und damit – bildlich gesehen – eine größere Tragfähigkeit geben. Zudem sind sie unsere stärksten und wirksamsten Waffen in rhetorischen Auseinandersetzungen. Gerade die Schlagkraft unserer Gründe verhilft uns oftmals zum Sieg in einem Meinungsgefecht.

Allerdings: Argumente sind nicht gleich Argumente. Es gibt starke und schwache, überzeugende und weniger überzeugende. Um dies beurteilen zu können, wollen wir kurz auf die Argumentationslehre eingehen. Ein Argument besteht aus Gründen oder Belegen und einer Schlussfolgerung (Konklusion), die wir aus den Gründen ziehen. Eine Argumentation ist dann gut, wenn

- die Gründe wahr sind
- die Gründe Relevanz, d. h. Aussagekraft besitzen und
- die Schlussfolgerung gültig ist.

Oftmals sind diese Kriterien bei einer Argumentation aber nicht oder nur unzureichend erfüllt.

Schauen wir uns folgendes Beispiel näher an:

Angenommen, ein Redner plädiert dafür, brutale Computerspiele gänzlich zu verbieten. Er begründet seinen Standpunkt wie folgt:

„Primitive Gewaltspiele mit ihren unverkennbar sadistischen Praktiken zielen auf die niedrigsten menschlichen Instinkte. Das lustvolle Ausleben von Gewalt am Bildschirm fördert das Aggressionspotential des Spielers und führt dazu, dass sich die Grenzen zwischen Realität und Fiktion immer mehr verwischen. Nicht von ungefähr

6.2 Mögliche Redepläne

beschäftigte sich der Attentäter von Erfurt in seiner Freizeit am liebsten mit grausamen Computerspielen."
Die Argumente des Redners mögen auf den ersten Blick stichhaltig erscheinen. Bei näherem Hinsehen haben sie jedoch ihre Schwächen. Teilweise handelt es sich um unbelegte Behauptungen, Gedankenspekulationen, die die subjektive, vorgefasste Einstellung des Sprechers widerspiegeln. Wer so argumentiert, provoziert leicht ergänzende Fragen:
„Machen z. B. Gewaltspiele wirklich aggressiv oder dienen sie eher dazu, ein ohnehin vorhandenes Aggressionspotential in einem virtuellen Spiel abzureagieren?"
„War der Attentäter von Erfurt aggressiv, weil er brutale PC-Spiele besaß, oder erwarb er diese Spiele, weil er über ungehemmte aggressive Neigungen verfügte?"
Träfe letzteres zu, wären die Ursachen für das aggressive Verhalten möglicherweise ganz andere: traumatische Kindheitserlebnisse, Einsamkeit und Nichtbeachtung etc.
Der Sprecher im obigen Beispiel muss sich also darum bemühen, den möglichen Wahrheitsgehalt seiner Aussagen zu erhöhen. Das bedeutet: Er muss Zahlen, Daten, Fakten und Belege auf den Tisch legen, die seine Aussagen erhärten. Wie sagte Aristoteles treffend: *„Die Beweise sind das Wesentliche, das Übrige ist Beiwerk."* Die Argumentation des Redners würde z. B. erheblich an Schlagkraft gewinnen, wenn er sich auf wissenschaftliche Untersuchungen berufen könnte. *„Seriöse Studien der empirischen Wirkungsforschung in der Psychologie kommen übereinstimmend zu dem Ergebnis, dass ..."*

Oftmals werden in einer Argumentation versteckte Annahmen gemacht, die für die Gültigkeit des Arguments von entscheidender Bedeutung sind. Nehmen wir als Beispiel die viel zitierte These: *„Eine wachsende Staatsverschuldung ist von Übel. Sie bürdet der späteren Generation eine schwere Hypothek auf."* Begründet wird dies damit: Wenn der Staat mehr Geld ausgibt und sich die Mittel am Kapitalmarkt beschafft, steigt der Zinsaufwand des Staates, den unsere Kinder und Enkelkinder in Form höherer Steuern tragen müssen. Hierbei wird stillschweigend unterstellt: Die Mittel aus der höheren Staatsverschuldung werden vom Staat so verwendet, dass sie der späteren Generation nur unwesentlich oder gar nicht zugute kommen.[39] Und

---

[39] Dies ist gar nicht so selbstverständlich. Leitet der Staat die Mittel in Investitionsprojekte mit längerer Produktions- und Nutzungszeit, wie im Infrastrukturbereich üblich (Bau von Straßen, Errichtung von Hochschulen etc.), dann sind es gerade die später Lebenden, die von solchen Maßnahmen profitieren. Um den Nettonutzen bzw. die Nettobelastung einer höheren Staatsverschuldung für die spätere Generation zu ermitteln, müsste man folglich den zusätzlichen Nutzen der staatlichen Investitionsausgaben der zusätzlichen finanziellen Belastung durch die mögliche Steuererhöhung gegenüberstellen. Es gibt sogar eine Lehrmeinung, die generell bestreitet, dass eine höhere Staatsverschuldung für die spätere Generation insgesamt überhaupt zu einer höheren Belastung führen kann, selbst bei einer eventuellen drastischen Steuererhöhung. Begründet wird dies damit, dass ja nicht

dahinter verbirgt sich die generelle, ordnungspolitisch bedeutsame Annahme, staatliches Handeln ist gegenüber privatem Handeln ökonomisch weniger effizient.

Unsere Ausführungen machen deutlich: Die Überzeugungskraft eines Redners hängt maßgeblich ab von der Güte seiner Belege einschließlich der in offener oder versteckter Form getroffenen Annahmen. Darüber hinaus spielt aber auch die Art der Konklusion für das richtige Argumentieren eine wichtige Rolle.

Zu den stärksten Beweismitteln zählen in diesem Zusammenhang zwei Methoden, die wir nachfolgend kurz vorstellen wollen: das **deduktive** und das **induktive** Vorgehen.

Beim **deduktiven** Beweis schließen wir **vom Allgemeinen auf das Besondere**:
„Die Sophisten der Antike waren philosophisch gesehen Relativisten.
Protagoras war ein Sophist.
Also gehörte Protagoras zu den Relativisten."

Wir formulieren also zuerst einen Obersatz, dann einen Untersatz und aus beiden folgern wir zwingend den Schlusssatz. Der deduktive Beweis ist wegen seiner logischen Stringenz von unmittelbarer Durchschlagskraft und nicht von ungefähr eines der Paradeinstrumente in wissenschaftlichen Sachvorträgen.

Der **induktive** Beweis hingegen zieht Rückschlüsse **vom Besonderen auf das Allgemeine**:

„Homer, Perikles, Sokrates, Plato, Aristoteles und Demosthenes zählen bis heute zu den bedeutendsten Rednerpersönlichkeiten.
Die Redekunst war daher in der griechischen Antike hoch entwickelt."

Dahinter verbirgt sich die Vorstellung: Was im Einzelnen so oft vorkommt, muss auch generell zutreffen.

Der induktive Beweis ist zwar logisch nicht ganz so zwingend wie der deduktive – denken wir nur an die von Karl Popper behauptete Unmöglichkeit einer „Verifikation"[40] und kann, bei missbräuchlicher Handhabung, leicht zu einer Verfestigung von

---

nur eine höhere Steuerlast vererbt wird sondern auch Forderungen in gleicher Höhe. Danach handelt es sich um eine „In-sich-Schuld". Die spätere Generation zahlt Gelder an sich selbst. Die Staatsverschuldung bewirkt dann nur eine Umverteilung innerhalb der späteren Generation.

[40] Popper vertritt die Ansicht: Wir wissen nie mit Sicherheit, ob eine aus Induktion gewonnene Erkenntnis - auch wenn wir sie immer wieder in der Praxis bestätigt finden - tatsächlich wahr ist. Sie bleibt stets nur eine Hypothese mit mehr oder weniger hoher Wahrscheinlichkeit ihres Zutreffens. Wir können eine Aussage also niemals durch „Verifikation" beweisen. Wir können sie dagegen durch „Falsifikation" widerlegen. Ist dies über längere Zeit nicht gelungen, besitzen wir eine brauchbare, gut bestätigte Hypothese. Sie hat bis heute allen Falsifizierungsversuchen standgehalten.

6.2 Mögliche Redepläne

Vorurteilen führen. In seiner Wirkungskraft auf die Zuhörer steht er aber dem deduktiven Beweis oft nicht nach.

Der Redner ist also klug beraten, sich mit den beiden dargestellten Beweistechniken vertraut zu machen. Seine Ausführungen gewinnen dadurch entscheidend an Glaubwürdigkeit.

Halten wir als weitere rhetorische Grundregel fest:

> Der Erfolg einer Rede wird wesentlich bestimmt von der Schlagkraft der Argumente.
> Argumente sind dann überzeugend, wenn
> ▸ die Gründe und Annahmen wahr sind,
> ▸ die Gründe eine hohe Relevanz besitzen,
> ▸ die Schlussfolgerung gültig ist.
> Bekräftigen Sie Ihre Argumente durch Zahlen, Daten und Fakten!
> Benutzen Sie deduktive und induktive Beweise!

Um es nochmals zu betonen:

Argumente sind die mächtigsten Waffen des Redners im Meinungswettstreit. Allerdings: Mit Waffen allein ist es nicht getan. Ich muss sie auch gekonnt einsetzen. Das bedeutet: Mitentscheidend ist die gewählte Strategie. Ein erfolgreicher Redner benötigt immer auch taktisches Geschick oder, wie es in der Theatersprache heißt, ein Gespür für Bühnen- und Publikumswirksamkeit.

In diesem Zusammenhang stellt sich unweigerlich die Frage: Wie soll ich die einzelnen **Argumente anordnen**?

Nicht alle Belege sind gleich gewichtig. Es gibt ganz starke Argumente, aber auch weniger schlagkräftige. Unsere Empfehlung kann hier nur lauten: Crescendo! Wir müssen unsere Argumente steigern. Das entspricht dem natürlichen Spannungsbedürfnis des Publikums. Nach und nach fahren wir immer schwerere Geschütze auf und sammeln Pluspunkte. Am Ende aber bringen wir unser allerstärkstes Argument und nehmen die Zuhörer vollends für uns und unsere Sache ein.

An diesem Entwicklungsgesetz sollten wir uns orientieren – allerdings mit einer kleinen Einschränkung: Ist es wirklich geschickt, stets mit dem schwächsten Argument zu beginnen? Tatsächlich gibt es hiergegen einen gewichtigen Einwand. Stellen wir uns doch einmal den dramaturgischen Ablauf vor: In der Einleitung haben wir alles getan, das Interesse des Auditoriums zu wecken; der Spannungsbogen ist ganz oben angelangt. Und jetzt beginnen wir mit einem weniger kräftigen Argument. Unvermeidliche Konsequenz: Wir enttäuschen die hochgesteckten Erwartungen. *„Da macht er (sie) erst große Versprechungen, aber was danach folgt, ist ‚kaum der Rede wert'. Viel auf der Pfanne hat der (die) offenbar nicht."* So entstehen leicht Vorurteile. Der Zuhörer schaltet möglicherweise ab und ist nicht mehr bereit, mit der gleichen Aufmerksamkeit zu folgen. Startet der Redner dagegen mit einem starken Argument, gilt das Umgekehrte.

Empfehlenswert ist demnach im Allgemeinen folgende Vorgehensweise: Der Redner beginnt mit einer schlagkräftigen Begründung, danach bringt er eine weniger starke, steigert sich dann kontinuierlich, bis er zuletzt mit seinem besten Argument aufwartet. Dieses Ablaufschema wird in der Redekunst zunehmend favorisiert.

Die Argumententreppe

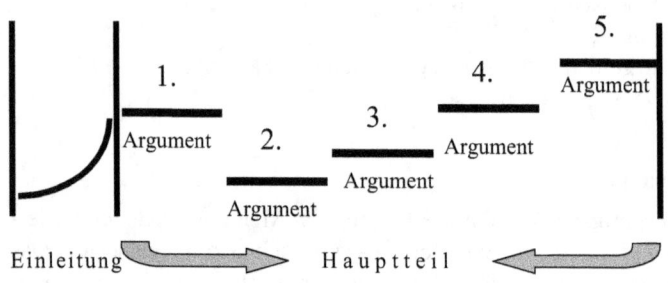

Unsere rhetorische Grundregel lautet also:

> Ordnen Sie Ihre Argumente nach dem Entwicklungsgesetz der Steigerung!
> Bringen Sie am Ende Ihre stärkste Begründung!
> Beginnen Sie aber mit einem kräftigen Argument!

Eines sollten wir aber hierbei beachten. Schwächliche Gründe haben in einer Rede nichts verloren. Wir können einer guten Sache nicht mehr schaden, als wenn wir sie mit schlechten Argumenten zu rechtfertigen suchen. Nur allzu leicht erweisen sie sich als Stolpersteine oder Bumerang. Denken wir nur einmal an unsere Meinungsgegner. Sie lauern oftmals auf einen Schwachpunkt. Haben sie diesen geortet, saugen sie sich fest und lassen nicht mehr los wie ein Vampir. Mit dieser Taktik wollen sie dem Zuhörer suggerieren: *„Zufällig habe ich besagtes Argument näher unter die Lupe genommen, und siehe da, es hält einer näheren Überprüfung nicht stand. Also wird es mit den übrigen Belegen auch nicht weit her sein."* Das ist einer der großen Gefahrenmomente bei einem Vortrag. Wir können 99 kluge Gründe anführen, ist

aber nur ein schwacher dabei, kann uns der zum Verhängnis werden und unser ganzes kunstvolles Redegebäude stürzt zusammen wie ein Kartenhaus.
Dies erinnert uns an eine ähnliche Situation aus der täglichen Redepraxis. Ein Redner schwingt sich zu großer Form auf. Die Zuhörer sind begeistert. Das versetzt ihn in einen regelrechten Rausch, ein euphorisches Gefühl rhetorischer Allmacht. Doch dann passiert es. Für einen Augenblick verliert er die Kontrolle, lässt sich zu einer unbedachten Bemerkung hinreißen und die Stimmung im Saal kippt schlagartig. Wie sehr er sich bemüht, nichts wird wieder wie vorher. Der Redner hat sich selbst ein Bein gestellt. Es ergeht ihm wie dem Bergsteiger, der, nachdem er den Gipfel erreicht hat, im Überschwang seiner Gefühle für einen Moment das Gleichgewicht verliert, einen unachtsamen Schritt macht und jählings den Abhang hinunterstürzt. Ein vorübergehendes Stimmungshoch verbürgt noch keinen endgültigen Redeerfolg. Wirklich sicher kann sich der Redner erst am Ende seiner Ausführungen sein, wenn das letzte Wort gefallen ist.

Eine Frage der Taktik ist zudem: Soll ich in meiner Rede nur das bringen, was für meine Sache spricht, oder mich auch mit möglichen Gegenargumenten befassen? Das hängt von den näheren Gegebenheiten ab. Im Allgemeinen dürfte aber letzteres empfehlenswert sein. Ja, es kann sich sogar als geschickter Schachzug erweisen, bewusst auf die Contra-Seite einzugehen. Der Redner wartet erst gar nicht ab, bis sich seine Meinungsgegner zu Wort melden. Er kommt ihnen zuvor, nimmt eventuelle Einwände vorweg. Damit bleibt er in der aktiven Rolle, d. h. er reagiert nicht, sondern agiert und behält das Heft in der Hand. Das belässt ihm alle Möglichkeiten. Er kann z. B. die gegnerischen Ansichten so formulieren, wie es ihm beliebt und auch den passenden Zeitpunkt selbst aussuchen. Überdies suggeriert er seinen Zuhörern: *„Seht, ich bin mir vollkommen sicher, ich brauche keine Angst zu haben vor widerstreitenden Meinungen, ja, ich gehe sogar bereitwilligst hierauf ein!"*
Bei alledem sollten wir aber nicht außer Acht lasen: Wenn wir schon den Anschein der Objektivität vermitteln, sollten wir uns mit dem Contra-Standpunkt auch fair auseinandersetzen. Leider gibt es Redner, die den beschriebenen Gestaltungsspielraum in unredlicher Weise missbrauchen. Sie setzen alles daran, die missliebige Ansicht „runterzumachen", sie der Lächerlichkeit preiszugeben. Dazu ist ihnen jedes rhetorische Mittel recht.

Sehr beliebt ist es z. B., Gegenargumente mit Hilfe der Übertreibungstechnik so umzubiegen, dass sie völlig weltfremd anmuten. Ich brauche mir dann gar nicht erst die Mühe zu machen, diese zu entkräften. Sie widerlegen sich ja scheinbar von selbst.

Manche Redner bedienen sich auch sprechtechnischer Tricks und zeigen nicht vermutete schauspielerische Fähigkeiten. Immer dann, wenn sie die gegnerische Meinung zitieren, verstellen sie ihre Stimme. Sie sprechen so gekünstelt wie nur eben möglich, krächzen wie die Raben, ja, die ganze Stimme klingt so unsympathisch, wie wir dies von den Schurken und Bösewichten in Filmen und Theaterstücken kennen. Kommen sie dagegen zu ihrem eigenen Standpunkt, ändert sich das Sprechbild abrupt. Ihre Stimme wirkt angenehm wohlklingend, natürlich und Vertrauen erweckend. Ich kannte sogar einen Redner, der sich folgendes Vorgehen angewöhnt hatte und darauf auch noch stolz war: Jedes Mal, wenn er auf die Einwände der Kontrahenten einging, verfiel er in den stärksten Dialekt. Seine eigene Position vertrat er dagegen in makellosem Hochdeutsch. Die Taktik war nur allzu offenkundig. Der Meinungsgegner sollte schon rein sprechtechnisch in die Nähe eines Dorfdeppen gerückt werden, dessen begrenzter Horizont von vornherein keine tiefergehenden Einsichten erwarten lässt.

Auf solche oder ähnliche „Mätzchen" sollte ein seriöser Redner ganz verzichten. Das ist nicht nur ein Gebot der Fairness. Wir können unserer Sache damit sogar weit mehr nützen. Um es noch krasser zu formulieren: Je ernster wir die abweichende Meinung nehmen, je mehr wir selbst die Gegenseite aufwerten, desto eher können wir oftmals die Zuhörer von unserem eigenen Anliegen überzeugen. Das mag im ersten Augenblick wie ein Widerspruch aussehen. Bei näherem Hinsehen wird es aber schnell plausibel.

Nehmen wir an, Sie halten einen Vortrag und setzen sich absichtsvoll mit den gegnerischen Argumenten auseinander. Sie bleiben dabei fair, sachlich, selbst mögliche Vorzüge lassen Sie nicht unerwähnt. Fast könnte man meinen, Sie engagierten sich im Sinne Ihrer Widersacher. In Wirklichkeit aber spielen Sie nur den Advocatus Diaboli. Was Sie damit erreichen? Die Zuhörer favorisieren zunächst den gegnerischen Standpunkt. Zugleich steigt ihre Erwartungshaltung. Alle sind gespannt: *„Was lässt sich hierauf überhaupt noch entgegnen?"* Nun aber beginnen Sie mit Ihrem Part. Und da erweisen Sie sich als wahrer Meister der Dialektik. Auf jeden Einwand haben Sie mehrere Gegenargumente parat. Mit Sachverstand und Scharfsinn spielen Sie alle Ihre rhetorischen Trümpfe aus und machen einen Stich nach dem anderen. Schritt für Schritt widerlegen Sie so die zuvor von Ihnen selbst angeführten Ansichten der Kontrahenten. Selbstverständlich versäumen Sie auch nicht, die Vorzüge Ihres Standpunktes in kräftigen Farben hervorzuheben. Das Auditorium, anfänglich von der gegenteiligen Meinung überzeugt, wird unsicher und schwenkt allmählich um. Am Ende aber ist Ihr Sieg vollkommen. Mit fliegenden Fahnen wechseln die Zuhörer die Fronten, bekehrt durch die zwingende Kraft der Rede.

Das hier beschriebene Vorgehen ist vor allem dann empfehlenswert, wenn die Zuhörer über ein gewisses intellektuelles Niveau verfügen, d. h. die Fähigkeit und die Bereitschaft zu analytischem und differenziertem Denken mitbringen. Vor stumpfen

Massen, wie z. B. oftmals bei Wahlkampfreden, erweisen sich dagegen plumpere Methoden der eingangs geschilderten Art meist als wirkungsvoller.

Ein eher behutsames, differenziertes Vorgehen ist auch dann empfehlenswert, wenn die Zuhörer noch nicht festgelegt sind, sich ihre Meinung erst noch bilden wollen. Viele Redner machen einen verhängnisvollen Fehler: Bereits im Frühstadium ihrer Argumentation geben sie die Richtung vor, torpedieren das Publikum mit abschließenden Bewertungen und erteilen Verhaltensratschläge. Die Adressaten fühlen sich leicht überfahren, unter Druck gesetzt. Eine wichtige Kommunikationsregel lautet: *„Wer die Meinung anderer beeinflussen will, muss auf die Informationen einwirken, die hinter dieser Meinung stehen."* Daher ist es sinnvoll, einen Sachverhalt erst einmal näher zu beschreiben, den Zuhörern das nötige Hintergrundwissen zu geben und ausführlich auf mögliche Vor- oder Nachteile einzugehen. Die (Teil-) Schlussfolgerung können wir dem Zuhörer dann mitunter sogar selbst überlassen. Das kann auch psychologisch geschickt sein. Menschen lassen sich in ihrer Einstellung oftmals viel nachhaltiger beeinflussen, wenn wir sie als aktive Partner im Prozess der Meinungsbildung respektieren, ihnen also das Gefühl vermitteln, selbst zu der veränderten Überzeugung gelangt zu sein.

Fassen wir also nochmals als rhetorische Grundregel zusammen:

Verzichten Sie auf schwache Argumente!
Mitunter kann es taktisch geschickt sein, auf mögliche Gegenargumente einzugehen.
Setzen Sie sich mit möglichen Einwänden aber fair auseinander!
Seien Sie zurückhaltend mit vorschnellen Bewertungen! Lassen Sie die Zuhörer mitunter selbst die wertende Schlussfolgerung ziehen!

6.2.2.4 Gefühle ansprechen

Als Redner dürfen wir nicht vergessen: Die Zuhörer sind nicht nur reine Verstandeswesen, sondern auch Menschen mit Empfindungen. Sachkompetenz und kluge Argumente reichen daher nicht aus, das Publikum für uns und unsere Sache einzunehmen. Wir müssen überdies die Gefühlsebene mit einbeziehen. Der emotionale Bereich darf nicht zu kurz kommen, d. h.: Die Rede muss nicht nur logisch, sondern auch psychologisch stimmig sein.

So wäre es z. B. ein Fehler – insbesondere bei längeren Vorträgen – den Zuhörern stets nur allerschwerste gedankliche Kost aufzutischen. Das könnte leicht zu Denkblockaden und geistigen Verdauungsbeschwerden führen. *„Das Publikum will gekit-*

zelt werden und nicht nur gekniffen" (Wolfgang Borchert). Gönnen wir den Zuhörern ab und an auch einige leichtere Appetithäppchen.

Damit wollen wir den Redner keineswegs ermuntern, „hirnlos" daherzuplappern. Im Gegenteil: Gerade jetzt brauche ich das allerhöchste rhetorische Geschick. Wie lockere ich die träge, sterile Atmosphäre auf? Wie sorge ich für die nötige rhetorische Vitaminzufuhr? Oder anders gefragt: Womit halte ich meine Zuhörer bei Lust und Laune? Plötzlich sind ganz andere Qualitäten des Redners gefragt, die des „Entertainers". Wir erzählen eine lustige Begebenheit, streuen eine Anekdote ein, bringen einen Sketch, geben einen Witz zum Besten oder führen allerlei kurzweiligen Smalltalk mit dem Publikum. Dabei geben wir uns möglichst locker, frech und spritzig. Sagen Sie jetzt nicht vorschnell: „*So etwas liegt mir nicht. Dazu bin ich nicht geboren. Das passt nicht zu meinem Typ!*" Ein jeder von uns, sei er auch noch so steif, verschlossen und zugeknöpft, verfügt über ein gewisses Showtalent. Ich muss nur meine inneren Hemmschwellen ablegen, mich von meinen emotionalen Selbstblockaden befreien und ganz „ich selbst" sein. Alles Weitere bringen Übung und Routine von allein mit sich.

Bleibt die Frage: Wie humorvoll darf ein Vortrag sein, wie viel Unterhaltung wollen wir unseren Zuhörern bieten? Eine generelle Handlungsempfehlung kann es hier nicht geben. Dennoch könnte uns folgendes Diagramm als erste Orientierungshilfe dienen:[41]

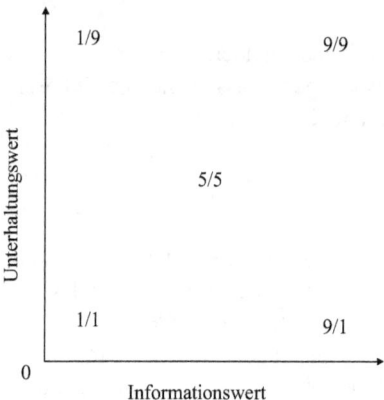

---

[41] Siehe hierzu auch Kellner, Hedwig, Reden, Zeigen, Überzeugen S. 57.

Die senkrechte Achse zeigt den Unterhaltungswert in einer Skala von 1 bis 9, die waagerechte entsprechend den Informationswert. Kombinieren wir die jeweiligen Größen miteinander, erhalten wir verschiedene Verhaltensmuster. Im Bereich 1/1 sind Informationswert und Unterhaltungswert gering. Der Vortrag ist staubtrocken und dazu noch inhaltlich belanglos, für alle Beteiligten eine Tortur. Im Bereich 9/1 ist der Informationswert hoch, der Unterhaltungswert dagegen niedrig. So treten oft Experten auf, die zwar über ein großes Fachwissen verfügen, sich aber rhetorisch schlecht verkaufen. Sie langweilen ihr Publikum mit einer endlosen Faktenaufzählung. Bei 1/9 verhält es sich genau umgekehrt: Der Unterhaltungswert ist hoch, der Informationswert gering. Der Redner präsentiert sich als Clown und Blender. Er serviert einen bunten Blumenstrauß an Gags, Witzen und Späßen. Aber das war's auch schon. Es mangelt an fachlicher Substanz und inhaltlicher Tiefe. Im mittleren Teil 5/5 halten sich Unterhaltung und sachlicher Inhalt die Waage. Der Redner macht seine Sache ganz ordentlich, bietet von jedem etwas. Es gibt aber noch spürbare Steigerungsmöglichkeiten. Im Bereich 9/9 schließlich sind die höchsten Zielwerte vereinigt. Der Sprecher demonstriert eine hohe Fachkompetenz und besticht durch eine lockere und amüsante Vortragsweise. Die Zuhörer erfahren viel, und es macht Spaß zuzuhören.

Wie unterhaltsam wir einen Vortrag letztendlich gestalten, hängt indes stark vom jeweiligen Einzelfall ab. Noch wichtiger als Humor ist meines Erachtens in diesem Zusammenhang eine andere Fähigkeit: **Sensibilität**. Der Redner braucht gerade bei seinen Showeinlagen sehr viel rhetorisches Fingerspitzengefühl. Er muss sich hineinfühlen können in seine Zuhörerschaft, ihre momentanen Erwartungen und die jeweilige situationsbezogene Stimmungslage. Eine Büttenrede z. B. lebt geradezu vom Witz und von derber Komik. Bei einer Grabrede hingegen wäre selbst der entfernteste Anflug von Humor geschmack- und pietätlos. Wie reagierten wohl die Fernsehzuschauer, wenn der Bundespräsident in seiner Neujahrsansprache mit allerlei Späßen und kabarettistischen Gags aufwartete?

Wir sehen hieraus: Öffentliches Reden ist stets eine gefährliche Gratwanderung. Der Sprecher möchte auf der einen Seite seinen Vortrag kurzweilig gestalten, d. h. das Auditorium so gut wie eben möglich unterhalten. Andererseits muss er aber auch den „richtigen Ton" treffen. Verkennt er die spezifische Situation, trägt er z. B. nur eine Spur zu dick auf, kann dies ein Gefühl des Befremdens auslösen und, wie im zitierten Falle, als „Buhlen um die Publikumsgunst" empfunden werden. Nichts wäre für einen Redner fataler.

Um den Anschein billiger Effekthascherei zu vermeiden, sollte der Referent zudem beachten: Eine eventuelle Showeinlage darf nicht einfach aus der Luft gegriffen sein. Sie sollte möglichst zum jeweiligen Sinnzusammenhang passen. Nur so entsteht der Eindruck spontaner, echter Situationskomik. Überdies bleibt die Einheit des Handlungsablaufs gewahrt. Der „rote Faden" geht nicht verloren.

Abschließend noch einige Tipps für gelungene Witze:
- Ein Witz sollte nicht abgedroschen sein, sondern originell, geistreich und eine überraschende Pointe enthalten.
- Wiederholen Sie keinen Witz, wenn nicht alle Zuhörer ihn sofort verstanden haben! Nichts nehmen die Adressaten mehr übel, als wenn Sie ihnen deren eigene Begriffsstutzigkeit demonstrativ vor Augen führen. Und denken Sie daran: Ein Witz ist nur witzig, wenn man ihn zum ersten Mal hört.
- Machen Sie keine anzüglichen Witze, die unter die Gürtellinie zielen!
- Machen Sie keine Späße auf Kosten anderer, egal ob einzelne Personen (Bekannte, Arbeitskollegen, irgendwelche Zuhörer im Saal etc.) oder Personengruppen wie Menschen mit Schwächen (Alzheimerpatienten etc.), bestimmte Berufsgruppen (Beamte, Lehrer etc.) oder ganze Bevölkerungsgruppen (Ostfriesen, Polen etc.)!
- Ein Witz ist für das Auditorium bestimmt und nicht für den Redner. Lachen Sie also nicht über Ihre eigenen Witze, sonst lachen die Zuhörer am Ende über Sie selbst!
- Legen Sie nach einem Witz keine Kunstpause ein, mit der Sie erwartungsvoll die Zuhörer zum Lachen auffordern! Kaum etwas ist im hochsensiblen Geflecht kommunikativer Beziehungen peinlicher als gesteuerter Humor, als programmierte Heiterkeit, wenn Sie ein gewünschtes Verhalten auf Knopfdruck erzwingen möchten. Benutzen Sie auch keine vorgefertigten Witzfolien z. B. aus Comic-Heften wie Asterix oder Mickymaus!

Wir wollen in unserem Kontext noch eine andere brisante Frage zumindest einmal kurz anschneiden. Wie weit soll und darf ich mich als Redner meinen Zuhörern gegenüber öffnen?

Wieder bewegen wir uns auf einem schlüpfrigen Pfad. Einerseits gilt: Ich kann nur überzeugen, wenn ich mich nicht vor mir selbst und anderen verstecke. Die Anwesenden müssen also das Gefühl haben, da spricht ein Mensch mit Empfindungen und kein Roboter. Auf der anderen Seite kann allzu große Offenheit auch hier befremdend wirken. Das Publikum fühlt sich unangenehm oder peinlich berührt.

Patentrezepte für adäquates Verhalten gibt es nicht. Es kommt auf den Einzelfall an, d. h. auf die individuellen Gegebenheiten und Rahmenbedingungen. Wieder einmal muss sich der Referent in erster Linie um Stimmigkeit bemühen, also um Einklang mit der jeweiligen Situation und Hörererwartung. So wird z. B. ein Redner, der zu einer ihm völlig fremden Zuhörerschaft spricht oder zu dieser in einer hierarchischen

Beziehung steht, sich eher bedeckt und distanziert halten. Ähnliches gilt bei bestimmten offiziellen Redeanlässen wie Festvorträgen in gehobener Atmosphäre, bei denen eine gewisse Förmlichkeit des Auftretens seit eh und je zum gesellschaftlichen Ritual gehört. Rede ich dagegen vor vertrautem Publikum, zu dem ich bereits eine engere Beziehung aufgebaut habe, kann und sollte ich in der Regel einen offeneren Sprachton wählen. In einem solchen Falle werde ich z. B. weit mehr bereit sein, persönliche Empfindungen, die ansonsten eher Teil meiner Privatsphäre sind, öffentlich mitzuteilen. Entsprechendes erlebe ich etwa regelmäßig in Rhetorik-Seminaren. Am Anfang sind die Teilnehmer reserviert und verschlossen, zum Teil sogar regelrecht verkrampft. Im Laufe der Veranstaltung vollzieht sich aber ein wundersamer Wandel. Man lernt sich näher kennen, erlebt und durchlebt gemeinsam die mit starken Gefühlseindrücken einhergehenden Redeauftritte vor der Kamera und mit einem Male lockert sich die Stimmung, schlägt um in gegenseitiges Vertrauen. Die Hemmungen, sich zu öffnen und persönliche Erfahrungen wie Ängste, Sorgen etc. kundzutun, schwinden zusehends. Diese Bereitschaft zur Offenheit ist umso größer, je mehr der Trainer mit gutem Beispiel vorangeht, je weniger er also seine eigene Gefühlssphäre zum Tabubereich erklärt.

Formulieren wir abschließend wieder unsere rhetorische Grundregel:

Sprechen Sie in Ihrer Rede auch das Gefühl der Zuhörer an!
Betätigen Sie sich hin und wieder als Entertainer und überraschen Sie Ihr Publikum mit witzigen und auflockernden Einschüben!
Achten Sie bei Ihren Showeinlagen auf Stimmigkeit!
Wählen Sie einen persönlicheren Sprachton, wenn dieser in der jeweiligen Redesituation angebracht ist!

6.2.2.5 Sich kurz fassen

Zum Abschluss unseres Kapitels „Hauptteil" möchte ich noch auf einen gravierenden rhetorischen Fehler hinweisen. Viele Redner sprechen zu lange. Sie finden kein Ende und stellen damit ihre Zuhörer auf eine schwere Geduldsprobe. Eine oftmals bestätigte Erfahrungsregel lautet: Der Erfolg eines Vortrags steht in umgekehrt proportionaler Beziehung zu seiner Dauer. Da mag der Referent rhetorisch noch so versiert sein.

In diesem Zusammenhang erinnere ich mich an folgende Begebenheit: Auf einer Festveranstaltung hatten bereits zwei Redner gesprochen, müde, langatmig, für alle Beteiligten eine Qual. Einige Honoratioren hatten Mühe, ihre Schläfrigkeit vor den anderen zu verbergen. Jeder wartete auf den zündenden Vortrag, der ihn aus seinem lethargischen Zustand erlöste. Und nun trat ein weiterer Sprecher auf. Er begann mit viel Schwung, brachte ein, zwei Bonmot(s) und schon ging ein Ruck durch das Publikum. Die Mienen hellten sich auf. *„Endlich jemand, der mit Esprit, dazu noch Elan und Spritzigkeit mitzureißen versteht!"* Es kam aber noch viel besser. Der Redner brachte einen Gag nach dem anderen, zitierte Wilhelm Busch und Christian Morgenstern. Die Zuhörer waren fasziniert. Sie gingen mit, lachten lauthals, klatschten Beifall auf offener Szene. Das hielt noch eine Weile an, vielleicht zwanzig Minuten oder eine halbe Stunde. Dann aber trat allmählich eine Wirkung ein, die die Ökonomen als das „Gesetz vom abnehmenden Grenznutzen" bezeichnen. Die Gäste gewöhnten sich an das Feuerwerk, den Lichterglanz funkelnder Worte. Die Sketche und Einlagen, die der Redner nach wie vor zum Besten gab, verloren den Reiz des Neuen und Originären. Die Zuhörer reagierten merklich zurückhaltender. Sie amüsierten sich zwar immer noch, aber es war nicht mehr das herzerfrischende, spontane Lachen. Ein feinfühliger Redner hätte diesen Stimmungsumschwung bemerken und entsprechend umdisponieren müssen. Unser Redner aber ließ sich dadurch nicht beirren. Er brillierte immer weiter, bis ihm kaum noch jemand Beachtung schenkte. Als er nach anderthalb Stunden aufhörte, gab es zwar artigen Beifall, aber nicht mehr. Hätte er dagegen nach dreißig Minuten geendet, wäre er mit stehenden Ovationen verabschiedet worden.

Der Redner wurde zu einem Opfer der Zeitfalle.

Ein ähnliches Erlebnis mag wohl Mark Twain gehabt haben. Der Schriftsteller berichtet, er sei von einer Missionarspredigt einmal so angetan gewesen, dass er bereit war, einen Dollar zu spenden. Nach einer Stunde allerdings ermäßigte er den Betrag im Geiste bereits auf einen halben Dollar. Die Predigt ging aber weiter und nach anderthalb Stunden beschloss er bei sich, überhaupt nichts mehr zu spenden. Als der Pfarrer schließlich nach zwei Stunden endete, nahm Twain einen Dollar vom Opferstock als Entschädigung für den Zeitverlust.

Viele Redner unterliegen einem verhängnisvollen Irrtum. Sie übersehen die unterschiedliche Ausgangssituation des Redners und seiner Zuhörer. Der Sprecher agiert von exponierter Stelle. Er kann sich keinen Ausrutscher erlauben. Schon dies versetzt ihn in eine Art natürlichen Spannungszustand. Zudem kommt ihm die aktive Rolle zu. Er spricht – und zwar nicht nur mit Worten – sondern mit seinem ganzen Körper, den Armen, Händen, ja, er kann sich sogar von der Stelle fortbewegen. Sein Kreislauf ist angeregt, das Gehirn gut durchblutet und arbeitet auf Hochtouren. Die Zuhörer hingegen spielen – wohlgeborgen im Schutz der Gemeinschaft – den passiven Part. Sie lehnen sich zurück, verschränken die Arme, legen ihren gedanklichen Leerlauf ein und harren der Dinge, die auf sie zukommen. Unter diesen Bedingungen ist das Zeitempfinden für beide Seiten unterschiedlich. Während der Redner mitunter das Gefühl hat, die Zeit fließt nur so dahin, scheint diese für die Zuhörer wie im Schneckentempo einherzuschleichen, ganz im Sinne der Bismarck'schen Erfahrung: *„Der Vortrag begann um acht; als ich um elf auf die Uhr sah, war es halb neun."* Oder, um es mit Goethe auszudrücken: *„Wer sprechen darf, wird Speis' und Trank vergessen; wer hören soll, wird endlich matt."*

Recht heikel ist die Situation nachgerade bei Festreden. Vor allem der letzte Sprecher hat es hier sehr schwer. Das Auditorium ist bereits weitgehend erschöpft. Die Luft ist sauerstoffarm, dagegen reich an Phrasendunst und mitunter auch schon angefüllt mit den Wohlgerüchen des bevorstehenden kalt/warmen Buffets. Die Zuhörer sind zwar noch physisch anwesend. Geist und Seele haben sich aber längst vom Körper getrennt und ganz den kulinarischen Genüssen zugewendet.

Einem besonderen Härtetest ist der Redner auch ausgesetzt, wenn ihm eine längere Redezeit vom Veranstalter oder vom Dienstherrn vorgeschrieben wird. Das gilt z. B. für die Professoren an unseren Hochschulen. Eine Vorlesung dauert in der Regel anderthalb Zeitstunden. Sollen die Ausführungen des Dozenten bei dem meist abstrakten Inhalt nicht zu einer beiderseitigen Tortur werden, ist dieser klug beraten, vom üblichen Vortragsstil abzurücken. Er kann z. B. bestimmte Themen gemeinsam mit den Studenten in Dialogform erarbeiten. Zur Veranschaulichung stehen ihm verschiedene Visualisierungsmittel wie etwa die Wandtafel, der Tageslichtprojektor oder der Beamer zur Verfügung.

Halten wir nochmals als weitere rhetorische Regel fest:

> Hüten Sie sich vor Weitschweifigkeit!

Wer ein Thema erschöpfen will, erschöpft nur die Zuhörer. Denn:
„Das Geheimnis zu langweilen besteht darin, alles zu sagen." (Voltaire)
Oder, um nochmals unseren größten Dichter zu zitieren:
„Getretener Quark wird breit, nicht stark." (Goethe)
Jedem, der es in der Kunst der Rede zu etwas bringen möchte, wollen wir daher mit Luther zurufen:
„Tritt frisch auf, mach's Maul auf, hör bald auf!"

6.2.3 Der Schluss

Wenden wir uns jetzt noch dem letzten Glied des Aufbaus zu, dem Schluss. Der Schluss stellt zwar einen vergleichsweise kurzen Redeabschnitt dar. Er ist aber dennoch vielleicht der Wichtigste überhaupt, der Höhepunkt, die Krönung unserer Rede.

Denn: Gerade der letzte Eindruck zählt und wirkt besonders nach. Der Schluss hat also immer etwas Definitives. Von ihm hängt es maßgeblich ab, ob die Rede ein Erfolg wird oder nicht. Patzt der Sprecher am Schluss, ist dies äußerst verhängnisvoll, weit schlimmer als bei den vorhergehenden Vortragsteilen. Kann er dort seinen Fehler wieder gutmachen, fehlt ihm hier die Möglichkeit zur Korrektur.

Daraus ergibt sich: Auch eine noch so starke Rede wird bei einem schwachen Schluss entscheidend verlieren. Wer öfter am Podium steht, kann dies aus eigener Erfahrung bestätigen. Da vermag z. B. ein Redner seine Zuhörer die ganze Zeit über zu fesseln. Alle hören gebannt zu. Der Referent verspürt das bekannte „Kribbeln", die innere Genugtuung über seine rhetorische Ausstrahlungs- und Einwirkungskraft. Er kommt zum Schluss. Auf einmal verheddert er sich. Er formuliert einen verunglückten Satz, bleibt mittendrin hängen, verspricht sich, nimmt einen neuen Anlauf. Endlich hat er den Faden wieder gefunden. Aber inzwischen sind ihm die Zuhörer gedanklich davongelaufen. Die Kontaktbrücke ist wie abgerissen. Seine abschließenden Worte finden kein Gehör mehr wie bei einem einsamen Rufer in tiefer Dunkelheit. Am Ende regt sich kaum eine Hand zum Beifall. Irritiert bleibt er zurück.

Aber umgekehrt gilt ebenfalls: Durch einen starken Schluss kann eine ansonsten verkorkste Rede merklich gewinnen. Auch hierfür gibt es zahllose Belege aus der rhetorischen Praxis. Da fließt ein Vortrag zäh dahin. Die Zuhörer sind unkonzentriert, sprechen miteinander. Auffällig viele verlassen zwischendurch den Raum, ein dringendes Bedürfnis vortäuschend. Wieder verspürt der Redner ein „Kribbeln". Jetzt aber drückt sich hierin sein Unmut aus über die Verstocktheit des Auditoriums und das eigene rhetorische Unvermögen. Endlich kommt er zum ersehnten Schluss. Doch da überrascht er plötzlich alle mit einer geistreichen Bemerkung, die offenbar wie elektrisierend wirkt. Mit einem Male ist es totenstill. Der unerwartete Auftrieb beflügelt ihn. Er schwingt sich zu großer Form empor, bringt noch ein Bonmot, mit dem er genau die Seelenlage des Publikums trifft und sein Vortrag ist zu Ende. Spontaner Beifall brandet auf. Mit zufriedenen Gesichtern verlassen die Besucher den Vortragssaal. Der Redner aber ist wie benommen. Eben noch am Rande des rhetorischen K.o. und dann dieser wundersame, nicht mehr für möglich gehaltene Stimmungsumschwung. Ein Anflug von Siegesstimmung kommt auf, das erleichterte Gefühl, es am Ende doch noch geschafft zu haben.

Wie aber sieht ein guter Schluss aus? Der Redner kann hier zwischen verschiedenen Möglichkeiten wählen. Er verfügt demnach über einen Gestaltungsrahmen, der ihm genug Spielraum lässt für kreative Lösungen. Stellvertretend wollen wir im Folgenden drei Varianten näher vorstellen.

6.2.3.1 Der Schlussappell

Welcher Schluss bietet sich speziell für eine **Meinungsrede** an? Die Antwort fällt uns leicht: der Appell. Wir fordern die Zuhörer zum Handeln auf.[42] Sie sollen sich unserer Denkweise anschließen und ihr Verhalten daran ausrichten. Auf dieses Ziel haben wir ja von Anfang an hingearbeitet. Und jetzt ist es soweit, der Kulminationspunkt erreicht. Es gilt, „den Feuerbrand in die Seele zu werfen" (Maximilian Weller). Er wolle „Schwerter und Blitze" reden, sagte der Philosoph Fichte von sich. Auch wenn nicht jeder den gleichen Kampfeseifer verspürt, so können wir doch festhalten: Im Appell manifestiert sich am stärksten der Wille des Redners zur Handlung, der Drang, die eigenen Gedanken und Vorstellungen umzulenken in die produktive Tat.

Um solch ehrgeizigem Ziel zu genügen, muss der Appell gleich mehrere Anforderungen erfüllen.

1. **Der Appell sollte möglichst aus einem oder zwei einprägsamen Hauptsätzen bestehen.**
   Leider wird gerade gegen dieses Postulat in der Praxis immer wieder verstoßen. Nicht selten baut der Redner umständliche Satzgebilde und versteckt die Aufforderung in einem Nebensatz. Sehr beliebt sind dabei Nebensätze, die mit „dass" eingeleitet werden.
   „Meine Damen und Herren!

---

[42] Bestimmte (Teil-)Schlussfolgerungen im Rahmen Ihrer Begründung können Sie dagegen durchaus, wie oben dargelegt, mitunter den Zuhörern selbst überlassen.

Daher bin ich der Meinung, und ich hoffe, meine Ausführungen werden Sie dazu animieren, dass Sie zukünftig ihre Ernährungsgewohnheiten umstellen und nur noch vegetarisch essen."

Von einem Appell an den Willen kann man hier kaum noch etwas spüren.

Weit griffiger und eingängiger, aber auch zupackender, wäre dagegen folgender Zwecksatz:
*„Daher, meine Damen und Herren!
Leben Sie gesundheitsbewusster,
essen Sie nur noch vegetarisch!"*

2. **Der Appell sollte durchführbar und möglichst konkret sein.**
Wer andere Menschen zum Handeln auffordert, darf dabei nicht die Grenzen des Zumutbaren überschreiten. Angenommen, ein Redner beschließt seine Ausführungen zum Thema: „Wie soll eine zukunftsgerechte Umweltpolitik aussehen?" mit dem Appell:
„Daher, meine Damen und Herren, fordere ich Sie auf: Verzichten Sie zukünftig gänzlich auf Ihr Auto. Schaffen Sie sich stattdessen besser ein Pferdefuhrwerk an!"
Ein solcher Zwecksatz wäre gänzlich wirklichkeitsfremd. Statt einen „Drang nach Handlung" würde der Redner bestenfalls allgemeine Heiterkeit auslösen.
Der Appell darf ferner auch nicht zu allgemein sein. Beendigte ich obiges Thema mit dem Aufruf:
„Daher, meine Damen und Herren, kann unser aller Motto für die Zukunft nur lauten: Energie sparen, Energie sparen, Energie sparen!", könnte ich zwar des Beifalls der Zuhörer gewiss sein, nur hielte sich wohl niemand daran, trotz dreimaliger flehentlicher Beschwörung. Er ist zu wenig konkret.
Anders dagegen folgender Appell:
*„Meine Damen und Herren!
Ich fordere Sie daher mit allem Nachdruck auf: Verschwenden wir nicht länger unsere kostbaren Energiereserven. Führen wir endlich handelbare Umweltnutzungsrechte ein!"*
Jetzt verbindet der Sprecher seinen Aufruf zu einer allgemeinen ökologischen Kurskorrektur mit einer speziellen Handlungsanweisung und leistet damit einen konkreten Beitrag zur umweltpolitischen „Willensbildung".

3. **Der Appell muss ausdrucksstark vorgetragen werden.**
Schließlich stellt der Appell die höchsten Anforderungen an die Ausdruckskraft des Redners. Jetzt entlädt sich seine ganze Anspannung. Er gleicht darin einem

Vulkan, der, schon lange im Innern bebend, plötzlich mit elementarer Urgewalt ausbricht. Das bedeutet: Der Redner muss stimmlich aus sich herausgehen. Er lässt die Tonstärke anschwellen zum kräftigen Forte. Das Klangbild ist von mitreißendem, aber dennoch natürlichem Pathos und verrät seine ungestüme Handlungsbereitschaft. Auch mit der Körpersprache signalisiert der Redner sein starkes gefühlsmäßiges Engagement. Die Haltung ist gestrafft, Gestik und Mimik sind besonders expressiv. Nun haben Doppelgesten ihren Sinn. Der Redner setzt also beide Arme ein, um die Vehemenz seines Anspruchs auch körpersprachlich zu unterstreichen.

Die Ausführungen machen deutlich, warum gerade die Meinungsrede häufig als Gradmesser angesehen wird für das rhetorische Geschick eines Sprechers.

6.2.3.2 Zitat oder Anekdote

Als sehr wirkungsvoll, gerade am Schluss eines Sachvortrags, erweist sich oft auch das Zitat oder die Anekdote. Eine passende Pointe – und schon hören alle mit gespannter Aufmerksamkeit zu.

„Meine sehr geehrten Damen und Herren!
Den absoluten Weltrekord im Reden vor einer Gruppe hält Kemal Attatürk. Er sprach im Jahre 1927 insgesamt sechs Tage an einem Stück. Dagegen nimmt sich der deutsche Rekord des Abgeordneten Antrick – er redete 1911 im Reichstag ununterbrochen acht Stunden lang – eher bescheiden aus.
Aber keine Angst, mein Wetteifer hält sich hier in engen Grenzen. Getreu dem Motto: ‚Man kann über alles sprechen, nur nicht über 30 Minuten', möchte ich meinen Vortrag beschließen. Ich wünsche Ihnen noch einen guten Nachhauseweg und einen angenehmen Feierabend."

Zu beachten ist: Das Zitat bzw. die Anekdote dürfen nicht abgegriffen sein. Die Wirkung wäre ansonsten vergleichbar einem Witz, den wir bereits kennen. Schon beim zweiten Hören verspüren wir einen faden Beigeschmack.

6.2.3.3 Zusammenfassung

Eine beliebte Schlussvariante besteht ferner darin, den Inhalt kurz zusammenzufassen oder die Kernaussage noch einmal hervorzuheben. Der Referent zieht Resümee. Damit vermittelt er den Eindruck einer in sich geschlossenen Abhandlung. Darüber hinaus verhält er sich pädagogisch geschickt. Die Grundgedanken prägen sich besser ein, bzw. das Hauptanliegen wird noch einmal verständlich. Mit einer kleinen zusätzlichen Bemerkung löst er dann den Beifallsimpuls aus.

*„Meine Damen und Herren!
Lassen sie mich rekapitulieren. Keine überzeugende Rede ohne klaren Aufbau, ohne ein sinnvolles und durchdachtes Ordnungsprinzip. Die Lehre vom Aufbau ist daher eines der zentralen Kapitel einer jeden Rhetorikschulung. Viel Erfolg bei Ihren weiteren Bemühungen auf dem Weg zu einem erfolgreichen Redner!"*

Halten wir als ergänzende rhetorische Grundregel fest:

Beenden Sie Ihre Rede mit einem wirksamen Schluss!
Paradeschluss der Meinungsrede ist der Appell.
Der Appell sollte
▶ aus einem einprägsamen Hauptsatz (evtl. auch zwei Hauptsätzen) bestehen
▶ durchführbar und konkret sein sowie
▶ ausdrucksvoll vorgetragen werden.
Weitere geeignete Schlussvarianten, vor allem beim Sachvortrag, sind:
▶ das Zitat bzw. die Anekdote
▶ die Zusammenfassung.

Bevor wir unser Kapitel verlassen, wollen wir noch auf einige Fehler hinweisen, wie sie gerade am Schluss einer Rede immer wieder vorkommen.

6.2.3.4 Typische Fehler beim Schluss

1. **Ende ohne Schluss**
   Manche Referenten verzichten gänzlich auf einen Schluss. Sie enden abrupt, völlig unerwartet. Dadurch wirkt die Rede unausgewogen, die Symmetrie ist gestört. Irgendwie hat man das Gefühl: Da fehlt etwas wie bei einem Diner ohne Dessert. Vielleicht reagiert der Zuhörer auch enttäuscht oder verärgert, vergleichbar einem Spielfilm, der unversehens und völlig überraschend zu Ende geht bzw. einem Musikstück, bei dem man vergebens auf das große Finale oder zumindest auf den Schlussakkord wartet. Damit schadet der Redner sich und seiner Sache. Er bringt sich selbst um den verdienten Lohn. Vergessen wir nicht: Gerade der letzte Eindruck ist besonders nachhaltig.

2. **Schluss ohne Ende**
   Fast noch schlimmer als das Ende ohne Schluss ist der Schluss ohne Ende. Der Redner nähert sich dem Ende seiner Rede. Er kündigt dies auch eigens an und erzeugt damit bei seinen Zuhörern eine Art Schlussstimmung. Nun aber macht er einen verhängnisvollen Fehler: Er hält sich nicht an sein Versprechen. Immer wieder fällt ihm etwas Neues ein, das er unbedingt noch anbringen möchte.

Schlusswendungen entarten zu Schlusswindungen, typisch für den berüchtigten „Nudelteigschluss" (Maximilian Weller). Das Publikum wird immer ungeduldiger, fühlt sich genervt von einem Schluss, der offenbar nie ein Ende nimmt. Der Redner aber vergibt eine große Chance. Statt die Herzen der Zuhörer zu gewinnen, verspielt er leichtfertig deren Sympathie und sorgt damit selbst für einen unrühmlichen Abgang.

Daher gilt: Sobald wir den Zuhörern das Gefühl vermitteln, wir nähern uns dem Ende der Rede, müssen wir uns kurz fassen. Wir dürfen keineswegs nach Art allzu verliebter Plappermäuler, sozusagen als rhetorisches Perpetuum mobile, den Schluss unnötig zerreden.

Im Übrigen brauchen wir unser Publikum nicht unbedingt eigens darauf hinzuweisen, dass wir jetzt zum Schluss kommen wollen. Mitunter kann dies sogar recht pedantisch wirken. Wir können die gewünschte Schlussstimmung auch erreichen, indem wir unseren Ausdruck steigern, verbal und nonverbal.

3. **Dank am Ende einer Rede?**

In Rhetorikseminaren wird öfter die Frage gestellt: *„Soll ich am Ende meines Auftritts den Zuhörern danken?"* In der rhetorischen Literatur wird dies im Allgemeinen verneint. Tatsächlich ist ein Dank an das Publikum von der Logik her unangebracht. Schließlich hat ja der Referent die Hauptarbeit geleistet. Er ist es, der die Rede entworfen und dann engagiert gehalten hat. Es ist also umgekehrt Sache des Publikums, dem Redner zu danken.

Hinzu kommt: Mit einem Dankeschön an die Besucher werte ich im Grunde meinen eigenen Vortrag ab. Ich danke allen für die Geduld, meinen langweiligen Ausführungen bis zum Schluss tapfer zugehört zu haben.

Dennoch sollten wir bei dieser Frage meiner Meinung nach nicht zu apodiktisch entscheiden. Ein kurzes *„Vielen Dank!"* am Schluss ist gerade bei öffentlichen Reden inzwischen allgemein üblich geworden. Auch bekundet der Redner damit eine gewisse Hochachtung seinem Publikum gegenüber, das die Höflichkeitsbezeugung durchaus zu schätzen weiß. Die Erfahrung zeigt nämlich: Die Dankesformel wirkt häufig wie ein Auslöser für den nachfolgenden Beifall.

Die Frage, ob etwas richtig oder falsch, zu empfehlen oder abzuraten ist, lässt sich in der Rhetorik nicht immer eindeutig bestimmen.

6.3 Abschließende Übungen

Anhand der nachfolgenden Themen können Sie sich in der Kunst der Meinungsrede üben. Achten Sie auf einen klaren Aufbau und eine überzeugende Argumentation! Beenden Sie Ihre Ausführungen mit einem Schlussappell!

- Sollte man nur noch vegetarisch essen?
- Sollte man Berufsboxen verbieten?
- Sollte man Kinder antiautoritär erziehen?
- Sind Frauen schlechtere (bessere) Vorgesetzte?
- Sollte man Gewaltfilme verbieten?
- Sollte man Tierversuche verbieten?
- Sollte der Staat mehr gegen die zunehmende Kriminalität tun?
- Sollten Zigarettenraucher höhere Krankenversicherungsbeiträge zahlen?
- Sollte man Rauchen gänzlich verbieten?
- Sollte man das Mindestalter für die Fahrerlaubnis von Autos von 18 auf 16 Jahre herabsetzen?
- Sollte man „harte" alkoholische Getränke ganz verbieten?
- Sollte man eine allgemeine Autobahngebühr einführen?
- Sollte man Tempo 100 als Höchstgeschwindigkeit auf Autobahnen einführen?
- Sind Frauen schlechtere (bessere) Autofahrer?
- Sollte man auch Frauen zum Wehrdienst verpflichten?
- Sollten auch Frauen zum katholischen Priesteramt zugelassen werden?
- Sollten auch katholische Priester heiraten dürfen?
- Sollte man einmal pro Monat einen autofreien Sonntag einführen?
- Sollte man Werbung verbieten?
- Sollte man den Beamtenstatus weitgehend abschaffen?
- Sollte man gegen Verkehrssünder härter vorgehen?

7 Die optimale Präsentation

> *„Der Mensch, ein Augenwesen, braucht das Bild."*
> *(Leonardo da Vinci)*
> *„Wer gut präsentiert, erleichtert seinen Gesprächspartnern das Zuhören."*
> *(Jürgen August Alt)*
> *„High-Tech hat nur da einen Platz, wo High-Tech auch Sinn hat".*
> *(Daniel Goeudevert)*

7.1 Neue Möglichkeiten durch Neue Medien

Die Rhetorik ist eine uralte Disziplin. Schon die Griechen und Römer in der Antike befassten sich eingehend mit den Regeln erfolgreicher Redekunst und die Rhetorik erlebte ihre erste große Blütezeit. Aber handelt es sich hier deshalb um ein totes Fachgebiet, in dem es nur noch Stillstand und keine weiteren Erkenntnisfortschritte gibt? Keineswegs! Zwar sind die Ziele, die ein Redner verfolgt, stets die gleichen geblieben: Er möchte seine Zuhörer mitreißen, überzeugen, ihnen eine Botschaft vermitteln, sie zu einem bestimmten Handeln auffordern etc. Aber das Wissen, welches die Rhetorik bereithält, um diese Ziele besser zu erreichen, erweitert sich permanent. Dabei kann sie maßgeblich auf die Forschungsresultate in anderen, zum Teil verwandten Wissenschaftsgebieten zurückgreifen. Denken wir an die Massenpsychologie, die unter anderem von Gustave Le Bon und Sigmund Freud entscheidend beeinflusst wurde oder an die Kommunikationspsychologie mit ihren bahnbrechenden Erkenntnissen im Bereich interaktiver Beziehungen.

Der stärkste Impuls rührt aber noch von einer ganz anderen Seite her. Auch die Rhetorik profitiert nachhaltig von den Segnungen des technischen Fortschritts. Gemeint sind hier in erster Linie die Neuen Medien und die modernen digitalen Präsentationsprogramme.

Wie würden Demosthenes, Cicero oder Mark Anton, ja selbst unsere Väter vor 30 oder 20 Jahren staunen, erlebten sie eine gekonnt inszenierte PowerPoint-Darbietung. Da erläutert der Firmenchef die komplexe Organisationsstruktur mit Hilfe übersichtlicher automatisierter Organigramme, der Bevölkerungswissenschaftler beschreibt die demographische Entwicklung anhand von animierten Alterspyramiden und der Verkaufsleiter veranschaulicht die jüngsten Umsatzzahlen durch Stabdiagramme, wobei sich die einzelnen Säulen, farblich voneinander abgesetzt, wie von selbst als Bewegungsfolie zu einem beeindruckenden Gesamtbild zusammenfügen. Kein Zweifel: Die digitale Revolution und der Einsatz multimedialer Techniken bieten dem Redner heute ganz andere Möglichkeiten, seinen Vortrag aussagekräftiger und wirkungsvoller zu gestalten.

Wer aber glaubt, der Redeerfolg sei dank der neuen Techniken geradezu vorprogrammiert, täuscht sich. Der Weg zur optimalen Präsentation ist vollgespickt mit Stolpersteinen und Fallgruben. Und wer nicht aufpasst, kann schnell darüber straucheln.

7.2 Häufige Pannen und Fehler bei einer Präsentation

Wir wollen im Folgenden beispielhaft einige in der Praxis immer wieder zu beobachtenden Pannen und Präsentationsfehler schildern.

Schon die bloße Technik und der Umgang mit ihr bergen etliche Tücken. Das gilt vor allem, wenn der Redner auf die Ausstattung des Veranstalters zurückgreifen muss. Nicht selten arbeitet letzterer mit einer anderen Programmversion, einer neueren oder älteren. Der Vortragende ist irritiert. Er vermisst die gewohnte Benutzeroberfläche und auch die Handhabung ist ihm gar nicht mehr so vertraut. Schon dies kann einen zusätzlichen Stressimpuls auslösen. Möglicherweise erlebt er aber noch weitere unliebsame Überraschungen. Plötzlich weicht die Hintergrundfarbe ab von derjenigen, die er zuvor ausgewählt hat, was eventuell die Lesbarkeit beeinträchtigt. Die mit großem Arbeitsaufwand erstellten Animationen funktionieren nicht. Und die wunderschönen Tonbeispiele, mit denen er seine Darbietung akustisch untermalen wollte, sind nicht abrufbar, weil die Apparatur nicht richtig eingestellt ist oder keine Lautsprecher vorhanden sind. Obendrein reagiert die Funkmaus nicht so recht auf seine wiederholten Klickversuche wegen zu schwacher Batterien.

Besonders kritisch wird es, wenn ein Redner in der Handhabung der Neuen Medien nicht so versiert ist. Immer wieder passiert z. B. folgendes Malheur. Aus Unachtsamkeit drückt der Sprecher gleich zweimal auf die Maustaste und die übernächste Folie erscheint. Aus dem kleinen Versehen macht er eine große Szene. Mit verlegener Miene bezichtigt er sich selbst der Schusseligkeit. Mitunter ist er auch so irritiert, dass er nicht gleich zur richtigen Folie zurückfindet. Es entsteht eine längere Kunstpause und der Redefluss ist unterbrochen.

Ein ähnlich gelagerter Fall ist dieser: Ein Zuhörer möchte eine Frage stellen zu einer früheren Folie. Wieder weiß der Redner nicht so recht, wie er dorthin gelangt. Er spricht laut mit sich selbst, lässt das Publikum teilhaben an seinen inneren Gefühlen. Aus Unkenntnis wählt er schließlich einen umständlichen Weg.

Aber auch wer die Technik eines Präsentationsprogramms wie PowerPoint beherrscht, ist vor Misserfolgen nicht gefeit. Denn: Technik allein ist nicht alles. Wie die Kenntnis der Rechtschreibung und Grammatik nicht automatisch einen guten Schriftsteller verbürgt, so wenig reicht das rein handwerklich-technische Wissen und Können aus, um als Meister der Rede und Präsentation gelten zu können. Viel wichtiger als technische Fähigkeiten ist die rhetorisch sinnvolle Umsetzung. Und hier hapert es bei vielen, wie uns die Praxis immer wieder lehrt.

Einer der größten Anfängerfehler besteht darin: Der Redner wählt für seine Präsentation häufig ein viel zu kleines Format für Schriftgrößen, Grafiken, Tabellen etc. Die Zuhörer fühlen sich überfordert, können den Folieninhalt nur mit Mühe oder gar nicht lesen. Sie sind verärgert und frustriert und hören möglicherweise gar nicht mehr richtig zu.

Nicht selten sind Präsentationen auch hoffnungslos „überladen". Der Referent erweckt den Eindruck, als wolle er den gesamten Inhalt seines Vortrags in einer einzigen Folie unterbringen. Das Publikum ist verwirrt. Vergebens sucht es Orientierung in einem Labyrinth von Daten, Fakten und Details.

Mitunter scheinen Redner jegliches Feingefühl für eine publikumswirksame Präsentation verloren zu haben. Sie blenden alles, was sie sagen wollen, als Volltext ein und lesen diesen auch noch wörtlich vor, mit dem Rücken zum Publikum.

Andere wiederum kümmern sich gar nicht weiter um die Folieninhalte. Sie verzichten auf jegliche Kommentierung. Sie lassen die Zuhörer vollkommen allein. Sollen diese doch selbst sehen, wie sie mit dem Dargebotenen zurechtkommen.

Überhaupt mangelt es oft an der optimalen Abstimmung zwischen dem, was der Redner sagt und was er einblendet. Der Grund liegt meist in der unzureichenden Kenntnis der Folienabfolge. Da spricht z. B. jemand über einen bestimmten Sachverhalt, blendet zur Veranschaulichung eine Folie ein, aber zu seiner Überraschung bezieht sich diese nicht auf den momentanen sondern den davor abgehandelten Themenpunkt. Er entschuldigt sich mit irgendwelchen Verlegenheitskommentaren und der Redefluss ist erst Mal unterbrochen.

Und noch eine Unart wollen wir unbedingt erwähnen. Manche Redner entpuppen sich als wahre Animationskünstler. Sie surfen durch das Präsentationsprogramm auf der Suche nach reißerischen Animationen. Texte werden spiralförmig eingeblendet, vollführen hüpfende Bewegungen oder beginnen zu rotieren, begleitet von allerlei akustischen Effekten wie Motor- und Lasergeräuschen, Kirchenglocken etc. Oft reichern sie ihre Show noch an durch skurrile, mitunter längst bekannte Cartoons aus dem PowerPoint ClipArt-Programm.

Die genannten Beispiele sollten uns zur Abschreckung dienen. Doch wodurch zeichnet sich eine optimale Präsentation aus? Mit diesem Punkt wollen wir uns im Folgenden noch etwas näher beschäftigen.

7.3 Tipps für eine optimale Präsentation

7.3.1 Vertraut sein mit der Technik unerlässlich

Wir haben gesehen, wie leicht bei der technischen Handhabung der Neuen Medien Probleme auftreten können. Als Redner sollten Sie aber nicht von der Technik beherrscht werden sondern die Technik beherrschen. Unsere erste Handlungsempfehlung lautet deshalb:

Minimieren Sie das Risiko technischer Pannen!

Überprüfen Sie vor Ihrem Redeauftritt die Geräteausstattung des Veranstalters auf deren Funktionsfähigkeit! Vergewissern Sie sich auch, ob eine Folienpräsentation in der von Ihnen gewünschten Form mit allen beabsichtigten Animationseffekten auf der vorhandenen Programmversion überhaupt möglich ist! Und treffen Sie Vorkehrungen gegen einen eventuellen Supergau, wenn die Technik einmal gänzlich versagen sollte! Halten Sie für diesen Notfall Folien bereit, die Sie auf einem herkömmlichen Tageslichtprojektor vorführen können! Und noch eins ist wichtig: Benutzen Sie Präsentationsprogramme wie PowerPoint nur dann, wenn Sie damit umgehen können! Üben Sie also so lange, bis Sie die nötige Routine erlangen! Das ist auch unter rhetorischen Aspekten von Vorteil. Ein Sprecher, der die Anwendung eines Programms nicht hinreichend beherrscht, fühlt sich unsicher, denkt zu sehr an das Technische, statt sich voll und ganz auf den Inhalt zu konzentrieren. Wie soll er so Spannung aufbauen und den Dialog mit den Zuhörern führen können? Lieber Verzicht auf den Einsatz Neuer Medien als ein stümperhafter Umgang.

Gehen wir jetzt einen Schritt weiter. Angenommen, Sie kennen sich mit PowerPoint aus, wissen wie man das Programm bedient. Wir sind uns bewusst, damit ist es nicht getan. Ihre eigentliche Bewährungsprobe als Redner steht erst noch bevor. Es geht darum, die modernen Techniken mit ihren vielfältigen Möglichkeiten in rhetorisch sinnvoller Weise einzusetzen.

7.3.2 Gute Lesbarkeit der Folieninhalte

Wer anderen etwas zeigen will, sollte darauf achten:

Die projizierten Inhalte müssen gut lesbar und erkennbar sein.

Das gilt für alle Zuhörer, auch die in den hinteren Reihen und solche, die nur über eine 80- oder 90%ige Sehkraft verfügen.

Im Allgemeinen empfiehlt sich folgendes Mindestformat für die Schriftgröße je nach Größe des Raumes und Entfernung zum Auditorium:

- bis 10 m   mind. 5 mm   = 18 Pt
- bis 15 m   mind. 10 mm   = 36 Pt
- bis 20 m   mind. 15 mm   = 54 Pt.

Wohlgemerkt: Es handelt sich hierbei um Mindestwerte. Keiner der Zuhörer nimmt es Ihnen übel, wenn Sie ein größeres Format verwenden.

Gut lesbar bedeutet zudem: Der Folieninhalt muss genügend mit dem gewählten Hintergrund kontrastieren. Das trifft auf alle Darstellungen zu, egal ob Texte, Bilder oder Grafiken. Verwenden Sie deshalb bei einem hellen Folienhintergrund eine dunkle, bei einem dunklen Hintergrund eine helle Schriftfarbe! Und achten

Sie darauf, dass die Lesbarkeit nicht durch Muster, Strukturen oder Marmorierungen im Hintergrundbild gestört wird!

7.3.3 Einheitliches Erscheinungsbild

Eine weitere wichtige Präsentationsregel lautet:

> Bemühen Sie sich um ein einheitliches Erscheinungsbild!

Eine Präsentation darf nicht unruhig wirken und sollte möglichst aus einem Guss sein.

Benutzen Sie daher im Allgemeinen nur eine Schriftart! Empfehlenswert ist eine serifenlose. Serifen sind die kleinen Abschlusshäkchen bei bestimmten Schrifttypen wie Times New Roman, in der etwa dieses Buch verfasst ist. Mit Serifen lassen sich längere Fließtexte gefälliger lesen. Bei Präsentationen geht es dagegen mehr um die plakative Darstellung von Kurzsätzen oder Stichworten. Dafür sind serifenlose Schriften wie Arial oder Verdana besser geeignet.

Gebrauchen Sie ferner in der Regel nur maximal drei Schriftgrößen pro Chart, eine für die Überschrift, eine für den Haupttext und eine für die Kopf- oder Fußzeile!

Auch bei anderen Gestaltungsmerkmalen sollten Sie auf Einheitlichkeit bedacht sein. Das gilt z. B. für den Folienhintergrund oder eventuelle Folienübergänge. Bestimmte, immer wieder verwendete Zeichen und Symbole wie Firmenlogos oder interaktive Schaltflächen müssen jeweils in Form und Farbe übereinstimmen und gehören stets an die gleiche Stelle. Und, wollen Sie etwas hervorheben, beschränken Sie sich auf eine Form, z. B. kursiv!

Hier noch ein Tipp für alle, die keine unnötige Zeit verlieren möchten. Sie können die angestrebte Einheitlichkeit leicht erreichen, ohne die jeweiligen Folien immer wieder neu zu bearbeiten. Sie bedienen sich einfach des sog. Folienmasters. Mit diesem lassen sich Voreinstellungen speichern und gelten dann automatisch für jeden neuen Chart.

7.3.4 Zurückhaltung bei Animationseffekten und Stimulanzien

PowerPoint ist ein faszinierendes Programm. Es macht Spaß, die zahlreichen Varianten der Animation auszuprobieren oder den ClipArt-Katalog nach skurrilen Bildern und Cartoons zu durchstöbern. Darin liegt aber auch eine große Gefahr. Oftmals versuchen Redner, im Übereifer oder zur Unterstreichung ihrer medialen Kompetenz, möglichst viele Effekte in ihre Präsentation einzubauen. Wir wollen hier daher als warnende Empfehlung aussprechen:

> Seien Sie zurückhaltend beim Einsatz von Animationseffekten und Stimulanzien!

Im Zweifel gilt: Weniger ist mehr. Dafür gibt es gute Gründe.

Der Sprecher erzeugt zunächst mit seiner Überfülle optischer Reize eine Art Kinoatmosphäre. Die Zuhörer lehnen sich bequem zurück und nehmen eine passive Konsumentenhaltung ein. Ihre Augen sind ausschließlich auf die Projektionsfläche gerichtet. Der Redner selbst steht im Abseits, liefert nur die verbalen Begleitworte. Eine Zweiweg-Kommunikation, ein lebendiger Dialog mit dem Publikum kann so nicht entstehen. Im Gegenteil: Statt aus den Zuhörern Teilnehmer zu machen, degradiert er sie zu Zuschauern und schließlich zu Tagträumern, die kaum noch etwas richtig aufnehmen.

Hinzu kommt: Durch das Feuerwerk glitzernder Animationen werden die Zuhörer eher abgelenkt. Sie konzentrieren sich nicht mehr auf das Wesentliche eines Vortrags, die inhaltliche Aussage. Der Redner kann daher seine Botschaft gar nicht richtig vermitteln.

Und noch eins wollen wir hier anmerken. Wenn Sie bestimmte Stimulanzien wie Bilder oder Cartoons verwenden, sollten diese möglichst originell sein und nicht abgedroschen. Wer kennt sie z. B. nicht, die Strichmännchen aus dem PowerPoint ClipArt-Programm, denen wir immer wieder begegnen, in Büchern, Einladungen, Aushängen etc., mal in dieser, mal in jener Pose. Längst vertraute Darstellungen wie diese wecken kein Interesse. Sie gleichen in ihrer Wirkung eher einem Witz, den man schon zigmal gehört hat.

7.3.5 Keine überladenen Folien

Will ich mit meiner Präsentation überzeugen, muss ich mir vorab einige wichtige Fragen stellen.
1. Welche Informationen gehören in eine Präsentation?
2. Wie viele Informationen darf ich auf einer einzigen Folie unterbringen?
3. Wie gebe ich Texte wieder (als Volltexte oder in Stichworten)?

Wir wollen uns im Folgenden mit den genannten Punkten etwas eingehender befassen.

Beginnen wir mit der Frage: Welche Informationen gehören in eine Präsentation? Generell können wir sagen: Eine Visualisierung macht dann Sinn, wenn sie eine Aussage anschaulicher und verständlicher macht und die Einprägsamkeit verstärkt. Geeignet sind daher in erster Linie Bilder und Grafiken wie z. B. Organigramme oder Diagramme. Halte ich z. B. eine Vorlesung über das komplizierte Thema der Volkswirtschaftlichen Gesamtrechnung in der Makroökonomie, empfiehlt es sich, die abstrakten Ausführungen durch Kreislaufschaubilder, Kontendarstellungen sowie Diagramme der verschiedensten Form wie Kurvendiagramme, Säulendiagramme, Kreisdiagramme, Punktdiagramme etc. visuell zu verdeutlichen.

Und wie verhält es sich mit reinen Textcharts? Viele Redner betrachten es offenbar als pädagogische Tugend, ihre verbalen Ausführungen und seien sie noch so belanglos in einer Textfolie festzuhalten: *„Ich bin eher ein visueller Typ und kann mir etwas viel besser merken, wenn ich es nicht nur höre sondern auch noch geschrieben sehe."* Außerdem verweist man gerne auf Nutzeffekte für den Redner selbst: *„Wenn ich Texte einblende, habe ich einen wunderschönen Leitfaden, an dem ich mich orientieren kann. Das gibt mir Sicherheit, und ich muss nicht befürchten, aus dem Konzept zu geraten."* Oder: *„Es ist doch angenehm, nicht so im Mittelpunkt zu stehen; ich fühle mich dann weniger beobachtet."*

Wer so argumentiert, übersieht allerdings mögliche Negativwirkungen bloßer Textdarstellungen:

Die optische Wiederholung eines gesprochenen Worts bietet zunächst keinen zusätzlichen Informationswert. Es wird nur gezeigt, was das Publikum ohnehin schon erfährt. Das ist auf Dauer eher langweilig und die Aufmerksamkeit schwindet. Fatal ist auch: Die Zuhörer konzentrieren sich immerzu auf den geschriebenen Text und halten keinen Blickkontakt zum Redner. Dieser isoliert sich selbst und blockiert den Weg zu einem wünschenswerten Dialog. Damit aber nicht genug: Ein Sprecher, der mit Vorliebe Textfolien einsetzt, neigt häufig dazu, die eingeblendeten Passagen wortgetreu wiederzugeben. Aus dem Redner wird ein Vorleser. Sein Sprechstil klingt papieren, die Sprechtechnik monoton und die Körpersprache fad und ausdrucksarm. Eine optimale Präsentation sieht anders aus.

Als Schlussfolgerung können wir hieraus ziehen:

> Seien Sie zurückhaltend bei reinen Textinformationen!

Eine wichtige Präsentationsregel lautet: Eine Präsentation ist nicht dann überzeugend, wenn Sie nichts mehr hinzufügen können, sondern erst, wenn man nichts mehr weglassen kann. Denn: Nichts ist zu wenig, was genügt!

Setzen Sie deshalb Textcharts nur in ganz bestimmten Fällen ein! Zur Visualisierung eignen sich dabei vor allem:

- die Gliederung
- der Titel der Folie
- bestimmte Aufzählungen und
- Kernaussagen (gegebenenfalls als Zusammenfassung).

Mit der Gliederung geben Sie dem Vortrag eine Struktur und dem Publikum eine optische Orientierungshilfe. Durch den Titel oder die Überschrift wird sofort das Motto einer Folie erkennbar. Aufzählungen erleichtern den Zuhörern die Übersicht über bestimmte Sachverhalte. Und durch die Zusammenfassung von Kernaussagen können Sie wichtige Aspekte nochmals besonders hervorheben.

Kommen wir jetzt zur Frage: Wie viele Informationen darf ich in einer einzigen Folie unterbringen? Eine pauschale Antwort, womöglich noch mit exakten Limitvorgaben, ist hier nicht möglich. Viel hängt ab von den näheren Umständen, etwa der Art des Vortrags, der Zusammensetzung des Publikums oder der Botschaft, die ich vermitteln möchte. Dennoch können wir grundsätzlich sagen: Eine Folie ist dann überladen, wenn der Zuhörer überfordert ist, d. h. die gebotenen Detailinformationen in der Kürze der Zeit gar nicht verarbeiten kann. Das passiert leicht, wenn z. B.

- in einer Folie mehrere Bilder oder Grafiken enthalten sind
- ein Bild oder eine Grafik viele Detailinformationen beinhaltet
- eine Textfolie von oben bis unten ohne Rand (womöglich in viel zu kleiner Schrift) vollgeschrieben ist und
- der Folieninhalt unstrukturiert dargeboten wird.

Um die Gefahr einer übergroßen Informationsdichte zu vermindern, gibt es eine einfache Handlungsmaxime. Wir wollen sie gleich als weitere wichtige Grundregel der Rhetorik formulieren:

> Verwenden Sie für jeden neuen Gedankengang eine eigene Folie!

Eine zusätzliche Möglichkeit, komplexere Inhalte transparenter zu gestalten, besteht darin, einzelne Aussagen einer Folie nacheinander einzublenden. Der Redner präsentiert den gesamten Folieninhalt also nicht auf einmal; er geht vielmehr sequentiell vor, vergleichbar der Abblendtechnik bei der traditionellen Overheadpräsentation. Diese Methode hat den Vorteil: Die Zuhörer konzentrieren sich auf das, was der Sprecher gerade ausführt. Alles Nachfolgende bleibt zunächst außen vor und lenkt das Publikum nicht unnötig ab. Eine solche schrittweise Darbietung von Informationen ist aber nur dann sinnvoll, wenn hierdurch der Gesamtzusammenhang nicht leidet. Außerdem sollte der Redner zu den einzelnen Punkten noch nähere Angaben machen. Die bloße Aufzählung von vielen Einzelpunkten in sequentieller Form hätte nur ein permanentes störendes Geklicke auf der Maustaste zur Folge und würde einen Vortrag unruhig machen.

Bleibt noch die dritte Frage: Wie stelle ich Texte in einer Folie dar? Benutze ich Volltexte oder beschränke ich mich auf Stichworte? Aus den bisherigen Ausführungen ergibt sich: Volltexte sind für eine Präsentation ungeeignet. Die Zuhörer sind zu lange mit Ablesen beschäftigt. Auch der Sprecher selbst läuft Gefahr den Inhalt wortwörtlich aufzusagen. Das widerspricht dem Charakter einer freien Rede und wirkt sich lähmend auf die ganze Vortragsweise aus. Für eine gelungene Präsentation kommen daher nur Stichworte in Frage. Allerdings darf der eingeblendete Text nicht so kurz sein, dass hierdurch der Sinn einer Aussage im Dunkeln bleibt. Eine Präsentation sollte erhellen und keine sprachlichen Rätsel aufgeben. Reihen Sie daher eventuell mehrere Stichworte aneinander, genau so viele wie nötig, damit der Zuhörer die Bedeutung mit einem Blick erfassen kann!

Als wichtige Präsentationsregel können wir festhalten:

Stellen Sie in einer Präsentation keine Volltexte dar!
Benutzen Sie stattdessen Stichworte!
Verwenden Sie genügend viele Stichworte, damit der Sinn einer Aussage sofort erkennbar wird!

Bei einer Präsentation wäre die Volltextdarstellung der obigen Regel allerdings ein Widerspruch in sich selbst.

Eine Wiedergabe mit Kurzstichworten sähe möglicherweise wie folgt aus:

Volltext
Stichworte
genügend viel Stichworte

Eine solche Darstellung wäre indes nicht ausreichend, um den Sinn sofort verständlich zu machen.

Vorzuziehen ist stattdessen die erweiterte Stichwortversion:

7.3 Tipps für eine optimale Präsentation

> keine Volltexte
> besser: Stichworte verwenden
> genügend Stichworte, damit Sinn verständlich

Der Zuhörer kann jetzt den Inhalt direkt erkennen, ohne lange lesen zu müssen.

7.3.6 Lebendiger Dialog mit dem Publikum

Einen Punkt habe ich bewusst noch aufgespart, der in der Praxis die größten Schwierigkeiten macht. Die hohe Kunst der Rhetorik besteht darin, mit den Zuhörern einen Dialog zu führen. Das ist aber gerade bei einer Präsentation alles andere als leicht. Denn: Zwischen den Vortragenden und das Publikum tritt nun ein Medium, die Projektionsfläche. Sobald der Redner eine Folie einblendet, sind die Augen der Anwesenden hierauf gerichtet und der Sprecher selbst steht im Abseits. Die Frage lautet daher: Wie schaffe ich es, auch unter den erschwerten Bedingungen einer Präsentation, mit dem Auditorium eine lebendige und permanente Zwiesprache zu führen?

Hierzu bieten sich eine Reihe von Mitteln und Möglichkeiten an. Zunächst einmal gilt es zu beachten: Wenn ein Redner etwas präsentiert, darf er die Zuhörer nicht allein lassen. Er muss sie bei der Hand nehmen, sie führen und ihnen eine Orientierung geben. Das heißt konkret: Er muss das Präsentierte näher erklären und verständlich machen. Wählen wir als Beispiel folgende Grafik:

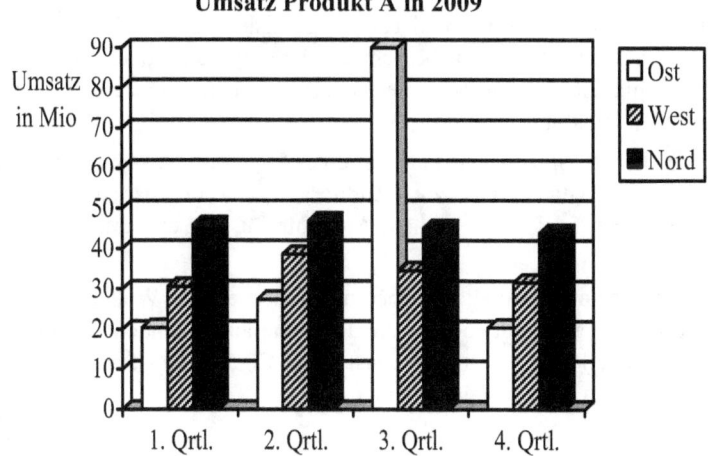

Bei solch komplexen Inhalten ist es zunächst einmal sinnvoll, eine kurze Pause einzulegen, damit die Zuhörer einen Blick darauf werfen können. Dann beginnen Sie mit Ihrer Erklärung, indem Sie mit einem Laserpointer oder einem mausgesteuerten Pfeil die Augen des Publikums zu der beschriebenen Stelle hinlenken: *„Meine Damen und Herren! Sie sehen hier die Umsatzentwicklung für das Produkt A in 2 009. Die Umsätze sind auf der senkrechten Achse abgebildet. Die Waagerechte ist die Zeitachse. Wir haben unsere Untersuchung nach drei Regionen gegliedert: Ost, West und Nord ..."*

Die Blicke der Zuhörer sind zwar jetzt von Ihnen abgewandt. Die Beziehung ist aber nicht abgebrochen. Denn Sie steuern Ihr Publikum, geben ihm Hilfen und Stützen und fordern es auf subtile Weise auf, Ihnen nachzufolgen.

Den Dialog mit Ihren Zuhörern können Sie aber noch viel direkter führen:

▶ Sie bauen Aufforderungssätze ein: *„Werfen wir gemeinsam einen Blick auf folgendes Schaubild! ..." „Sehen wir uns die Umsatzentwicklung in 2 009 etwas näher an! ..."* Formulierungen wie diese haben noch einen nützlichen Nebeneffekt. Sie können damit sehr schön eine neue Folie einleiten, d. h. für eine passende Überleitung sorgen. Ihr Vortrag wirkt dadurch fließender, runder und nicht so abgehackt.

▶ Sie verwenden rhetorische Fragen, also Fragen, die Sie selbst beantworten und das Publikum zum Mitdenken animieren: *„Warum ist die Entwicklung so ungünstig verlaufen? ..." „Wie könnten wir das Ergebnis weiter verbessern? ..."*

▶ Sie sprechen mögliche Gedanken der Zuhörer offen aus: *„Vielleicht sind Sie nun überrascht, enttäuscht, noch skeptisch ..." „Wahrscheinlich denken Sie an dieser Stelle ..." „Vermutlich überlegen Sie jetzt ..."*

Wir sehen: Ein Redner kann auch während einer Visualisierung den Kontakt zu seinem Publikum aufrechterhalten. Dazu braucht er allerdings ein hohes Maß an Empathie, d. h. die Fähigkeit, sich in das Innere der Zuhörer, ihre Gedanken und Empfindungen einfühlen zu können.

Ungeachtet dessen sollte der Sprecher, gerade bei einer Präsentation, bemüht sein, immer wieder den direkten Blickkontakt zum Auditorium, eine der stärksten Brücken im partnerschaftlichen Dialog, zu suchen. Auch hierfür gibt es verschiedene Möglichkeiten:

▶ Haben Sie z. B. gerade eine Folie besprochen und dauert es eine Weile, bis Sie zur nächsten kommen, empfiehlt es sich, die alte Folie auszublenden. Sie drücken einfach bei PowerPoint auf die Punkttaste oder fügen eine Leerfolie ein. Schon sind wieder alle Augen auf Sie gerichtet.

- Nutzen Sie die vielfältigen rhetorischen Mittel, um sich selbst mehr in den Mittelpunkt zu rücken! Streuen Sie z. B. eine Anekdote ein, die Sie unterhaltsam vortragen! Bringen Sie Vergleiche und ziehen Sie mögliche Parallelen! Oder: Fügen Sie Beispiele an, um Sachverhalte zu verdeutlichen!
- Auch in diesem Zusammenhang gilt: Seien Sie zurückhaltend mit reinen Textwiedergaben! Blenden Sie nur das Nötigste ein! Es muss genügend Spielraum vorhanden sein für eigene Kommentare. Die Devise lautet: Erläutern, erläutern, erläutern! Damit rücken Sie als Sprecher zwangsläufig wieder in den Vordergrund.

Halten wir abschließend als rhetorische Regel fest:

Führen Sie als Präsentator einen lebendigen Dialog mit den Zuhörern:
- Geben Sie bei komplexeren Folien wie z. B. Grafiken dem Publikum Orientierungshilfen!
- Pflegen Sie einen direkten Dialog, indem Sie Aufforderungssätze einbauen, rhetorische Fragen stellen und mögliche Gedanken der Zuhörer offen aussprechen!
- Bemühen Sie sich auch bei Präsentationen um direkten Blickkontakt:
  - Blenden Sie bereits besprochene Folien aus!
  - Reichern Sie den Vortrag an z. B. durch Anekdoten, Vergleiche, Beispiele!
  - Seien Sie zurückhaltend mit bloßen Textdarstellungen, und erläutern Sie Ihre Aussagen!

8 Die freie Rede

„Die Rede ist eine Zwiesprache, bei der einer spricht und die anderen hörend mitreden."
(Friedrich Naumann)

„Am meisten Vorbereitung kosten mich immer meine spontan gehaltenen, improvisierten Reden."
(Winston Churchill)

„Der Gedanke kommt beim Sprechen."
(Heinrich von Kleist)

In der Hochschulpraxis kann ich immer wieder Folgendes beobachten: Wenn Studenten ein Referat erstellen, sind sie oft mit großem Eifer bei der Sache. Sie führen eingehende Recherchen durch, setzen sich mit der betreffenden Fachliteratur auseinander und tragen alles sorgfältig zusammen. Auch mit der Textgestaltung geben sie sich meist große Mühe. Sie arbeiten mit der neuesten Software, verstehen zu formatieren, fügen Bilder und Grafiken ein etc. Was sie schließlich als schriftliche Vorlage abliefern, kann sich oft sehen lassen und erscheint, zumindest vom äußeren Bild her, mitunter recht professionell. Steht dagegen die Rede an, verhalten sie sich nicht selten amateurhaft, so als hätten sie von moderner Rhetorik noch nie etwas gehört.

Viele machen einen Fehler, der wohl zu den schlimmsten bei öffentlichen Reden gehört. Sie lesen den Text wortwörtlich ab. Damit verfallen sie automatisch ins **Schreibdenken**, d. h. sie benutzen einen Schreibstil und keinen Redestil. Der Vortrag klingt papieren und entartet unweigerlich zur Einweg-Kommunikation. Irgendwann schalten die Zuhörer ab. Sie reagieren so, wie wir dies vom alten Schülerspruch her kennen: „Alles schläft und einer spricht, so was nennt man Unterricht." Denken wir nochmals an den Satz von Friedrich Theodor Vischer:

„Eine Rede ist keine Schreibe."

Als Redner kann ich nur dann überzeugen, wenn ich frei spreche.

8.1 Was bedeutet „freies Sprechen"?

Bei einer freien Rede bereiten wir uns gründlich vor. Wir beschäftigen uns intensiv mit dem Stoffgebiet, legen exakt den Aufbau fest und sind uns bereits im Klaren über die Gedankenfolge. Wovor wir uns allerdings hüten: Wir schreiben nicht den gesamten Text nieder. Wir notieren uns lediglich **Stichworte**. Freies Reden ist also in erster Linie Sprechen nach Stichworten. Die konkrete Ausformulierung erfolgt erst an Ort und Stelle, im Augenblick des Vortrags. Bildhaft ausgedrückt: Das Rednerpult gleicht einer Werkstatt, in der der Redner eifrig hämmert und zimmert an seinem Sprachgebäude. Dabei arbeitet er nach genauen, ihm bestens vertrauten Planentwürfen, d. h.: **Was** er sagen will, weiß er längst. Nur **wie** er es sagen möchte, ist noch offen und seinem schöpferischen Wirken überlassen.

Normalerweise wird der Referent die Stichworte schriftlich festhalten, so dass er während der Rede gegebenenfalls einen Blick darauf werfen kann. Dies widerspricht keineswegs dem Charakter einer freien Rede.

Selbstverständlich kann der Redner auch gänzlich ohne schriftliche Aufzeichnungen sprechen. Nur muss er sich in diesem Falle das Stichwortkonzept vorher genau einprägen. Er verbindet dann die Stichworte zu einer Art Gedankenfilm, der an seinem geistigen Auge vorbeiläuft.

Dagegen können wir wohl nicht von einer freien Rede sprechen, wenn der Redner den Vortrag zunächst genau ausformuliert und erst anschließend sein Stichwortkonzept erstellt. Von einem solchen Vorgehen ist dringend abzuraten. Erfahrungsgemäß setzt der Sprecher während seiner Rede alles daran, sich an die ursprüngliche, wortgetreue Fassung zu erinnern.

Wir sehen also: Freies Sprechen hat mit wörtlicher Ausarbeitung nichts gemein. Es ist aber auch nicht unbedingt gleichzusetzen mit einer Stegreifrede. Letztere ist nur eine, in der Praxis eher seltener vorkommende, Variante der freien Rede. Wir halten sie, im Unterschied zur Stichwortrede, unvorbereitet. Der Begriff „Stegreif" leitet sich im Übrigen vom mittelhochdeutschen Wort „Stegereif" ab, auf hochdeutsch „Steigbügel". Berittene Boten überbrachten früher eilige Nachrichten oftmals aus dem Steigbügel, ohne vom Pferd abzusitzen.

Um frei sprechen zu können, müssen wir die Technik des **Sprechdenkens** beherrschen. Beim Sprechdenken verknüpfen wir Denken und Sprechen miteinander. Während wir einen Gedanken mitteilen und anscheinend ganz bei diesem sind, überlegen wir uns schon den nächsten. Unsere Aufmerksamkeit eilt also immer ein Stück voraus. Wir formulieren gewissermaßen innerlich vor.

8.2 Vorteile freien Sprechens

Welche Vorzüge hat freies Sprechen – darunter wollen wir im Folgenden vornehmlich die Stichwortrede verstehen – gegenüber einem wörtlich ausgearbeiteten Vortrag?

Zunächst einmal wirkt freies Sprechen **spontaner**. Die Zuhörer haben das Gefühl, die Entwicklung, den Geburtsvorgang der Gedanken unmittelbar mitzuerleben. Es entsteht nicht der Eindruck des „Seins", sondern des „Werdens". Oder, um es mit Heinz Lemmermann auszudrücken: *„Nie erstarrt die Rede zu endgültiger Prägung. Sie bleibt sozusagen im feurig-flüssigen Aggregatzustand."*

Freies Reden hat somit stets eine schöpferische Komponente. Der Redner kann improvisieren, spontane, situationsbedingte Eingebungen verarbeiten. Sein Denken beeinflusst nicht nur sein Sprechen, sein Sprechen umgekehrt auch das Denken. Mit anderen Worten: *„Reden ist das Hauptmittel nicht nur zur Gedankenmitteilung, sondern auch zur Gedankenentwicklung. Die Rede klettert an ihren eigenen Worten in die Höhe."* (Dessoir)

Freies Sprechen hat aber noch einen weiteren wesentlichen Vorteil: Nur so kann ich die gewünschte dialogische Stimmung herstellen. Überzeugend reden heißt ja nicht zu den Menschen sprechen, sondern **mit** ihnen. Der Redner muss daher wie durch einen unsichtbaren Stromkreis in ständigem Kontakt stehen zu den Übrigen. Er motiviert sie, sie motivieren ihn. Es ist ein permanentes, wechselseitiges Geben und Nehmen, eine lebendige Zweiweg-Kommunikation, bei der nicht nur das Publikum hörend mitredet. Auch der Redner selbst gewinnt Auftrieb *„durch die Worte der laut mitdenkenden und widertönenden Partner"* (Maximilian Weller).

Diesen Dialog können wir zusätzlich auf der zweiten Sprachebene fortsetzen, der der **non**verbalen Kommunikation. Anders als beim wortgetreuen Vortrag kann der Redner beim freien Sprechen, von einigen kurzen Kontrollblicken in das Stichwortkonzept abgesehen, jederzeit Blickkontakt mit seinen Zuhörern halten.

8.3 Vorbehalte gegen freies Sprechen unbegründet

Wenn ich Teilnehmer in Rhetorikseminaren auf die Vorzüge der freien Rede hinweise, passiert etwas Merkwürdiges. Viele äußern sich zustimmend, entweder mit Worten, oder sie nicken bestätigend mit dem Kopf. Halten sie dagegen im späteren Seminarverlauf eine Rede vor der Gruppe, schreiben wieder alle den gesamten Text Wort für Wort nieder. Die meisten scheinen skeptisch zu sein. Im Ernstfall handeln sie lieber nach der Devise: Nur keine Experimente, bloß nicht abweichen vom gewohnten Verhalten. Spreche ich sie auf diese Inkongruenz an, zeigt sich: Offenbar gibt es einige tief verwurzelte Vorbehalte. Es sind vor allem zwei Bedenken, die in diesem Zusammenhang immer wieder genannt werden:

Nicht wenige haben Angst, beim freien Sprechen den Faden zu verlieren und zwischendrin stecken zu bleiben.

Diese Furcht ist indes völlig unbegründet. Im Gegenteil. Die Gefahr stecken zu bleiben ist bei wörtlicher Ausarbeitung weit größer. Solche Pannen können hier nämlich leicht passieren, z. B. wenn etwas Unvorhergesehenes dazwischen kommt. Ein Zuhörer stellt eine Zwischenfrage, der Redner überschlägt irrtümlich eine Seite etc. Schon ist er möglicherweise aus dem Konzept und tut sich schwer, wieder zu der betreffenden Textpassage zurückzufinden.

Der Reichspräsident von Hindenburg pflegte seine Rede vom Blatt abzulesen. Dabei geschah einmal Folgendes: Am Schluss seiner Rede ließ Hindenburg sein deutsches Vaterland hochleben.
„Unser geliebtes deutsches Vaterland, es lebe hoch – hoch –"
Hier war die Seite zu Ende.
Pause – Der Reichspräsident blätterte in seinen Unterlagen und rief dann „hoch!" (das dritte hoch).

Bei einer freien Rede hätte dies nicht passieren können. Sollte der Sprecher wirklich einmal ins Stocken kommen, hat er ein Auffangnetz: sein Stichwortkonzept. Damit ist er gegen mögliche Notfälle jederzeit gesichert.

Der **zweite** Einwand wiegt dagegen schon etwas schwerer. „Wenn ich", so wird argumentiert, „die gesamte Rede bis ins Einzelne niederschreibe, habe ich Zeit und

8.3 Vorbehalte gegen freies Sprechen unbegründet

Muße, exakt, treffend und geschliffen zu formulieren. Gerade als Stilist und Sprachästhet werde ich daher der Komplettversion stets den Vorzug geben. Beim freien Sprechen hingegen muss ich auf die Schnelle, ohne lange Denkpausen, meine Gedanken in Worte auskleiden. Das geht zu Lasten des Sprechstils. Nicht immer finde ich die passenden Begriffe; grammatikalische Fehler schleichen sich ein. Mitunter muss ich sogar einen Satz neu beginnen, weil ich mittendrin merke, dass ich ihn so nicht zu Ende führen kann. Wegen der ständigen Suche nach dem geeigneten Ausdruck entstehen unnötige Kunstpausen. Der ganze Vortrag klingt dadurch holprig und stockend. Es fehlt der rechte Sprechfluss, die Suada, ohne die eine überzeugende Rhetorik gar nicht möglich ist."

So einleuchtend diese Begründung auch immer erscheinen mag; sie basiert dennoch auf einem Missverständnis. Es wird unterstellt, der mündliche Vortrag müsse ebenso perfekt und geschliffen formuliert sein wie das geschriebene Wort. Abgesehen von bestimmten offiziellen Reden wie z. B. bei Staatsakten oder herausgehobenen Festlichkeiten, bei denen es auf die letzten Feinheiten der Wortwahl ankommt, sind aber die Ansprüche an ein gewähltes Deutsch nicht so hoch wie bei Schreibtexten. Als Redner können wir unbesorgt sein. Wir brauchen gar nicht so zu sprechen wie gedruckt. Bei einer Rede geht es nicht so sehr um die letzte sprachliche Vollkommenheit. Weit wichtiger sind die lebendige, zeitnahe Formulierung, die schöpferische Kraft des Augenblicks, Postulate also, denen wir nur bei der freien Rede genügen können. Auch kleinere sprachliche Unebenheiten sind durchaus erlaubt. *„Es kommt auf ein Wärzchen nicht an, wenn nur der Satz rote Backen hat." (F. Th. Vischer)*

Die Erfahrung zeigt im Übrigen: Die Zuhörer nehmen es gar nicht übel, wenn der Redner das passende Wort nicht gleich parat hat und mit der treffenden Bezeichnung ringt. Im Gegenteil: Möglicherweise beteiligen sie sich sogar an diesem Suchspiel und formulieren innerlich mit.

Natürlich darf uns die freie Rede nicht als Ausrede dienen für sprechstilistische Schlampereien. Auch hier sollten wir uns um einen guten Redestil bemühen. Und das eine schließt das andere nicht aus. Besonders schöne und griffige Wendungen, Bilder, Vergleiche, Beispiele, all das können wir ja, wenn wir wollen, in unserem Stichwortkonzept festhalten.

Auch darf der Referent beim freien Vortrag nicht so stockend sprechen, dass der Redefluss darunter leidet. Dagegen gibt es ein wirksames Mittel. Der im Sprechdenken weniger geübte, erhöht einfach die Zahl der Stichwörter. Wir können, wenn nötig, durchaus viele Stichworte notieren. Entscheidend ist nur: Es dürfen keine ganzen Sätze sein. Das spontane Element muss stets gewahrt bleiben.

Wenn wir unsicher sind, wie viele Stichwörter wir benötigen, können wir auch Folgendes machen: Wir schreiben auf die linke Seite wenige, auf die rechte Seite viele

Stichwörter. Je nach Bedarf können wir uns dann an der einen oder der anderen Hälfte orientieren.

Aber schauen wir uns doch überhaupt einmal näher an, wie unser Stichwortkonzept zweckmäßigerweise aussehen könnte.

8.4 Aufbau eines Stichwortkonzepts

Bei kürzeren Reden haben sich in der Praxis Stichwortzettel oder besser Stichwortkärtchen im Format DIN-A5 oder DIN-A6 bewährt.

Dabei ist es vorteilhaft und zweckmäßig, wenn wir

- Karteikarten nur einseitig beschriften
- groß und deutlich schreiben
- besonders wichtige Stichworte farbig markieren oder sonst wie hervorheben durch Unterstreichungen, Einrahmungen etc.
- Zitate, Anekdoten, Statistiken und ähnliches gesondert festhalten, da sie meist mehr Platz benötigen und die Übersichtlichkeit sonst verloren ginge
- die Karteikärtchen durchnummerieren.

Bei längeren Reden können wir statt Stichwortkärtchen, die schnell zu einem unhandlichen Stapel anwachsen, auch ein DIN-A4 Blatt oder, falls erforderlich, mehrere benutzen.

Wichtig beim Stichwortkonzept ist zudem eine übersichtliche Gliederung. Der Redner hat hier die Wahl zwischen verschiedenen Möglichkeiten.

Sehr beliebt ist z. B. folgender Ordnungsrahmen:

Einleitung
Hauptteil
    Teil 1
    Teil 2
    Teil 3
    etc.
Schluss

Benutze ich ein DIN-A4-Blatt, kann ich dieses entsprechend in einzelne Quadranten aufteilen.

8.4 Aufbau eines Stichwortkonzepts

Einleitung	
Hauptteil Teil 1	Teil 3
Teil 2	
	Schluss

Denkbar ist auch eine Unterteilung nach **Haupt- und Nebenpunkten**.

Hauptpunkte   **Nebenpunkte**

Andere Redner wiederum bevorzugen die **Treppenform**. Die Gedankenfolge verläuft hier von links nach rechts von den Hauptgedanken hin zu den jeweiligen Untergedanken.

Für welches Ordnungskonzept wir uns auch immer entscheiden. Maßgeblich ist, es muss unserem Redegebäude zu jener Klarheit und Transparenz verhelfen, die wir brauchen, um uns im Ernstfall schnell und problemlos zurechtzufinden und alle möglichen Klippen sicher zu meistern.

Abschließend noch ein nützlicher Hinweis: Auch bei der Fertigung von Stichwortkonzepten können die modernen Präsentationsprogramme wie z. B. PowerPoint hilfreich sein. Haben Sie eine Präsentation vorbereitet mit Bild-, Grafik- und Textfolien, drucken Sie einfach Ihr Stichwortkonzept aus mit dem Befehl *Datei Drucken Gliederungsansicht*. Wichtig ist dabei, die einzelnen Charts mit einer Überschrift zu versehen. Ebenso können Sie, falls gewünscht, auf elektronischem Wege Handzettel erstellen oder Notizenseiten, die nur Informationen enthalten, die für Sie als Redner selbst bestimmt sind.

Formulieren wir noch unsere rhetorische Grundregel für dieses Kapitel. Sie lautet:

Sprechen Sie möglichst frei!
Frei reden bedeutet in der Regel sprechen nach Stichworten.
Erstellen Sie ein klar gegliedertes und durchdachtes Stichwortkonzept – auf Karteikärtchen oder DIN-A4-Blättern!
Formulieren Sie Ihre Sätze erst während des Vortrags konkret aus!
Üben Sie sich zu diesem Zweck in der Technik des Sprechdenkens!

8.5 Übungen

Die anschließenden Übungen sollen vor allem das Sprechdenken schulen.

1. Lesen Sie Texte z. B. aus einem Buch oder einer Zeitschrift laut vor! Versuchen Sie, während Sie sprechen, mit Ihrer Konzentration immer etwas vorauszueilen und blitzschnell den jeweils folgenden Gedanken zu erfassen! Dies versetzt Sie in die Lage, sinnbetont zu lesen.
2. Lesen Sie hin und wieder Kommentare aus Tages- oder Wochenzeitungen, und geben Sie den Inhalt wieder!
3. Wie in Übung 2. Nehmen Sie aber noch persönlich Stellung hierzu!

9 Steckenbleiben

„Wovor einer Angst hat, daran wird er sterben."
(Spanisches Sprichwort)

*„Wie komm ich am besten den Berg hinan?
Steig nur hinauf und denk' nicht dran!"*
(Friedrich Nietzsche)

Für einen Redner gibt es wohl keinen größeren Alptraum als stecken zu bleiben. Wir kennen dieses Angstgefühl von frühester Schulzeit an, als wir zum ersten Mal ein Gedicht vor der Klasse aufsagen mussten. Seitdem lässt es uns nicht mehr los.

Man stelle sich vor, Sie halten eine Festrede vor hunderten geladener Gäste. Alle Blicke sind auf Sie gerichtet. Plötzlich geschieht's. Sie wissen nicht mehr weiter – Funkstille. Krampfhaft versuchen Sie, den Anschluss zu finden, vergebens. Ein letzter hilfloser Blick in die Menge und schon ist alles aus. Mittendrin brechen Sie ab und schleichen von dannen, begleitet vom schadenfrohen Gelächter des Publikums. Wer so etwas jemals erlebt hat, weiß, wie dem Redner in solch einem Moment zu Mute ist. Er steht wie unter Schockwirkung, kommt sich klein und erbärmlich vor und möchte voller Scham am liebsten im Erdboden versinken.

Wundert es da noch, wenn Steckenbleiben im allgemeinen Bewusstsein als die rhetorische Katastrophe schlechthin gilt. Schauen wir allerdings näher hin, verliert dieses Phänomen viel von seinem Schrecken. So ist Steckenbleiben nicht so sehr Ausdruck rednerischen Unvermögens, wie viele irrtümlich annehmen. Es ist gar nichts Außergewöhnliches und kann jedem passieren, selbst dem besten Stegreifredner. Auch mit Intelligenz hat es nichts zu tun. Den wenigsten dürfte bekannt sein: Selbst Goethe blieb während einer Rede einmal stecken, als er die Ilmenauer Bergwerke wieder eröffnete. Auf dem anschließenden Bankett bewies er allerdings große Geistesgegenwart. Ein ihm übel gesonnener Kammerherr sprach ihn auf den Vorfall an und meinte, das müsse für den Dichter wohl schrecklich gewesen sein. *„Das stimmt"*, entgegnete Goethe, *„ich fühlte eine so völlige Leere in meinem Kopf, dass ich im Augenblick allen Ernstes glaubte, ich sei ein Kammerherr."*

Lloyd George hielt in Wales eine Wahlrede in einem überfüllten Saal. Plötzlich machte er mitten im Satz eine Kunstpause, zeigte mit der rechten Hand in die Ge-

gend und schwieg zehn Sekunden, bevor er seine Rede fortsetzte. Nach der Ansprache kam einer der Parteifunktionäre begeistert zu ihm und sagte: *„Eine so wirkungsvolle Pause habe ich noch nie in einer Rede erlebt. Kein Mensch wusste, was kommen würde."* Lloyd George antwortete: *„Ich auch nicht."*

Wie diese Anekdote zeigt, ist es gar nicht so schlimm stecken zu bleiben. Man muss sich nur zu helfen wissen. Genau damit wollen wir uns im Folgenden näher befassen. Wir unterscheiden hierbei zwischen vier Formen des Steckenbleibens, abgestuft nach steigenden Schweregraden.

9.1 Formen des Steckenbleibens

9.1.1 Der richtige Ausdruck fällt uns nicht ein

Sicher ist es jedem von uns schon so ergangen: Wir suchen nach einem treffenden Wort. Es liegt uns förmlich auf der Zunge, aber wir kommen einfach nicht darauf. Schon dies ist eine Form des Steckenbleibens, wenn auch eine vergleichsweise harmlose.

Wie sollen wir uns verhalten?

Wir können z. B. Zeit gewinnen durch überbrückende Redewendungen:

„Wie kann ich es treffend formulieren?"

Oder:

„Hier den richtigen Ausdruck zu finden, ist gar nicht so leicht."

Das verschafft uns nicht nur etwas Luft. Es ist auch pädagogisch geschickt. Wir aktivieren unsere Zuhörer, regen sie zum Mitdenken an.

Sollte uns das passende Wort dann immer noch nicht einfallen, können wir ruhig einmal ein weniger treffendes gebrauchen. Wir wissen ja: Bei einer Rede kommt es nicht unbedingt immer auf die letzte geschliffene Formulierung an.

Für den äußersten Notfall steht dem Redner im Übrigen noch folgender Fluchtweg offen. Ganz kaltschnäuzig und gelassen wendet er sich an das Publikum:

„Im Augenblick fehlt mir der richtige Ausdruck, aber Sie wissen eh, was gemeint ist."

Damit suggeriert er: Sollte ich nur eine Sekunde nachdenken, käme ich natürlich sofort darauf, aber die Mühe lohnt nicht. Allen im Saale ist ja ohnehin klar, worum es geht.

9.1.2 Verunglückte Satzformulierungen

Wir beginnen einen Satz, aber plötzlich merken wir, so können wir ihn nicht zu Ende führen. Er könnte leicht missverstanden werden, ergäbe so vielleicht auch gar keinen Sinn. Erneut haben wir es mit einer Variante des Steckenbleibens zu tun, denn der ursprünglich eingeschlagene Weg erweist sich als Sackgasse.

Wie können wir uns jetzt helfen?

Ganz einfach: Wir brechen den verunglückten Satz mittendrin ab, etwa mit der Bemerkung:

„Nein, lassen Sie es mich besser formulieren!"

Oder:

„Nein, ich möchte es präziser ausdrücken!"

Das alles muss wie selbstverständlich klingen, als wäre es die natürlichste Sache der Welt. Wir dürfen also die Angelegenheit nicht unnötig hochspielen, uns eventuell sogar Selbstvorwürfe machen, begleitet noch von allerlei Gebärden der Verlegenheit.

„Mein Gott, was rede ich denn da bloß für dummes Zeug!"

Nicht so! Denn, wie meist in kritischen Situationen, benötige ich auch hier einen kühlen Kopf und eine gute Portion Selbstsicherheit. Ja, vielleicht könnte ich an dieser Stelle gar etwas flunkern:

*„Nein, lassen Sie es mich **noch** besser ausdrücken!"*

Niemand kann ja Gedanken lesen. Daher weiß auch keiner, dass wir als Redner gerade auf dem Holzweg waren. Wir machen aus der Not eine Tugend und geben unserem geschätzten Publikum zu verstehen: „Was ich schon bisher sagen wollte, war vernünftig und durchdacht. Aber das genügt mir nicht. Für einen Perfektionisten wie mich ist nur das Beste gut genug."

Natürlich geht dies nicht immer. Sage ich z. B.: *„Meine Damen und Herren, ich bin für die Apartheid in Südafrika",* kann ich mich nicht einfach korrigieren: *„Nein lassen Sie es mich noch besser ausdrücken, ich bin **gegen** die Apartheid."* Es kommt also auf den jeweiligen Sinnzusammenhang an. Je vager meine bisherige Formulierung, je weniger ich mich festgelegt habe, desto weiter ist mein rhetorischer Gestaltungsspielraum, und desto größer sind meine Chancen, problemlos und unauffällig die Dilemmasituation zu meistern.

9.1.3 Der Redner verliert den roten Faden

Auf unserer Stufenleiter des Steckenbleibens steigen wir jetzt gleich mehrere Sprossen nach oben. Wir wissen überhaupt nicht mehr, was wir sagen wollten. Der „Film ist gerissen", die Gedankenbrücke unterbrochen.

Die Gefahr des Absturzes wird nun immer größer. Was nun?

Zunächst einmal können wir eine Redepause einlegen. Aber vielleicht machen wir das ja ohnehin, zwangsläufig. Denken wir an Lloyd George. In der Zwischenzeit können wir unsere Gedanken sammeln und versuchen, den Anschluss wieder zu finden. Das Fatale ist bloß: Die wenigsten dürften die Kaltschnäuzigkeit eines Lloyd George besitzen, dem offenbar selbst eine zehnsekündige Pause nichts ausmachte, wie seine eindrucksvolle Gestik unterstreicht. Die meisten schaffen es nicht einmal ansatzweise, in dieser brenzligen Situation Ruhe zu bewahren. Sobald sie merken, der Faden ist gerissen, verlieren sie den Kopf und brechen regelrecht in Panikstimmung aus. Mit ihrem unkontrollierten Verhalten aber machen sie ihre Lage nur noch schlimmer. Sie gleichen damit jenen unglückseligen Schwimmern, die in einen Strudel geraten und durch ihre krampfhaften Rettungsversuche den eigenen Untergang beschleunigen.

Was aber, wenn ich trotz allen Bemühens, selbst bei Einschub einer Denkpause, den Anschluss einfach nicht mehr finde? Hier gibt es ein wirksames Rezept. Lassen wir davon ab, fieberhaft nach dem roten Faden zu suchen. Die Brücke nach vorn ist uns momentan versperrt. Dagegen ist es ein Leichtes, die Brücke nach hinten zu schlagen. Da, wo wir herkamen, ist der Weg noch frei. Das verschafft uns zunächst wieder etwas Manövrierspielraum:

„Meine Damen und Herren!
Lassen Sie mich den letzten Satz wiederholen, er scheint mir sehr wichtig zu sein."
Oder:
„Ich möchte an dieser Stelle noch mal den Kerngedanken hervorheben."
Oder:
„Ich möchte kurz zusammenfassen."

Wir haben jetzt nicht nur Zeit gewonnen. Meist finden wir im Kontext mit den bisherigen Gedankengängen auch wieder den passenden Anschluss nach vorne. Sollte uns dies nicht gelingen, können wir immer noch zum nächsten Stichwort übergehen. Das führt uns dann zu einem neuen Gedankenkreis. Meist bemerken unsere Zuhörer den Sprung überhaupt nicht. Sie haben ja keine Ahnung, was wir ursprünglich sagen wollten.

Und was ist, wenn wir mitten in einem Satz plötzlich den roten Faden verlieren? Die Lösung liegt auf der Hand. Wir kombinieren einfach die zuvor empfohlenen Handlungsmöglichkeiten. Wir brechen also ab und fahren fort:

"Lassen Sie es mich anders formulieren. Zuvor möchte ich aber noch einmal den letzten Punkt hervorheben, weil er mir besonders wichtig erscheint."

Letzteres wollen wir jetzt tun: Halten wir als weitere rhetorische Grundregel fest:

Sollte der gedankliche Film gerissen sein, suchen Sie nicht krampfhaft nach dem roten Faden!
Schlagen Sie die Brücke nach hinten und wiederholen Sie eine bereits getätigte Äußerung!

9.1.4 Totaler Blackout

Wenn wir vom Steckenbleiben sprechen, müssen wir auch den äußersten Störfall, den rhetorischen Supergau einbeziehen: Der Redner erleidet einen völligen Blackout. Er ist mit einem Male gänzlich von der Rolle, weiß weder vor noch zurück.

Und jetzt? Ist hier nicht alles zu spät?

Keineswegs. Auch auf solche Grenzsituationen können wir uns vorbereiten.

Wir halten z. B. eigens für den größten Notfall Kärtchen bereit mit einer Anekdote oder einem Witz.

"Eben fällt mir eine lustige Begebenheit ein."

Auf das Kärtchen können wir dabei auch verzichten. Allerdings sollten wir uns dann die Geschichte besonders gut eingeprägt haben, wir müssen sie quasi im Schlaf aufsagen können. Denn kaum etwas wäre fataler, als z. B. mitten in einem Witz stecken zu bleiben, wenn alle gespannt auf die Pointe warten.

Ist ein Tageslichtprojektor vorhanden, kann ich auch eine Folie auflegen, z. B. mit einem Schaubild, einem Zitat etc. Als Pannenhilfen eignen sich besonders „neutrale Texte", d. h. solche, die möglichst an jede Stelle des Vortrags passen. Statt lange nach Worten zu suchen, bauen wir also geschickt eine optische Demonstration ein.

Zugleich lenken wir die Blicke der Zuhörer von uns weg hin zu der Projektionsfläche. Keiner merkt etwas von unserer momentanen Verlegenheit.

Wenn alle Stricke reißen, können wir immer noch zu einem letzten Rettungsanker greifen:

„Finden Sie nicht auch, dass die Luft ein wenig stickig ist?"
„Sollten wir nicht besser die Fenster ein wenig öffnen?"
„Meine Damen und Herren! Was halten Sie von einer Kaffeepause?"

In diesem Zusammenhang erinnere ich mich an ein eigenes Erlebnis. Als Referent für Weiterbildung musste ich zum ersten Mal als Begrüßungsredner ein Seminar eröffnen. Ich verfügte damals noch über wenig Redeerfahrung. Erschwerend kam hinzu: Unter den Anwesenden befand sich mein unmittelbarer Vorgesetzter, der mit kritischer Neugier meinen Auftritt verfolgte. Voller Lampenfieber trat ich vor das Publikum:

„Meine sehr geehrten Damen und Herren! Herzlich willkommen zu unserem Seminar." Plötzlich spürte ich, wie es in meinem Gehirn ganz dunkel und leer wurde. Ich wusste nicht mehr, was ich sagen wollte. Eine Katastrophe bahnte sich an. Da, im letzten Moment kam mir ein rettender Einfall. Mit besorgter Miene schaute ich zum Fenster hinüber:

„Meine Damen und Herren, ist denn überhaupt die Klimaanlage eingeschaltet?"
Instinktiv machte ich sogar einige Schritte auf letztere zu. War es der hierdurch bedingte Adrenalinabbau oder auch nur einfach der Zeitgewinn, bald hatte ich meine kleine Schwäche überwunden und brachte meine Begrüßungsrede reibungslos zu Ende. Keiner der Zuhörer hatte offenbar etwas bemerkt und vom Abteilungsleiter gab es sogar ein dickes Kompliment.

Übrigens: Wer vor Studenten eine Vorlesung hält, hat noch weitere Möglichkeiten. Sollte jemand stecken bleiben, kann er sich z. B. direkt an das Auditorium wenden:

„Meine Damen und Herren, wenn Ihnen etwas unklar ist, fragen Sie! Haben Sie keine falsche Scheu! Ich kann Ihnen zwar nicht garantieren, alles sofort beantworten zu können, aber ich verspreche Ihnen: Ich bleibe Ihnen keine Antwort schuldig."

Gerate ich bei einem bestimmten Thema so ins Schleudern, dass ich weder ein noch aus weiß und einen schlimmen Einbruch befürchten muss, kann ich die Flucht nach vorn ergreifen:

„Meine Damen und Herren, wie ich sehe, gibt es momentan bei Ihnen noch einige Verständnisprobleme. Das sollte Sie aber nicht weiter verdrießen. Lassen Sie uns zunächst doch einfach folgende Thematik näher ansprechen. Ich komme dann später gerne wieder auf den jetzigen Gegenstand zurück. Sie werden sehen, manche Frage, die sich jetzt noch auftut, wird sich dann ganz von selbst erledigt haben."

In einer für ihn prekären Situation pocht der Dozent hier auf seinen Wissens- und Erfahrungsvorsprung und auf seine pädagogische Kompetenz. Wieso sollten die Zuhörer, die sich in der Materie doch gar nicht so auskennen, annehmen, dass es sich bei diesem Vorgehen um einen rhetorischen Trick handelt? Ist es denn nicht tatsächlich mitunter pädagogisch viel geschickter, einen Sachverhalt erst einmal zurückzustellen, einen anderen Punkt vorzuziehen, um dann später unter dem erweiterten Blickwinkel abermals die alte Thematik aufzugreifen? Freilich darf man das taktische Spiel nicht überreizen. Nur allzu schnell werde ich dann von meinen Zuhörern durchschaut. Ich selbst kannte während meiner Studentenzeit einen Professor, dem besagtes Verhalten offenbar zur Routine geworden war. Jedes Mal, wenn er eine Frage nicht beantworten konnte, drängte er sie beiseite mit dem Hinweis: *„Lassen Sie mich später noch einmal darauf zurückkommen"*, was aber meistens nicht der Fall war. Schon bald wurde der Professor von den studentischen Zuhörern nicht mehr ernst genommen. Fuhr er seine Standardformel auf, bekundeten sie ihren Unmut mit Gelächter und einem deutlich wahrnehmbaren Stöhnen.

9.2 Der Kreislauf der Selbsterfüllung

Wollen wir abschließend noch ein merkwürdiges Phänomen ansprechen, das gerade für das Steckenbleiben typisch zu sein scheint. Immer wieder berichten Redner: *„Als ich mich auf meinen Auftritt vorbereitete, kam mir stets an einer bestimmten Stelle die Befürchtung, ‚hier bleibst du stecken‘, und so kam es denn hinterher auch."* Oder: *„Während meines Vortrags musste ich plötzlich daran denken, ‚hoffentlich bleibst du jetzt nicht stecken‘. Und schon war es passiert."* Unwillkürlich kommt uns das Sprichwort in den Sinn: *„Wovor jemand Angst hat, das wird geschehen."* In diesem Fall können wir sogar durchaus von einer Kausalbeziehung sprechen. Weil ich mich davor fürchte, bleibe ich stecken. Einer solchen scheinbar paradoxen Verhaltensweise begegnen wir häufig im Alltagsleben. Besonders eindrucksvolle Belege liefert aber gerade die öffentliche Rede.

In Rhetorikschulungen lasse ich die Teilnehmer regelmäßig einen fremden Text vorlesen. Das Ergebnis ist oft niederschmetternd. Einige erinnern fatal an Erstklässler. Sie reden abgehackt, versprechen sich andauernd. Dabei können sie es unter normalen Umständen weit besser, wenn sie z. B. abends ihren Kindern eine Gutenachtgeschichte vorlesen. Und warum klappt es im Redeseminar nicht? Ein möglicher Grund ist das Bestreben, es besonders gut zu machen bzw. die Angst, sich zu blamieren.

In Extremform begegnen wir diesem Phänomen beim Stotterer. Stotternde Menschen können phasenweise flüssig sprechen, wenn sie innerlich gelöst und unverkrampft sind. Stehen sie jedoch unter Anspannung, fallen sie sofort wieder in ihr altes Leiden zurück.

Angst als maßgeblicher Auslöser für eine Wirkung, die wiederum die Ursache des Angstgefühls ist. Ein wahrhaft verhängnisvoller Kreislauf. Da gleicht der Redner einem Seiltänzer. Solange ich mich nicht fürchte, läuft alles bestens, denke ich dagegen voller Bange an den schrecklichen Abgrund, werde ich unsicher und stürze ab.

Jetzt sehen wir auch, weshalb wir uns in diesem Kapitel so ausführlich Gedanken gemacht haben über mögliche Verhaltensweisen für den Fall des Steckenbleibens. Wer für Notfälle gerüstet ist, sich dort zu helfen weiß, geht mit einem anderen, weit ruhigeren Gefühl ans Rednerpult. Dann tritt aber die Situation meist erst gar nicht ein, wovor sich der Ängstliche so fürchtet. Diesmal handelt es sich um einen positiven Wirkungskreislauf. Anders ausgedrückt: Weil ich keine Angst davor habe, bleibe ich nicht so schnell stecken. Das Bewusstsein, über ausreichende Pannenhilfen zu verfügen, bewirkt, dass ich diese Mittel in der Regel überhaupt nicht anzuwenden brauche.

9.3 Übung

Die folgende Übung soll dazu dienen, Notfallreaktionen bewusst zu trainieren:

Lesen Sie ab und an den Kommentar einer Zeitung und versuchen Sie, den Inhalt wiederzugeben! Da der Text für Sie weitgehend neu ist, passiert es schnell einmal, zwischendurch stecken zu bleiben. Denken Sie dabei vor allem daran, wenn der Weg nach vorne blockiert ist, die Brücke nach hinten zu schlagen! Wiederholen Sie dann den letzten Satz bzw. einen Kerngedanken, oder fassen Sie kurz zusammen!

10 Redeangst und Lampenfieber

„Wo ist der Redner, der im Augenblick, da er spricht, nicht gefühlt hätte, wie sich sein Haar sträubte und sein Gebein erstarrt?"
(Marcus Tullius Cicero)

„Einen Satz trag' in den Ohren: Wer sich aufregt, hat verloren."
(Karl-Heinz Söhler)

„Der Gestresste fühlt sich wie ein Karpfen im Hechtteich."
(Gerhard Uhlenbruck)

„Das menschliche Hirn ist eine großartige Sache. Es funktioniert vom Augenblick der Geburt bis zu dem Zeitpunkt, wo du aufstehst, eine Rede zu halten" (Mark Twain). Was Twain hier anspricht, ist das berüchtigte Lampenfieber und seine möglichen Folgen. Und damit kommen wir nun zu einer der schlimmsten Geißeln der Rhetorik. Wie viele Sprecher haben sich schon durch übergroße Redeangst selbst um den Erfolg gebracht? Andere wiederum versuchen es erst gar nicht. Die Redehemmung steigert sich bei ihnen zum seelischen Trauma, zur Neurose. Nichts kann sie bewegen, jemals öffentlich vor einer Gruppe zu sprechen. Für sie gleicht das Rednerpult einer Hinrichtungsstätte, wo den Redner wahre Höllenqualen erwarten.

Tatsächlich gehört die Redefurcht mit zu den größten und weitest verbreiteten sozialen Ängsten überhaupt. Lampenfieber bei einem Vortrag hat praktisch jeder, selbst der Profi, der Schauspieler und der noch so Redebegabte. Die meist bei Laien anzutreffende Vorstellung, er allein habe Redeangst, alle anderen aber nicht, ist völlig abwegig. Ich selbst kenne Kollegen im Hochschulbereich, die unmittelbar zu Beginn eines neuen Vorlesungssemesters nachts vor lauter Lampenfieber so gut wie kein Auge zutun und mit Darmbeschwerden zu kämpfen haben. Wir haben also allen Grund, uns dieses merkwürdige Angstphänomen etwas näher anzusehen.

10.1 Was geschieht in unserem Innern beim Lampenfieber?

Wenn wir öffentlich reden, befinden wir uns in einer Stresssituation. Was Stress ist, haben wir alle schon selbst erfahren. Wir befinden uns, allgemein gesagt, in einem Spannungszustand, ausgelöst durch bestimmte Reize: Stressfaktoren oder Stressoren. Was viele nicht wissen: Stress kann durchaus gutartig und beglückend sein, z. B. wenn wir eine geliebte Person leidenschaftlich umarmen, ganz aufgeregt den nahen Urlaubsfreuden entgegensehen etc. Wir sprechen dann vom sog. **Eustress**. Meist ist Stress aber bösartig und krankmachend (**Dy**stress). Überall lauern negative Stressoren: Leid, Enttäuschung, Hetze, Schreck, Furcht etc. So ist ein handfester Ehekrach ebenso Dystress wie z. B. die Angst, eine Rede halten zu müssen.

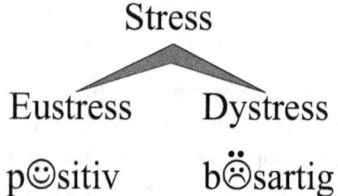

Wie reagiert nun unser Körper in einer typischen Dystresssituation? Zunächst einmal werden die besagten Stressreize über unsere Sinnesorgane an unser Gehirn weitergeleitet. Mit einem Male wird uns bewusst: Wir befinden uns in einem Zustand der Gefahr. Diese Erkenntnis löst Angstemotionen aus im **Hypothalamus**, einem Teil unseres Zwischenhirns. Die Angstemotionen wiederum werden an die **Hypophyse**, d. h. die Hirnanhangdrüse gemeldet. Die Hypophyse regt nachgeschaltete Drüsen, insbesondere die **Nebennierenrinde** an, bestimmte Hormone auszuschütten, nämlich **Adrenalin** und **Noradrenalin**. Diese berüchtigten Stresshormone gelangen in den Blutkreislauf. „Der Adrenalinspiegel steigt", wie es im Volksmund so schön heißt. Dort entfalten sie eine sofortige Wirkung:

- Die **Zusammensetzung** des Blutes ändert sich: Die Fett- und Zuckerreserven im Blut werden mobilisiert.
  Sinn: Bei Verletzungen gerinnt das Blut schneller.
- Die **Verteilung** des Blutes ändert sich: Das Blut fließt aus Haut und Eingeweiden verstärkt den Muskelregionen zu.
  Sinn: Die Muskelanspannung steigt.
- Der **Blutdruck** nimmt zu. Unser Herz schlägt schneller und wir atmen häufiger.
  Sinn: Der Körper wird rascher mit Sauerstoff versorgt.

Mit anderen Worten: Unser Körper befindet sich in Alarmbereitschaft. Wir sind zu Höchstleistungen fähig, körperlich und geistig. Die Stresssituation versetzt uns in einen Zustand gespannter Aufmerksamkeit. Das ganze komplexe Wirkungsgeschehen vollzieht sich schlagartig, in Bruchteilen von Sekunden.

Wenn wir uns jetzt körperlich betätigen, ist alles gut. Der Reaktionsablauf erfolgt sozusagen programmgemäß. Wir bauen die Stresshormone ab, die zusätzlich bereitgestellten Energiereserven werden verbraucht. Was aber, wenn nicht? Dann gelangen Adrenalin und Noradrenalin über die Blutbahn ins Gehirn. Dort bewirken sie möglicherweise eine Katastrophe.

Unser Gehirn ist bekanntlich ein hochkompliziertes Gebilde. Es besteht aus ca. 15 Mrd. Nervenzellen, die miteinander verknüpft sind durch – im voll ausgereiften Zustand – rund 500 Billionen „Schalter", den sog. **Synapsen**. Bereits kurz nach der Geburt sind alle Gehirnzellen vorhanden. Trotzdem ist die Leistungsfähigkeit des Gehirns noch stark eingeschränkt. Der Grund: Die Verknüpfung der Nervenzellen ist unvollständig. Während der Kindheit entstehen unzählige neue Synapsen, so dass das Netzwerk allmählich immer dichter wird. Bei einem entwickelten Gehirn schließlich können an einer einzigen Nervenzelle bis zu 10 000 Synapsen auftreten.

Setzen wir unsere Wirkungsanalyse fort. Die Stresshormone haben also unsere Gehirnzellen erreicht. Was passiert? Die erhöhte Zufuhr von Adrenalin und Noradrenalin beeinträchtigt die Leitfähigkeit der Synapsen. Fatale Folge: Die Informationen, die nach wie vor alle gespeichert und vorhanden sind, können wir nicht mehr so schnell abrufen. Ja, im Extremfall kann es sogar zur vollständigen Denkblockade, zum Blackout, kommen.

So steht dann der Redegehemmte vor seinem Publikum: Körperlich strotzend vor Kraft wie weiland Herkules beim Kampf mit dem Löwen, aber geistig zurückgeworfen auf den Entwicklungszustand eines Kleinkindes. Zu alledem gesellen sich noch die gefürchteten Symptome des Lampenfiebers: Wir fangen an zu schwitzen, bekommen feuchte Hände, die Knie werden weich, das Herz pocht, der Puls rast, und in der Magengegend verspüren wir das bekannte flaue Gefühl. Auch stimmtechnisch haben wir unsere liebe Not. Die Angst schnürt uns förmlich die Kehle zu (Angst leitet sich ab von „eng"). Der Mund scheint wie ausgetrocknet, es bleibt uns gewissermaßen „die Spucke weg". Die Zunge klebt am Gaumen fest. Unsere Stimme beginnt zu zittern. Wir sprechen undeutlich, verschlucken Anfangs- und Endsilben, versprechen uns. Unser Redeauftritt wird zu einem einzigen Martyrium.

10.2 Warum reagieren wir so in Stresssituationen?

An dieser Stelle drängt sich uns die Frage auf: Wie kommt es zu einem solch merkwürdigen Reaktionsablauf? Handelt es sich hier um einen genetisch vorprogrammierten Verhaltensfehler? Fast scheint es so. Doch sollten wir den Sachverhalt differenzierter sehen. Notfallreaktionen, wie sie in bedrohlicher Lage nach stets gleichem Muster in oben beschriebener Form ablaufen, können durchaus sinnvoll sein und ursprünglich waren sie es ganz sicherlich. Über Jahrtausende hinweg kam ihnen sogar eine – mitunter lebenssichernde – Schutz- und Rettungsfunktion zu. Angenommen, einer unserer Ur-Ur-Vorfahren in grauer Vorzeit begegnete im Wald einer wilden Bestie. Da galt es rasch zu handeln. Die Alternative lautete: Kampf oder Flucht. Und darauf stellte sich der Organismus schlagartig ein. Gefordert waren jetzt Kraft, Stärke und allerhöchste Leistungsfähigkeit.

Wir sehen also: Die Ausschüttung der Stresshormone soll unseren Körper fit machen für große Belastungen und ist daher in solchen Fällen äußerst nützlich. Allerdings sind die heutigen Stresssituationen meist ganz andere. Wir geraten morgens in einen Verkehrsstau und kommen zu spät zur Arbeit. Danach gibt es Ärger mit dem Chef. Schließlich müssen wir auch noch eine Rede halten usw. Wieder erleben wir die typischen Notfallreaktionen, d. h. die Wirkung der Stressoren ist die gleiche wie im Beispiel unseres Steinzeitmenschen. Die Fett- und Zuckerreserven werden aktiviert, der Blutdruck schnellt hoch etc. Doch machen diese Abläufe jetzt keinen Sinn. Körperliche Höchstleistungen sind bei den meisten Stresssituationen nicht mehr gefragt. Wollen wir etwa unsere Probleme mit dem Chef handgreiflich austragen? Daher können wir die zusätzlichen Energien oft überhaupt nicht verarbeiten. Auf einmal zeigen sich die Stresshormone von ihrer heimtückischen Seite. Zu viel Adrenalin beeinträchtigt die Gehirnleistung und kann beim Redner, wie geschildert, zur Denkblockade führen. Ja, der Stress und die hierdurch induzierte Impulskette entwickeln sich sogar immer mehr zu einem der gefährlichsten Krankmacher unserer Zeit. Das gilt vor allem für den Dauerstress, bei dem Geist und Seele überhaupt nicht mehr zur Ruhe kommen. Es besteht keine Möglichkeit, die Stressschlacken abzubauen. Sie lagern sich immer weiter an wie die Abfallstoffe auf unseren Mülldeponien und wirken auf den Organismus wie ein schleichendes Gift. Die Folgen reichen von dauerhaft überhöhten Fett- und Zuckerwerten im Blutspiegel, über anhaltenden Bluthochdruck bis hin zu den berüchtigten Herzbeschwerden.

Wir wissen nun, wie wir in Stresssituationen reagieren, was in unserem Innern abläuft. Wir haben auch erfahren, warum wir uns so verhalten. Noch offen ist aber, warum gerade eine öffentliche Rede uns so viel Stress bereitet.

10.3 Warum empfinden wir eine Rede als stressauslösenden Faktor?

Als Schlüssel zum besseren Verständnis mag uns auch hier wieder ein Blick in die menschliche Entwicklungsgeschichte dienen. In der Urzeit, als das Zusammenleben der Menschen noch in weniger geordneten Bahnen verlief, war die Zugehörigkeit zu einer Gruppe für den Einzelnen von geradezu existentieller Bedeutung. Nur die Gemeinschaft gewährte ihm Schutz und Sicherheit. Entfernte er sich einmal von seiner Horde, war dies äußerst gefährlich. Begegnete er z. B. einem fremden Klan, war er ihm ohnmächtig ausgeliefert. Er musste befürchten, erschlagen zu werden.

Diese Urängste sind bis heute erhalten geblieben, wenn wir uns allein einer Gruppe von fremden Menschen gegenübersehen. Das gilt ebenso für die öffentliche Rede. Da stehen wir nun einsam und isoliert vor unseren Zuhören, wie am Pranger, den forschenden, abtastenden Blicken ausgesetzt. Wir brauchen zwar nicht mehr um unser Leben zu bangen, aber auch so fühlen wir uns von dieser schrecklichen Ansammlung von Menschen bedroht.

Hinzu kommt speziell bei der öffentlichen Rede ein weiteres Angstmoment, die Furcht, sich zu blamieren, den Erwartungen nicht zu genügen. Was ist, wenn ich Zwischenfragen nicht beantworten kann, mittendrin stecken bleibe, niemand zuhört, man sich am Ende gar lustig über mich macht? Dieses Angstgefühl, es den Zuhörern nicht recht zu machen, ist dabei erfahrungsgemäß dann besonders groß, wenn wir meinen, nicht genügend vorbereitet zu sein, oder wenn wir uns – wie bei Menschen mit schwachem Selbstbewusstsein – für keinen guten Redner halten.

Das Ausmaß unseres Lampenfiebers hängt zudem davon ab, vor wem wir sprechen. Im Allgemeinen können wir sagen: Je größer, je hochrangiger und je fremder der Zuhörerkreis, desto größer unsere Redehemmungen. Letzteres gilt allerdings nicht uneingeschränkt. Mitunter steigert sich meine Beklemmnis, wenn ich vor einem mir wohlbekannten Auditorium rede, z. B. Verwandten, Freunden oder Arbeitskollegen. Die Angst zu versagen, sich zu blamieren, kann unter solchen Umständen sogar noch größer sein.

Wenden wir uns aber jetzt der Frage zu, die uns als Redner am meisten interessiert: Was können wir gegen zu große Sprechhemmungen tun?

10.4 Wie können wir unser Lampenfieber vermindern?

Unsere Ausführungen machen deutlich: Ein Zuviel an Lampenfieber bringt jeden Redner um den gewünschten Erfolg. Wir wollen uns daher intensiv damit beschäftigen, wie wir diesem Übel abhelfen können. Bevor wir indes konkrete Maßnahmen aufzeigen, wollen wir die Messlatte zunächst einmal etwas tiefer legen.

Viele Redner träumen davon, völlig ohne Lampenfieber zu sprechen. So ehrgeizig brauchen wir aber nicht zu sein, ja, es wäre nicht einmal wünschenswert. Ganz ohne Lampenfieber wirkt ein Redner schnell fade, desinteressiert und überheblich. Ein leichtes „Kribbeln" hingegen stimuliert, feuert das Großhirn an zu gespannter Aufmerksamkeit und ist für eine lebendige Sprechweise unerlässlich.

Wohlgemerkt: „Ein wenig", aber auch nicht mehr. Greifen wir daher unsere Ausgangsfrage wieder auf: Wie können wir unsere Redehemmungen unter Kontrolle bringen?

Ein Patentrezept existiert nicht. Doch brauche ich deshalb nicht zu verzagen. Es gibt schon eine Reihe möglicher Gegenmittel. Nur muss ich selbst erproben, welche davon gerade für mich, für meine individuelle Person besonders geeignet und wirkungsvoll sind. Die folgenden Vorschläge sind deshalb bewusst als Menü konzipiert. Ihnen selbst ist es überlassen, daraus eine eigene, persönlichkeitsadäquate Strategie zusammenzustellen.

10.4.1 Keine Angst vor einer großen Zuhörerschar

Wir wissen: Im Lampenfieber kommt zum Teil ein archaisches Angstgefühl zum Vorschein, die Furcht, allein einer fremden Gruppe hilflos ausgeliefert zu sein. Aber ist die Situation wirklich so dramatisch? Geht von der Masse tatsächlich eine solche Bedrohung aus, wie es den Anschein hat?

Hören wir doch einmal, was Sokrates hierzu meint. Der große Philosoph versuchte, seinen Schüler Alkibiades zu beruhigen:

„Du fürchtest dich also, vor einer großen Menschengruppe zu reden. Würdest du dich dann wohl fürchten, vor einem Schuhmacher zu reden?"
„O nein!"
„Oder würde dich ein Kupferschmied befangen machen?"
„Durchaus nicht!"
„Aber ein Kaufmann würde dich wohl in Schrecken setzen?"
„Ebenso wenig!"

10.4 Wie können wir unser Lampenfieber vermindern?

„Aber aus solchen Leuten setzt sich doch das athenische Volk zusammen. Wenn du die einzelnen nicht fürchtest, warum willst du sie insgesamt fürchten?"
Im Prinzip hat Sokrates Recht. Ganz so einfach ist die Sache allerdings nicht. Die Summe der Einzelpersonen ergibt nämlich noch lange nicht die Gesamtheit. Muss ich als Redner die Masse also doch fürchten? Das wäre der falsche Rückschluss. Eher ist das Gegenteil zutreffend: Je größer das Publikum, desto einfacher hat es normalerweise der Redner. Es ist z. B. ein merklicher Unterschied, ob ich eine Vorlesung halte vor hunderten Studenten oder vor einer Kleingruppe spreche. Die Masse ist meist sehr viel träger. Der Einzelne geht in der Anonymität der Menschenansammlung völlig unter. Zwischenfragen werden in der Regel erst gar nicht gestellt, und wenn doch, entwickelt sich hieraus höchst selten ein längerer Disput. Wir sehen also: Nicht nur der Redner allein fühlt oftmals Beklemmungen angesichts des großen Auditoriums, auch die Zuhörer selbst trauen sich kaum, als Einzelner hervorzutreten.[43] Ganz anders dagegen die Atmosphäre in einem kleineren Kreis. Die Teilnehmer sind sehr viel aktiver, fragen sofort, wenn sie etwas nicht verstanden haben, intervenieren bei logischen Ungereimtheiten oder sonstigen Schwachstellen. Auch als Dozent bin ich dann anders gefordert. Ich muss hellwach und stets voll konzentriert sein.

Halten wir fest: Das Angstgefühl gerade vor größeren Gruppen ist oft irrational. Meist steht es in keiner Relation zur wirklichen Bedrohung. Schon dieses Bewusstsein kann uns eine Stütze sein. Es sollte uns helfen, die Redesituation fortan gelassener zu sehen.

10.4.2 Keine übertriebenen Erwartungen an sich selbst

Lampenfieber ist, wie dargelegt, in hohem Maße Angst vor der Blamage. Viele schüren diese Furcht noch, indem sie sich einreden: *„Ich **muss** alles perfekt machen, mein Vortrag muss eine Meisterleistung sein."* Sie stellen übergroße Erwartungen an sich selbst. Läuft es nicht immer nach dieser Idealvorstellung, kommen sie sich gleich als Versager vor. *„Was halten die nur jetzt von mir?"*
Eine solche Einstellung ist gleich in zweifacher Hinsicht unangemessen.
Zum einen denkt der Redner zu ichbezogen. Er rückt sich selbst in den Mittelpunkt, ist zu sehr mit seiner eigenen Person beschäftigt. Die Zuhörer aber haben meist ganz andere Sorgen. Sie leben in ihrer Welt, und machen sich im Allgemeinen recht wenig Gedanken über den Sprecher.

---

[43] Allerdings ist bei großem Publikum der Geräuschpegel i. d. R. höher.

Zum anderen setzt sich der Redner damit selbst unnötig unter Druck. Das Publikum erwartet aber gar keine Wunderdinge. Es ist in der Regel sehr genügsam. Schon mit mittelmäßigen Ausführungen können wir es leicht zufrieden stellen. Kleinere Patzer, z. B. Versprecher oder grammatikalische Unrichtigkeiten nehmen viele nicht einmal wahr. Solche Schönheitsfehler brauchen wir daher normalerweise gar nicht zu verbessern, das hieße zu viel Aufhebens machen. Schrauben wir die Ansprüche an uns selbst also nicht zu hoch.

Das gilt im Übrigen nicht nur für die öffentliche Rede, sondern auch für andere Kommunikationsformen, z. B. bei Gesprächen und Diskussionen. Gar mancher hat Hemmungen, sich zu Wort zu melden, weil er annimmt, er habe nichts Wichtiges beizusteuern. Natürlich wollen wir hier nicht zum hirnlosen Gefasel ermuntern. Aber muss es denn wirklich immer die letzte hintergründige Weisheit sein? Die Zuhörer erwarten das überhaupt nicht. Und: Vielleicht liefert ja gerade dieser scheinbar triviale Beitrag nützliche Anregungen für das weitere Gespräch.

Noch auf einen anderen Punkt will ich in diesem Zusammenhang aufmerksam machen. Die meisten halten Lampenfieber für etwas Minderwertiges, für eine Schwäche. Sie genieren sich vor den anderen und vor sich selbst. Dahinter verbirgt sich die vielerorts genährte Klischeevorstellung, wie wir sie z. B. von zahlreichen Spielfilmen kennen: *"Der Held verspürt keine Angst. Selbst in den bedrohlichsten Situationen agiert er gelassen und kaltblütig."*

Auch bei diesem Trugschluss handelt es sich letztlich wieder um falsch verstandenen Perfektionismus. Wir setzen uns damit nur unnötig unter Druck. Es ist ganz natürlich, wenn ich in schwieriger Lage Gefühle zeige. Das gilt gleichermaßen für die öffentliche Rede. Lampenfieber ist hier die natürlichste Sache der Welt. Es signalisiert: Ich nehme mein Anliegen und meine Zuhörer ernst. Tröstlich ist zudem: Ich weiß, den anderen Menschen geht es ebenso. Ich bin keine Ausnahme, sondern verhalte mich völlig normal. Wir sollten also die ganze Angelegenheit nicht überdramatisieren und uns in eine Hysterie hineinsteigen.

Das trifft auch für das Folgende zu. Nicht wenige fürchten, man könnte ihnen ihr Lampenfieber anmerken. Zur Redehemmung kommt dann noch ein weiteres Angstmoment hinzu, die Angst vor der Entdeckung der Angst. Sie meinen, wenn die Zuhörer sie durchschauen, ihre wirkliche Gefühlslage erkennen, einen Autoritätsverlust zu erleiden. Und wahrhaftig: *Gleichen wir als Redner denn nicht einem Dompteur in der Löwenmanege? Tritt dieser ängstlich und verzagt auf, muss er bekanntlich mit dem Schlimmsten rechnen. Ist die öffentliche Rede nicht ebenfalls eine Art Kampfspiel, bei dem der Sprecher unermüdlich seine Zuhörer belagert – ihre Ratio wie auch das Gefühl – sie führt und lenkt, vorbei an sämtlichen Widerständen und Zwei-*

10.4 Wie können wir unser Lampenfieber vermindern?

feln, um am Ende alle für sich und seine Sache zu gewinnen? Dass er hierbei unerschrocken und mit Festigkeit zu Werke gehen muss, versteht sich fast von selbst. Dem ist sicherlich zuzustimmen. Doch dürfen wir deshalb wirklich keine Gefühle zeigen, müssen wir unsere Ängste mit aller Gewalt zu unterdrücken versuchen? Zugegeben: Das Auditorium kann sehr grausam sein, vor allem wenn ich es durch psychologisch ungeschicktes Verhalten emotional gegen mich aufgebracht habe, oder wenn ich mich ausgesprochenen Meinungsgegnern gegenübersehe. Im Allgemeinen sind die Zuhörer einem Redner aber viel wohlgesonnener als vielfach angenommen wird. Das Publikum hat z. B. in der Regel durchaus Verständnis für eine gewisse anfängliche Nervosität des Sprechers und reißt ihm deshalb nicht gerade den Kopf ab. Schließlich können die meisten gut nachfühlen, wie ihnen in gleicher Situation zu Mute wäre. In Rhetorikseminaren erlebe ich es sogar regelmäßig: Teilnehmer, die bei ihren Statements vor der Gruppe ihre Beklemmnis kaum verbergen können und dies auch offen einräumen, sind dadurch bei den Übrigen nicht automatisch „durchgefallen". Im Gegenteil: Mitunter gewinnen sie deswegen sogar zusätzliche Sympathiepunkte.

Was aber noch viel beruhigender ist: Normalerweise sehen wir einem Sprecher sein Lampenfieber überhaupt nicht an. Als Redner glauben wir zwar immer: Wenn das Herz pocht, der Puls rast und unsere Knie zittern, das müsse jeder gleich merken. Dieser subjektive Eindruck ist jedoch falsch, von Fällen extremer Redehemmung einmal abgesehen. Auch dies ist eine Erfahrung aus zahlreichen Weiterbildungsveranstaltungen. So bitte ich die Teilnehmer des Seminars „Selbstsicherheitstraining" am Anfang, wenn sich noch niemand kennt, nach vorne zu treten und sich dort der Gruppe vorzustellen. Alle räumen hinterher freimütig ein, mehr oder minder aufgeregt gewesen zu sein. Überrascht nehmen sie dann zur Kenntnis, wenn die Übrigen in schöner Regelmäßigkeit bestätigen, davon habe man nichts bemerkt.

Die Furcht, die anderen könnten uns die Redehemmungen ansehen, ist also in den meisten Fällen unbegründet. Auch diese Erkenntnis sollte uns mehr Sicherheit geben. Wenn wir schon Lampenfieber verspüren, sollten wir nicht noch zusätzliche Ängste schüren durch irrige Annahmen und Vorstellungen.

10.4.3 Sich gründlich vorbereiten

Seminarbesucher teilen immer wieder mit: *„Solange ich gut informiert bin, fühle ich mich relativ sicher, falls aber nicht, bin ich nervös und verkrampft."* Wenn dem so ist, gibt es ein wirksames Mittel zur Bekämpfung des Lampenfiebers. Wir müssen uns so gründlich wie nur möglich auf unsere Rede vorbereiten. Stoff und Thema sollten wir beherrschen. Das bedeutet zugleich: Es genügt nicht, nur das zu wissen, was wir sagen wollen. Sonst werden wir bei Zwischenfragen allzu leicht auf dem falschen Fuß erwischt. Wir müssen uns vielmehr überschüssig präparieren. Als Faustgröße kann uns dienen: Wir sollten mindestens doppelt soviel an Kenntnissen besitzen, wie wir bei unserem Vortrag offenbaren.

Das ist auch psychologisch wichtig. Es gibt mir das beruhigende Gefühl: Ich bin hier der Experte. Mir kann keiner etwas. Dann kann ich mit einer ganz anderen Festigkeit auftreten.

10.4.4 Die rhetorischen Fertigkeiten verbessern

Das Bewusstsein, fachlich kompetent und überlegen zu sein, gibt mir zwar von dieser Seite her Sicherheit. Dennoch kann ich mich als Sprecher unsicher fühlen. Das ist z. B. dann der Fall, wenn ich mich selbst für einen schlechten Redner halte. Eine wesentliche Ursache des Lampenfiebers ist also hier das mangelnde Vertrauen in die eigene rhetorische Geschicklichkeit. Daraus folgt: Wer sein Lampenfieber abbauen möchte, tut gut daran, sich in der Kunst der Rede zu schulen. Auch unter diesem Aspekt ist es also sinnvoll, seine rhetorischen Fertigkeiten zu trainieren.

Verbessern wir unseren Sprechstil, die Sprechtechnik, d. h. den Stimmeinsatz und die Modulation, üben wir uns im Sprechdenken usw.! All dies stärkt unser Selbstbewusstsein. Wir wissen dann: Nicht nur fachlich haben wir etwas zu bieten, wir können auch als Redner überzeugen. Wieder einmal zeigt sich: Rhetorikschulung ist mehr als die Vermittlung bloßer Techniken. Sie hilft zudem, unsere Persönlichkeit zu stabilisieren. Denken wir nochmals an unseren bereits zitierten Spruch: *„Die Gabe, reden zu können, gibt einem ein unvergleichliches Gefühl der Stärke."*

10.4.5 Sooft wie möglich öffentlich sprechen

Ängste entwickeln wir vor allem in ungewohnten Situationen. Das gilt auch für Reden und Vorträge. Letzteres kann aber nur heißen: Wenn wir unser Lampenfieber bekämpfen wollen, müssen wir sooft wie möglich vor anderen Menschen öffentlich sprechen. Erfahrungsgemäß sinkt die Lampenfieberkurve stetig mit wachsender Redepraxis. Der Volksmund drückt das so aus: *„Tue, was du fürchtest! Die Angst stirbt einen sicheren Tod."*

10.4 Wie können wir unser Lampenfieber vermindern?

Das Therapierezept ist also einfach, allerdings auch etwas radikal. *"Versuche die Angst mit Angst zu bekämpfen!"* Der Reaktionsablauf erfolgt dabei nach dem so genannten Adaptionsprinzip, d. h. der Anpassungsfähigkeit an bestimmte Reize. Wirkt ein Reiz auf uns längere Zeit, nehmen wir ihn nicht mehr wahr. Lege ich z. B. ein Geldstück auf den Handrücken und lese konzentriert weiter, spüre ich bald den Reiz nicht mehr. Ich habe mich daran gewöhnt. Das gilt auch für andere Reize wie Gerüche oder Geräusche.[44] Nicht anders verhält es sich bei der öffentlichen Rede. Die gefürchtete Situation wird uns vertraut und verliert allmählich von ihrem Schrecken.

Allerdings ist diese Vorgehensweise nicht ganz ungefährlich. Wählen wir einen zu großen Übungsschritt, kann leicht ein Schockeffekt eintreten.[45] Es ergeht einem dann eventuell wie dem Kind, das ins Wasser geworfen wird, um schwimmen zu lernen. Sind die Emotionen zu stark, kann die Angst noch weiter wachsen und sich zu einem Trauma steigern. Ein Redner mit übergroßen Sprechhemmungen sollte sich also nicht vornehmen, seine erste Rede ohne jegliche Notizen vor einer gigantischen Kulisse zu halten. Auch wäre es z. B. falsch, in Rhetorikkursen mit Stegreifreden vor laufender Kamera zu beginnen, die Seminarteilnehmer sozusagen ins „kalte Wasser zu schmeißen". Der einfühlsame Trainer wird vielmehr den Schwierigkeitsgrad allmählich erhöhen. Empfehlenswert ist demnach ein stufenweises Vorgehen. Nach diesem Prinzip verfährt man übrigens bei der „Systematischen Desensibilisierung". Mit dieser Technik des Angstabbaus wollen wir uns später noch eingehender befassen.

Daraus ergibt sich eine weitere Konsequenz. Sollte unser Vortrag einmal mit einem Misserfolgserlebnis enden, etwa auf eine enttäuschende Resonanz stoßen oder gar zu einem Reinfall werden, dürfen wir uns keineswegs verstört in die Schmollecke zurückziehen, womöglich mit dem Vorsatz, so schnell keine Rede mehr halten zu

---

[44] Leider gewöhnen wir uns auch allzu schnell an positive Reize. *"Einen Regenbogen, der eine Viertelstunde steht, sieht man nicht mehr." (Goethe)*

[45] Problematisch kann die Gewöhnung an einen Reiz aber auch von einer ganz anderen Seite sein. Die Angst hat eine Art Warnfunktion, sie signalisiert uns, vorsichtig zu sein. Erleben wir eine Angstsituation immer wieder, kann es sein, dass wir nach einiger Zeit die Gefahr unterschätzen. Denken wir nur an die Kolonnenspringer auf Autobahnen. Das Alarmsystem springt hier nicht mehr an.

wollen. Das wäre das Verkehrteste, was wir in einer solchen Situation machen könnten. Die Gefahr wäre groß, uns selbst zu konditionieren, d. h. die Angst könnte sich nach diesem traumatischen Erlebnis selbst verfestigen. Richtig wäre es dagegen, sofort wieder ans Rednerpult zu treten, um den Negativreiz durch ein positives Erlebnis zu löschen. Wir müssen uns folglich so verhalten, als wäre nichts geschehen bzw. sogar nach der Maxime *„nun erst recht"* handeln. Eine solche „positive Trotzreaktion" empfiehlt sich nach Auffassung der Verhaltenspsychologie generell nach Angsterlebnissen. Ein Autofahrer z. B., der nur knapp einem Unfall entronnen ist, sollte sich sofort wieder ans Steuer setzen und möglichst am Unfallort vorbeifahren, am besten mehrmals. Auch kann man einer Flugzeugbesatzung nur anraten, nach einer Bruchlandung keinen Sonderurlaub zu nehmen, sondern direkt wieder das nächste Flugzeug zu besteigen. So lässt sich vermeiden, dass aus einem neutralen Reiz ein konditionierter Reiz wird bzw. ein erfahrenes Angstgefühl sich zu einer Dauerphobie entwickelt.

10.4.6 Eine dialogische Situation herstellen

Wir haben gesehen: Ängste entstehen leicht in ungewohnten Situationen. Sind wir dagegen mit etwas vertraut, verlieren wir schnell unsere Furcht. Nun ist Reden für uns ja keinesfalls etwas Außergewöhnliches. Wir sprechen bei vielerlei Gelegenheiten und Anlässen. So plaudern wir mit Verwandten, Freunden und Bekannten bei gemeinsamen Mahlzeiten oder am Kaffeetisch, führen einen Plausch mit unserem Nachbarn, unterhalten uns mit Arbeitskollegen, debattieren am Stammtisch usw. Wir verspüren hier nicht das geringste Lampenfieber. Warum auch? Schließlich handelt es sich ja um alltägliche Begebenheiten. Anders dagegen bei einer öffentlichen Rede. Für die meisten ist das etwas Ungewohntes. Ich befinde mich in herausgehobener Position, allein vor einer Gruppe. Und vor allem: Ich spreche jetzt **zu** Menschen und nicht **mit ihnen**. Schon fühle ich mich gehemmt.

Um aus einem fremden Geschehen etwas Vertrautes zu machen, kann ich natürlich, wie oben dargelegt, sooft wie möglich die gefürchtete Situation aufsuchen. Es gibt aber in unserem Falle noch eine zweite Möglichkeit. Ich versuche als Redner, eine dialogische Stimmung zu erzeugen, **mit** den Zuhörern zu sprechen statt **zu** ihnen. Wie dies gelingt, hatten wir im Kapitel „Die optimale Präsentation" ausführlich geschildert. Eines wollen wir hier nochmals besonders betonen. Wenn wir eine Zwiesprache mit unseren Zuhörern anstreben, geht dies nur bei einer freien Rede. Formulieren wir einen Gedanken im vollen Wortlaut vor, kommen wir über einen Monolog nie hinaus. Auch unter jenem Aspekt, dem Abbau unseres Lampenfiebers, zeigt sich demnach die Überlegenheit der freien Rede. So erlangen wir Spielraum für situatives Vorgehen, können uns auf die jeweilige Stimmungslage einstellen, die

Zuhörer spontan zum Mitdenken und zu Zwischenfragen animieren etc., Handlungsweisen also, ohne die ein lebendiger Dialog undenkbar ist.
Als hilfreich für einen möglichst raschen Einstieg in die erwünschte Zwiesprache kann es zudem sein, vor Beginn der Rede eine Art Smalltalk zu führen. Zwanglos plaudere ich z. B. mit einzelnen Zuhörern. Das bringt noch weitere Vorteile. Ich wärme mich geistig auf, bevor es ernst wird. Ferner lenkt es mich ab und wirkt daher auch von dieser Seite angsthemmend.

Keine Frage: Wer es schafft, mit dem Publikum in einen Dialog zu treten, verfügt über ein wirksames Rezept gegen das lästige Lampenfieber. Allerdings setzt gerade diese Technik rhetorisches Feingefühl und in der Regel eine gewisse Redeerfahrung voraus.

10.4.7 Sich entspannen

Lampenfieber bedeutet stets eine gewisse Anspannung. Ist sie zu hoch, verkrampfen wir, körperlich, nervlich und auch geistig-seelisch. Daher drängt sich eine weitere Therapiemaßnahme förmlich auf: Versuchen wir, uns zu entspannen. Bewusst haben wir diese entscheidende Form der Stressbewältigung bis jetzt zurückgestellt. Entspannungstechniken sind nicht nur für den stressgeplagten Menschen von heute eine Labsal mit wahrhaft gesundheitsfördernder Wirkung. Sie spielen auch im Rahmen der Persönlichkeitsentwicklung und der Verhaltenssteuerung eine herausragende Rolle. Letzteres gilt vor allem, wenn wir sie zusätzlich mit autosuggestiven Hilfen verbinden, formelhaften Vorsätzen, die wir uns einprogrammieren können im Zustand der Tiefenentspannung.

Wie erreichen wir es, uns innerlich ruhig zu stellen? Nun, Möglichkeiten gibt es zahlreiche. Wir haben gewissermaßen die Qual der Wahl. Die meisten Techniken sind zudem recht einfach und lassen sich in kürzester Zeit aneignen. Die eigentliche Hürde liegt ganz woanders: Viele Menschen schaffen es nicht, so zu leben, wie es gut für sie wäre. Oftmals sind sie einfach zu bequem hierzu. Dabei gibt es nichts weniger Anstrengendes als Entspannungstraining. Es mag schizophren klingen: Das Einzige, was zu tun ist, ist nichts tun, d. h. sich völlig loszulassen. Manche versuchen es erst gar nicht. Andere wiederum fangen zwar an, geben aber schon bald wieder auf. Die stereotype Antwort lautet stets: *"Leider habe ich keine Zeit dafür."* Natürlich muss jeder selbst wissen, wie er gerne leben möchte. Wer sich aber für die Pflege seines Autos mehr Zeit nimmt als für die eigene Psychohygiene, sollte doch einmal darüber nachdenken, ob er seine Prioritäten richtig gesetzt hat.

10.4.7.1 Tief durchatmen

Die einfachste denkbare Entspannungsübung besteht darin, tief durchzuatmen. Schon 10 bis 20 tiefe Atemzüge täglich in frischer Luft wirken wie eine Seelenmassage. Zudem weitet sich der Brustkorb, das Gehirn wird mit mehr Sauerstoff versorgt, und die Denkfähigkeit steigt. Dieses Vorgehen empfiehlt sich daher besonders zu Beginn eines Vortrags. Als erste wichtige Entspannungsregel können wir daher formulieren:

Atmen Sie unmittelbar vor Ihrer Rede mehrfach kräftig ein und aus!

Um eine nachhaltige Tiefenentspannung zu erzielen, müssen wir uns indes etwas mehr Zeit nehmen. Hier gibt es eine Reihe wirksamer Techniken. Denken wir z. B. an die Progressive Muskelentspannung, das Autogene Training oder die verschiedenen Formen der Meditation wie Transzendentale Meditation, Zen-Meditation usw. Im Folgenden wollen wir einmal exemplarisch die beiden erstgenannten Techniken näher vorstellen.

10.4.7.2 Progressive Muskelentspannung

Die Progressive Muskelentspannung, vom Chicagoer Professor Edmund Jacobsen entwickelt, ist vor allem im angelsächsischen Raum sehr beliebt. Diese Methode basiert auf einer abwechselnden Anspannung und Entspannung verschiedener Muskelgruppen. Um die Wirkung noch zu steigern, stellen wir uns beim Anspannen feste und harte, beim Entspannen dagegen lockere und weiche Muskeln vor. Wir können die Übung mit einem Partner durchführen, der uns die einzelnen Anweisungen vorgibt. Es geht aber auch allein, wenn wir die benötigten Formeln über ein Aufzeichnungsgerät abrufen. Die Instruktionen zur Muskelanspannung sollten wir dabei mit fester, energischer Stimme, die zur Entspannung in einem beruhigenden Ton aufsagen.

10.4 Wie können wir unser Lampenfieber vermindern?

Für die zeitliche Dauer der Übungsschritte gilt:
Wir spannen die Muskeln jeweils fünf Sekunden an; danach entspannen wir sie dreißig Sekunden lang. Der gesamte Vorgang – An- und Entspannen – wird stets einmal wiederholt.

Im Einzelnen ergibt sich folgender Übungsablauf:
Zunächst nehmen wir eine bequeme Körperhaltung ein, entweder sitzend oder liegend, und schließen die Augen.
Danach führen wir acht Übungsschritte durch, jeweils ausgedrückt durch eine konkrete Formel:

1. **Hände fest zur Faust schließen!**
   (Zweck: Anspannen der Unterarmmuskeln)
   5 Sekunden
   Entspannen!
   30 Sekunden
   Wiederholung
2. **Unterarme fest anwinkeln!**
   (Zweck: Anspannen der Oberarmmuskeln)
   –
   wie zuvor
3. **Gleichzeitig:**
   Augenbrauen nach oben ziehen,
   Augen fest schließen,
   Mund fest zusammenpressen!
   (Zweck: Anspannen der Gesichtsmuskeln)
   –
   wie zuvor
4. **Hinterkopf nach hinten drücken!**
   (Zweck: Anspannen der Nackenmuskeln)
   –
   wie zuvor
5. **Beide Ellenbogen fest auf den Boden (bzw. Tisch) drücken!**
   (Zweck: Anspannen der Brustmuskeln und der seitlichen Rückenmuskeln)
   –
   wie zuvor

6. **Bauch einziehen, dabei ruhig und gleichmäßig weiteratmen!**
   (Zweck: Anspannen der Bauchmuskeln)
   –
   wie zuvor
7. **Knie ganz durchstrecken!**
   (Zweck: Anspannen der Oberschenkelmuskeln)
   –
   wie zuvor
8. **Fußspitzen vom Körper wegstrecken!**
   Anspannung hier nur 1–2 Sekunden wegen Krampfgefahr
   (Zweck: Anspannen der Unterschenkelmuskeln)
   –
   wie zuvor

Am Schluss der Übung:[46]
▶ Atmen Sie tief ein und aus!
▶ Öffnen Sie die Augen!
▶ Strecken und recken Sie sich, um wieder rasch in die Wirklichkeit zurückzufinden!

10.4.7.3 Autogenes Training (AT)

Das Autogene Training stellt eine Art Selbsthypnose dar (auto = selbst). Es ist kein fauler Zauber, wie vielleicht mancher annehmen könnte, sondern eine wissenschaftliche Methode, die maßgeblich von dem deutschen Neurologen Johannes Heinrich Schultz in den zwanziger Jahren des vorigen Jahrhunderts entwickelt wurde. Wir beeinflussen unseren Körper allein mit der Kraft der Imagination und versetzen ihn in einen Zustand der Tiefenentspannung.[47] Nicht von ungefähr heißt es: Zwei Minu-

---

[46] Es steht Ihnen frei, zuvor noch einen gedanklichen Spaziergang zu machen, mit dem Sie einen zusätzlichen Entspannungseffekt erzielen können. Sie stellen sich z. B. vor:
Sie befinden sich in einer anmutigen Gebirgslandschaft.
Es ist Sonntagmorgen an einem wunderschönen Sommertag.
Der Himmel ist blau, die Luft klar und rein.
Sie wandern über eine Almwiese.
Fernes Glockengeläute steigt herauf.
Sie erreichen den Gipfel.
Sie schauen ins Tal.
Um Sie herum herrscht tiefe Ruhe und Stille.
Oder: Stellen Sie sich vor, Sie liegen an einem Meeresstrand! ...

[47] Dazu bedarf es äußerster Ruhe. Wir dürfen uns nicht ablenken lassen durch störende Außenreize wie z. B. Lärm. Schließlich beabsichtigen wir ja etwas Außergewöhnliches: Wir wollen unser vege-

10.4 Wie können wir unser Lampenfieber vermindern?

ten AT können einen zweistündigen Tiefschlaf ersetzen. Wer sich mit dieser Technik angefreundet hat, für den ist sie eine Oase der Stille in der Betriebsamkeit des Alltags.

Das Autogene Training verkörpert aber noch mehr als eine bloße konzentrative Selbstentspannung. Mit formelhaften Vorsätzen kann ich meine Psyche beeinflussen. Das AT hilft mir, meine persönlichen Ziele leichter zu erreichen. Es ist daher ein hilfreiches Instrument zur Entwicklung der eigenen Persönlichkeit.

Beim Autogenen Training unterscheiden wir zwischen einer Grund- und einer Aufbaustufe. Wir wollen uns in einem Lehrbuch der Rhetorik auf die Grundübungen beschränken, die im Allgemeinen völlig hinreichend sind. Wichtig sind hier vor allem die Ruhe-, Schwere-, Wärme- und Atemübung. Auf die übrigen, weniger wirkungsintensiven Übungen, wie Herz-, Leib- und Kopfübung können Sie, wenn Sie Zeit sparen wollen, sogar noch verzichten. Jede Übungsformel sagen wir sechsmal innerlich auf, wobei wir uns den Inhalt intensiv vorstellen. Nach jedem Übungsschritt leiten wir mit der Formel: *„Ich bin vollkommen ruhig"* zum nächsten über.

Im Einzelnen sieht der Übungsablauf wie folgt aus:

Wir legen uns wieder entspannt hin oder nehmen eine bequeme Sitzstellung ein, z. B. in Form der so genannten Droschkenkutscherhaltung[48] oder der Flegelhaltung[49] und schließen die Augen.

1. **Schwereübung**
   Formel: Der rechte Arm ist ganz schwer (6-mal)
   (Linkshänder konzentrieren sich auf den linken Arm.)

---

[48] tatives Nervensystem beeinflussen, Prozesse also, die unbewusst und automatisch ablaufen, die wir unter normalen Umständen mit unserem Verstand gar nicht steuern können.

Die Droschkenkutscherhaltung können wir mit Klaus Thomas, einem Schüler von J. H. Schultz, wie folgt beschreiben:
„Die Übenden sitzen zunächst aufrecht,... mit dem Rücken angelehnt, rücken dann mindestens 10 cm auf dem Stuhl nach vorn, so dass mehr als eine Handbreit zwischen Lehne und Rücken bleibt. Sie knicken dann in der Lendenwirbelsäule... deutlich ein, wobei die Schultern weiterhin senkrecht über den seitlichen Hüftknochen bleiben. Die Knie werden 40 cm voneinander entfernt ... Die Unterarme ruhen mit ihrem Schwerpunkt locker auf den Oberschenkeln ... Der Kopf wird mit geschlossenen Augen nach vorn gebeugt, so dass das Kinn auf das Brustbein drückt" (Klaus Thomas, Praxis der Selbsthypnose des Autogenen Trainings). Die Droschkenkutscherhaltung empfiehlt sich, wenn Sie auf einem Hocker sitzen ohne Rückenlehne. Sie lassen dann einfach den Oberkörper und den Kopf nach vorne fallen. In dieser entspannten Pose sitzen Kutscher häufig auf ihrem Kutschbock, wenn sie auf Kunden warten.

[49] Die Flegelhaltung können Sie einnehmen, wenn Sie in einem bequemen Sessel sitzen. Sie lassen sich bequem nach hinten fallen, den Rücken an die Sessellehne, die Arme auf die Armlehnen gelehnt. Ihren Kopf stützen Sie an der Rückenlehne ab oder neigen ihn leicht nach vorne.

Sie stellen sich vor, der betreffende Arm wird wie ein Bleigewicht nach unten gezogen.
Zweck: vermehrte Blutzufuhr
Formel: Ich bin vollkommen ruhig

2. **Wärmeübung**
   Formel: Der rechte Arm ist ganz warm (6-mal)
   Zweck: Entspannung der Blutgefäße
   Die Blutgefäße weiten sich.
   Der Blutdruck sinkt.
   Formel: Ich bin vollkommen ruhig

3. **Herzübung**
   Formel: Herz schlägt ganz ruhig und gleichmäßig (6-mal)
   Formel: Ich bin vollkommen ruhig

4. **Atemübung**
   Formel: Atmung ganz ruhig und gleichmäßig (6-mal)
   Formel: Ich bin vollkommen ruhig

5. **Leibübung**
   Formel: Sonnengeflecht[50] strömend warm (6-mal)
   Zweck: Entspannung der Blutgefäße im Magenbereich
   Formel: Ich bin vollkommen ruhig

6. **Kopfübung**
   Formel: Stirn angenehm kühl (6-mal)
   Zweck: kühlen Kopf bewahren

Danach erfolgt die **Generalisierung**. Wir stellen uns vor, der **gesamte Körper** ist schwer, warm und ruhig.

Formel: Ganz schwer, ganz warm, ganz ruhig

Jetzt haben wir das Stadium der Tiefenentspannung erreicht. Wir sind völlig gelöst und locker, ein idealer Zustand, um uns bei Bedarf zusätzlich durch autosuggestive Hilfen im gewünschten Sinne zu beeinflussen.

---

[50] Das Sonnengeflecht ist ein feines Nervengespinnst hinter dem Magen. Es gehört zum vegetativen Nervensystem und entspricht dem Solarplexus eines Sportlers.
Bei dieser Übung stellen wir uns vor, wie beim Einatmen ein warmer Luftstrom in unsere Magengegend fließt.

Am Ende der Übung verhalten wir uns ähnlich wie bei der Progressiven Muskelentspannung: Wir atmen tief ein und aus, öffnen die Augen, recken und strecken uns, um wieder zu unserer angespannten Wachheit zurückzufinden.

Wer sich mit dieser faszinierenden Methode der Selbstentspannung näher vertraut machen möchte, kann auf eines der zahlreich im Handel erhältlichen Fachbücher zurückgreifen.[51] Empfehlenswert ist auch der Besuch von einschlägigen Kursen, wie sie z. B. von Volkshochschulen und anderen Weiterbildungsträgern regelmäßig angeboten werden.

10.4.7.4 Autosuggestive Hilfen

Entspannungstechniken wie die Progressive Muskelentspannung oder das Autogene Training sind allein schon wegen ihrer unmittelbaren stressmindernden Wirkung von großem Nutzen. Das gilt auch für den Redner. Habe ich z. B. die Möglichkeit, kurz vor meinem Auftritt eine dieser Übungen an ungestörter Stelle durchzuführen, wobei hier bereits einige wenige Minuten genügen, kann ich mich merklich ruhiger stellen und mein Lampenfieber entscheidend vermindern.

Entspannungsübungen haben aber noch einen weiteren bedeutenden Vorteil. Sie versetzen uns in einen Zustand, in welchem wir auf unsere Psyche durch formelhafte Vorsätze günstig einwirken können. Die Erfahrung zeigt nämlich, Autosuggestionen sind am leichtesten möglich bei völliger Tiefenentspannung.

Praktisch gehen wir so vor: Sind wir vollkommen ruhig und gelöst, sagen wir einen bestimmten Vorsatz mehrmals hintereinander im Geiste auf, etwa 20- bis 30-mal. Eine Strategieformel für den langfristigen Lebenserfolg könnte z. B. lauten: *„Ich schaffe es!"* Haben wir einen solchen Grundsatz einmal verinnerlicht, sind wir für die vielfältigen Herausforderungen unseres Lebens besser gerüstet. So schnell geben wir dann nicht auf.

Und wie kann ich durch Autosuggestion mein Lampenfieber bewältigen? Bewährt hat sich eine Formel, die gerne von Schauspielern benutzt wird:

„Ich spreche ganz ruhig, sicher und frei."

Sie können aber auch einen eigenen, individuellen Spruch zusammenstellen, vielleicht sogar in Reimform:

„Ich spreche völlig frei, Angst ganz einerlei."

---

[51] Empfehlenswert und leicht zu lesen ist z. B. das Bestsellerbuch von Hans Lindemann, Überleben im Stress, Autogenes Training, das sich hervorragend zum Selbststudium eignet. Einen guten Überblick über die Unter- und Oberstufe des Autogenen Trainings sowie die formelhafte Vorsatzbildung gibt das Standardwerk von Klaus Thomas, Praxis der Selbsthypnose des Autogenen Trainings.

Wichtig ist nur: Die Formel sollte möglichst kurz und eingängig, positiv und persönlichkeitsgerecht sein.

Es gehört zu den großen Erfolgserlebnissen, wenn wir als Redner vor unserem Publikum stehen, und plötzlich vernehmen wir aus tiefstem Innern den wohlvertrauten Spruch, den wir uns im Zustand der Tiefenentspannung autosuggestiv einprogrammiert haben.

10.4.7.5 Systematische Desensibilisierung (Gegenkonditionieren)

In der Verhaltenstherapie gibt es verschiedene Methoden, wie man soziale Ängste, z. B. Redehemmungen, gezielt abbauen kann. Im Folgenden will ich eine bestimmte Technik, die in der Vergangenheit eine rasch wachsende Zahl von Anhängern gefunden hat, näher vorstellen: die Systematische Desensibilisierung[52]. Zum besseren Verständnis möchte ich ein wenig weiter ausholen und zunächst einmal fragen: Wie entstehen überhaupt Ängste?

Sehr aufschlussreich, wenn auch vielleicht ethisch fragwürdig, ist das Experiment **Kleiner Albert**. Der US-amerikanische Psychologe Broadus Watson ließ ein elf Monate altes Waisenkind – den kleinen Albert – mehrere Wochen mit einer weißen Ratte spielen. Ein solches Felltier ist für ein kleines Kind nichts Unangenehmes. Die Psychologen sprechen von einem **neutralen Reiz**. Eines Tages aber, als der kleine Albert eben wieder die Ratte streicheln wollte, erschreckte ihn der Wissenschaftler mit einem lauten Gongschlag. Lärm ist in diesem Lebensalter noch etwas Schlimmes. Darüber hinaus handelt es sich hier um einen **unbedingten Reiz**.

Nach etlichen Wiederholungen passierte Folgendes: Sobald Albert die Ratte nur sah, reagierte er schon mit Angstausbrüchen. Später hatte er dann sogar Furcht vor Kaninchen, Hunden, Katzen und anderen Felltieren, ja sogar vor leblosen Dingen, wie Pelzmänteln und Nikolausbärten, was man in der Fachterminologie als „Generalisierung" bezeichnet. Der kleine Albert wurde regelrecht **konditioniert**. Das heißt: Wenn wir einen **neutralen Reiz** immer wieder mit einem unbedingten Reiz kombinieren, kann aus dem neutralen Reiz leicht ein **bedingter (konditionierter) Reiz** werden.

Wir sehen also: Ängste sind vielfach erlernte Reaktionen. Gerade hier setzt das Anti-Angst-Training an. Denn: Was wir erlernt haben, können wir möglicherweise auch wieder verlernen. Es müsste uns nur gelingen, den konditionierten Impuls zu löschen. Im Falle des kleinen Albert bedeutet dies: Wir müssten die angstauslösende

---

[52] Mit vergleichbaren Methoden arbeitet z. B. auch die Neurolinguistische Programmierung (NLP).

10.4 Wie können wir unser Lampenfieber vermindern?

Situation koppeln mit einem positiven Erlebnis. Konkret: Sobald er ein Felltier sieht, belohnen wir ihn, z. B. mit einem Stück Schokolade.

Nach dem gleichen Muster verhalten wir uns bei der „Systematischen Desensibilisierung". Nur bedienen wir uns bei der Angstlöschung eines bestimmten positiven Reizes: der Entspannung. Entspannung ist für Körper und Seele eine Wohltat, eine Reaktion, die mit der Angstreaktion unvereinbar ist.

Angenommen, Sie leiden unter Höhenangst. Sie können dann im Zuge Ihrer Verhaltenstherapie einen Turm besteigen. Wenn sich das Angstgefühl meldet, entspannen Sie sich, z. B. über Progressive Muskelentspannung oder Autogenes Training. Eine solche Vorgehensweise wäre indes recht umständlich. Das Schöne bei der Systematischen Desensibilisierung ist jedoch: Sie können diese Methode auch in der Phantasie durchführen. Bereits die bloße Vorstellung der gefürchteten Situation löst bei uns ja meist schon die entsprechenden Ängste aus.

Auf eines aber müssen wir unbedingt achten. Wir dürfen den Übungsschritt nicht zu groß wählen. Es wäre also falsch, als erstes gedanklich von der Plattform des Empire State Buildings senkrecht in die Tiefe zu sehen. Die induzierte Angstreaktion wäre dann eventuell viel zu groß. Wir sollten den Angstreiz vielmehr in Proportionen zerlegen und nach der Stärke ordnen. Wir bilden also eine Art Angsthierarchie, ein Angstbarometer. Die Skala der Empfindungen kann dabei von Null bis 100 reichen, wobei die einzelnen Stufen nicht mehr als zehn Punkte Abstand voneinander haben sollten.[53] Gegenkonditionieren bedeutet ja, dass wir mit der jeweils stärkeren Reaktion (Entspannung) die jeweils schwächere (Angstreiz) zu hemmen beabsichtigen.

Der Übungsablauf gestaltet sich dann im Einzelnen wie folgt:

▶ Wir entspannen uns (z. B. Progressive Muskelentspannung, Autogenes Training).
▶ Wir stellen uns die Angstsituation mit dem geringsten Reiz intensiv vor (ca. fünf Sekunden).
▶ Tritt eine erhöhte Anspannung auf, entspannen wir uns wie zuvor.
▶ Hält die Angst nach wie vor an, dehnen wir eventuell die Entspannungsphase weiter aus. Gegebenenfalls verringern wir die Übungsstufe, schieben also ein weniger angstauslösendes Bild dazwischen.
▶ Erst wenn bei der Vorstellung der Szene die Erregung völlig abgeklungen ist, wechseln wir zur nächsten über.

---

[53] Es kann sich hier nur um ein ungefähres Empfinden der jeweiligen Gefühlsstärke handeln. Denn: Wie ich den Nutzen und Glücksgefühle nicht kardinal messen, d. h. quantifizieren kann, so wenig lassen sich die Angstemotionen in exakten Zahlenwerten ausdrücken.

So löschen wir Schritt für Schritt die entsprechenden Angstemotionen, bis wir schließlich am Ende unserer Skala selbst unter extremen Bedingungen gänzlich ruhig bleiben.

Es empfiehlt sich, zwei bis drei Mal pro Woche zu üben, mit maximal jeweils 30 Minuten. Jede neue Runde beginnen wir dann mit der letzten Szene, die wir zuvor gemeistert haben. Und vergessen wir nicht, uns am Ende einer Übungsfolge nochmals zu entspannen.[54]

Wir haben ein mögliches Rezept zum Abbau sozialer Ängste ausführlich beschrieben. Was jetzt noch übrig bleibt: Wir müssen es auf den Fall unserer Redehemmungen übertragen. Wie gehen wir vor?

Zunächst konstruieren wir eine Rangliste möglicher Stresszustände.

Ich stelle mir z. B. vor:

1. In einer Woche muss ich eine Rede halten.
2. Wie 1., nur sehe ich jetzt zusätzlich die Zuhörer vor mir.
3. Ich fahre zum Veranstaltungsgebäude.
4. Ich betrete den Vortragssaal.
5. Der Gastgeber stellt mich vor.
6. Ich trete ans Mikrophon.
7. Ich spreche den ersten Satz.
8. Ein Zuhörer stellt eine Zwischenfrage.
9. Aus dem Publikum kommen unfaire Zwischenrufe.

Als nächstes nehmen wir jeden Stressor einzeln, der Reihe nach, vor und bekämpfen so, wie oben beschrieben, alle hierbei auftretenden Beklemmungsgefühle. Das Erfreuliche dabei ist: Was uns in der Phantasie gelang, hat in der Regel auch in der Realität Bestand. Wir treten im Ernstfall als Redner mit der gebotenen Lockerheit auf.

---

[54] Eine sehr detaillierte Beschreibung der Systematischen Desensibilisierung geben Herbert Fensterheim und Jean Baer in ihrem empfehlenswerten Buch: Leben ohne Angst. Die Ausarbeitung befasst sich ausführlich mit sozialen Ängsten und den verschiedenen Möglichkeiten, sich hiervon zu befreien.

Unser Kapitel über Lampenfieber hat gezeigt: Es gibt eine Reihe von Maßnahmen, wie wir unsere Redeangst wirksam bekämpfen können. Fassen wir sie in einer weiteren rhetorischen Grundregel zusammen:

> Tipps zum Abbau des Lampenfiebers:
> - Stellen Sie keine zu großen Erwartungen an sich selbst!
> - Bereiten Sie sich gründlich vor!
> - Verbessern Sie Ihre rhetorischen Fähigkeiten!
> - Halten Sie sooft wie möglich öffentlich Reden!
> - Stellen Sie eine dialogische Situation her!
> - Entspannen Sie sich durch entsprechende Techniken wie
>   - Atemübungen,
>   - Progressive Muskelentspannung,
>   - Autogenes Training etc.!
> - Bauen Sie Ihre Redeangst gezielt ab durch Systematische Desensibilisierung (Gegenkonditionieren)!

Zum Abschluss möchte ich noch auf einige Warntafeln hinweisen.

10.5 Nicht empfehlenswerte Methoden zum Abbau des Lampenfiebers

1. In manchen Rhetorikbüchern wird empfohlen, sich das Auditorium als Kohlköpfe oder in Unterhosen vorzustellen. Dadurch soll der Redner den Respekt vor seinen Zuhörern verlieren und sich sicherer fühlen. Natürlich sind die Gedanken frei und wer hierin eine Stütze findet, mag sich daran festklammern. Ich persönlich halte aber von dieser Methode wenig. Wenn ich meine Zuhörer, und sei es nur in Gedanken, klein mache, wie kann ich dann ein positives und partnerschaftliches Verhältnis zu ihnen herstellen? Gerade aber die Beziehungsseite, die Gefühlsebene, sind für den Redeerfolg von ausschlaggebender Bedeutung.

2. Mitunter wird ferner geraten, seinen Blickkontakt auf eine bestimmte Person oder auf einige wenige Zuhörer zu beschränken, die man vielleicht schon kennt oder als besonders vertrauenswürdig einschätzt. Ein solches Vorgehen finde ich nicht weniger bedenklich. Wir sollten als Redner doch stets zu allen Hörern sprechen und nicht nur zu Einzelnen. Mit diesem selektiven Verhalten schmälern wir somit selbst die Chance, eine Kontaktbrücke zu der gesamten Hörerschaft aufzubauen.

Etwas modifizierte Regeln gelten allerdings bei einem Massenpublikum, wie wir im Abschnitt „Blickkontakt" aufgezeigt haben.
3. Manche greifen zudem gerne auf alkoholische Getränke zurück, um ihr Lampenfieber zu drosseln. Wirkt dieses Dopingmittel denn nicht enthemmend und mitunter stimulierend obendrein? Doch Vorsicht! Erfahrungsgemäß schwächt Alkohol eher unser Denk- und Reaktionsvermögen. Überdies: Wie peinlich wäre es, wenn jemand unsere Alkoholfahne wahrnähme.

Es gibt genügend andere wirksame Mittel, sein Lampenfieber in den Griff zu bekommen, so dass wir von solch dubiosen Methoden besser Abstand nehmen sollten.

11 Unfaires Verhalten in Rede und Gespräch

„Was du nicht willst, dass man dir tu, das füg auch keinem andern zu!"
(nach der Bibel, Tobias 4,16)

„Beleidigungen sind die Argumente derer, die Unrecht haben."
(Jean Jacques Rousseau)

„Nie drohe man zuerst mit der Faust und dann mit dem Finger!"
(Theodor Roosevelt)

Im abschließenden Kapitel wollen wir uns den unfairen Praktiken in Rede und Gespräch näher zuwenden. Menschen können über einen löblichen, vorbildhaften Charakter verfügen. Denken wir nur an Albert Schweitzer oder Mutter Theresa. Wir dürfen aber auch die andere, die dunkle, diabolische und abgründige Seite nicht übersehen. *„Homo homini lupus"* (*„Der Mensch ist dem Menschen ein Wolf"*), erkannte schon Thomas Hobbes[55], oder wie es Wilhelm Busch ausdrückt: *„Denn der Mensch als Kreatur hat von Rücksicht keine Spur."* Dass dies leider durchaus auch ein Teil der Wirklichkeit ist, zeigt die Praxis menschlichen Zusammenlebens in vielfältiger Weise. Nach dem Motto: „Der Zweck heiligt die Mittel" werden oftmals die elementarsten Anstandsregeln bei den zwischenmenschlichen Beziehungen außer Acht gelassen. Das gilt ebenso für das kommunikative Verhalten. Unzählig sind die eristischen[56] Finten, Schikanen und Kunstgriffe, die, ob versteckt oder offensichtlich, die Grenzen des gebotenen „Fairplay" nicht selten bei weitem übersteigen. Die menschliche Zunge wird zur Tatwaffe, mit welcher der unfaire Streiter seinen Kontrahenten zusetzt und mitunter schwere Wunden zufügt.

Im Folgenden wollen wir einmal aufzeigen, welche unredlichen Manöver und Tricks Menschen immer wieder anwenden, um ihre Interessen im (Streit-) Gespräch durch-

---

[55] Der Ausdruck „Homo homini lupus" ist allerdings viel älter. Wir begegnen ihm bereits bei Plautus in seiner Eselskomödie.

[56] „Eristik" bedeutet „Streitlehre". Das Wort leitet sich ab von „Eris", der griechischen Göttin der Zwietracht.

zusetzen. Es handelt sich hierbei keineswegs um eine erschöpfende Aufzählung.[57] Auch wollen wir die einzelnen Strategien im Rahmen unseres allgemeinen Lehrbuchs für Rhetorik möglichst kurz und nicht zu weitschweifig erläutern.

Eines möchte ich allerdings deutlich hervorheben: Meine Absicht ist es nicht, ein Rezeptbuch für unfaire Techniken zu erstellen. Es geht vielmehr in erster Linie darum, Ihren Blick für unlautere Praktiken zu schärfen, damit Sie ihnen im Ernstfall durch geeignete Maßnahmen wirksam begegnen können.

11.1 Persönlich werden

Die Technik „persönlich werden" zielt darauf ab, den Meinungsgegner durch herabsetzende und beleidigende Bemerkungen in seinen innersten Gefühlen zu verletzen. Der unfaire Streiter kritisiert nicht die Sache, sondern ausschließlich die Person. Dieses Vorgehen ist so alt wie die Menschheit und wird von Schopenhauer „argumentum ad personam" bezeichnet.

Die Motive für ein solches Verhalten können unterschiedlich sein. Häufig spielt sich folgender Vorgang ab: Einer der Kampfhähne ist im Meinungsgefecht unterlegen. In der Sache weiß er nichts mehr vorzubringen. Da bleibt nur eins übrig, den Kontrahenten persönlich zu attackieren. Auf keinen Fall darf er als Triumphator die Arena verlassen. Ich füge ihm schnell noch einige schmerzhafte Wunden bei, die ihm seine Siegerlaune gründlich verderben. Es handelt sich hier um den blinden Racheakt eines angeschlagenen Gegners, der sich offenbar mit anderen Mitteln nicht mehr helfen kann.

Ganz anders sind die Beweggründe in folgendem Fall: Der unfaire Stratege versucht seinen Gegenüber mit persönlichen Verunglimpfungen zu reizen, ihn rasend zu machen, bis zur Weißglut, damit er aus der Fassung gerät, die Kontrolle über sich verliert und unbedacht Dinge sagt, die sich leicht gegen ihn ausschlachten lassen. Jetzt haben wir es zu tun mit scharfem Kalkül, eiskalter Berechnung eines skrupellosen Eristikers, der wie ein Stierkämpfer sein Opfer zunächst verwundet, bis aufs Blut reizt, um ihm dann im günstigsten Augenblick den Todesstoß zu versetzen.

Das Kaleidoskop möglicher Herabsetzungen ist vielfältig.

---

[57] Den interessierten Leser möchten wir auf die ergänzende Literatur hinweisen. Vgl. u. a.: Aristoteles, Sophistische Widerlegungen; Schopenhauer, Arthur, Eristische Dialektik; Hamilton, William G., Die Logik der Debatte; Erdmann, Karl Otto, Die Kunst, Recht zu behalten; Anton, Karl-Heinz, Mit List und Tücke argumentieren; Domman, Dieter, Faire und unfaire Verhandlungstaktiken; Bredemeier, Karsten, Provokative Rhetorik? Schlagfertigkeit!; Lay, Rupert, Wie man sich Feinde schafft; Pursch, Günter (Hrsg.), Das neue Parlamentarische Schimpfbuch.

11.1 Persönlich werden

1. **Den Meinungsgegner als dumm bezeichnen**
   „Wie kann man nur so dumm sein!"
   „Die Intelligenz haben Sie wohl nicht von ihrem Vater geerbt!"
   Motto: „Wer nicht so denkt wie ich, ist dumm."

2. **Dem Kontrahenten Unerfahrenheit attestieren**
   „Sie können hier ja noch gar nicht mitreden."
   „Dir werden noch die Augen aufgehen."
   Motto: „Ich lasse mir doch von einem Grünschnabel nichts sagen."

3. **Den anderen als uninformiert bezichtigen**
   „Lesen Sie eigentlich keine Zeitung?"
   „Leben Sie hinter dem Mond?"
   Motto: „Wer immer mit geschlossenen Augen in der Welt herumläuft, von dem ist ein kompetentes Urteil wohl schlechterdings zu erwarten."

4. **Den Widersacher als überinformiert hinstellen**
   „Ihr Fehler ist, Sie haben sich zu viel mit Psychologie befasst."
   „Sie sollten weniger lesen und mehr Ihrem vernünftigen Menschenverstand vertrauen."
   Motto: „Wer mehr weiß als ich, hat den Blick für das Wesentliche verloren."

5. **Den Gesprächspartner als weltfremd abstempeln**
   „Das sehen Sie zu akademisch."
   „Sie sind und bleiben ein unverbesserlicher Idealist."
   Motto: „Wer die Welt anders sieht als ich, ist ein Traumtänzer."

6. **Dem Antipoden Charakterschwäche vorwerfen**
   „Das ist eine Lüge."
   „Das glauben Sie doch selbst nicht, was Sie sagen."
   Motto: „Wer die Wahrheit nicht weiß, der ist bloß ein Dummkopf. Aber wer sie weiß und sie eine Lüge nennt, der ist ein Verbrecher." (Bert Brecht)

7. **Den Meinungsgegner pathologisieren**
   „Ihre Ansicht verwundert mich nicht, bei dem, was Ihnen alles in der Kindheit zugestoßen ist."
   „Sie sind aus dem Stadium des neurotischen Kindheits-Ichs offenbar niemals herausgekommen."
   Motto: „Wer nicht meiner Meinung ist, leidet unter Minderwertigkeitsgefühlen und sonstigen seelischen Fehlentwicklungen."

Wie soll ich reagieren, wenn mich der Kontrahent durch solche gezielten Angriffe auf meine Person zu verletzen sucht? Auf jeden Fall ist es empfehlenswert, Ruhe zu bewahren, da wir so am ehesten die Absicht des Eristikers durchkreuzen. Mitunter kann es auch angebracht sein sich einfach taub zu stellen und gelassen, als wäre nichts geschehen, mit den sachlichen Ausführungen fortzufahren. Was aber, wenn der Gegenspieler dieses Verhalten nicht als Stärke, sondern als Ausdruck von Angst und Feigheit wertet: *„Mit dem kann man ja alles machen, der wehrt sich nicht einmal."* Unwillkürlich muss ich hier an den Sinnspruch von Jonathan Swift denken: *„Hat man eine erste Demütigung stillschweigend hingenommen, wird man häufig mit weiteren rechnen müssen. Die Verachtung wächst, und die Skrupel unserer Widersacher schwinden dahin. Wie eine Dirne sinken wir von Stufe zu Stufe."*

Im Allgemeinen plädiere ich daher für folgendes Vorgehen: Kurz und bestimmt weisen wir den Angreifer auf sein polemisches Fehlverhalten hin und kehren dann sofort und wie selbstverständlich zum Sachthema zurück. Dabei können wir gegebenenfalls auf bestimmte Standardwendungen zurückgreifen:

- „Ihre Bemerkung ist nicht gerade sehr taktvoll."
- „Überlegen Sie Ihre Äußerungen besser noch einmal."
- „Sie gehen mit Ihren Äußerungen entschieden zu weit."
- „Wie weit wollen Sie eigentlich noch gehen?"
- „Ich finde, Sie nehmen Ihren Mund reichlich voll."
- „Mit Höflichkeiten nutzen Sie Ihre Zunge auch nicht gerade ab."
- „Warum denn gleich sachlich werden, wenn es auch persönlich geht?" (spöttelnd)
- „Nur keinen Streit vermeiden."

Formulieren wir als weitere rhetorische Grundregel:

> Lassen Sie sich nicht provozieren durch herabsetzende Bemerkungen! Bleiben Sie gelassen und kaltblütig!
> Verbitten Sie sich verbale Entgleisungen, und kehren Sie sofort wieder zu Ihren Sachausführungen zurück!

11.2 Verwirrung

Eine beliebte Variante unfairen Verhaltens ist ferner die Technik der Verwirrung. Wir begegnen ihr in verschiedenen Ausprägungen.

11.2.1 Die Verdunkelung

Es gibt hochkomplizierte Zusammenhänge, die sich selbst in einfachen Worten einem gewöhnlichen Sterblichen nur schwer oder überhaupt nicht vermitteln lassen. Denken wir an die Relativitätstheorie von Albert Einstein oder an manche, oft in jahrelanger Denkarbeit gewonnene Einsichten großer Philosophen. Meist verhält es sich aber ganz anders: Nicht die Erkenntnis ist tiefgründig. Vielmehr ist der Geist, der sie hervorbringt, verworren. Der Sprecher ist nicht in der Lage, klar zu denken und sich entsprechend auszudrücken. Mitunter versteht der Betreffende selbst nicht, was er anderen vermitteln will. Wie aber soll den Zuhörern ein Licht aufgehen, wenn es im Kopf des Senders düster aussieht?

All das mag noch verzeihlich sein. Verwerflich wird ein solches Verhalten erst, geschieht es mit Bedacht, d. h. vorsätzlich. Wir begegnen hier wahrhaft virtuosen Strategen des Dunkelsinns. Sie fischen ständig im Trüben, munkeln im Dunkeln und sorgen so absichtsvoll für eine geistige Verunklarung. Fast möchte man mit Polonius aus Shakespeares Hamlet sagen: *„Ist dies schon Tollheit, hat es doch Methode."*

Dabei ist es ganz einfach, sich schwierig auszudrücken. Man spreche so abstrakt wie irgend möglich, niemals anschaulich und konkret, verwende reichlich Fachtermini und Fremdwörter. Vor allem sollte man mit Anglizismen nicht sparen, um damit zusätzlich die Fortschrittlichkeit seiner Ansichten zu bekunden. Eine entsprechende verbale Mixtur und die Zuhörer sind geistig erschlagen. Ihnen ergeht es wie dem armen Schüler in Goethes Faust: *„Mir wird von alledem so dumm, als ging mir ein Mühlrad im Kopf herum."*

Der geschickte Stratege versteht es, aus Lösungen noch ein Rätsel zu machen. So gewinnen selbst banalste Sachverhalte den Anschein besonderer Tiefgründigkeit.

Es gibt wohl kaum eine größere Allerweltsweisheit als die: „Wer ein Ziel erreichen will, muss sich anstrengen." Im Volksmund heißt dies schlicht: *„Sich regen, bringt Segen"*, oder: *„Ohne Fleiß kein Preis."* Man stelle sich vor, ein Managementtrainer bzw. ein Unternehmensberater wollte besagte Erkenntnis als Therapiemaßnahme anbieten. Er würde dem Ansehen seines Berufsstandes schaden. Ganz anders sieht die Sache aber aus, übersetzt er die erwähnte Aussage in seine Kunstsprache:

„Zur Zielerreichung bedarf es eines systematischen Selbstmanagements in Form einer ganzheitlichen Selbstorganisation. Mit anderen Worten: Es gilt, die Grundsätze eines erfolgsorientierten Quality Managementsystems (QM) als Werkzeuge der Prozesssteuerung und des eigenen operativen Vorgehens zu implementieren."

Das dürfte selbst bei gestandenen Firmenchefs seinen Eindruck nicht verfehlen.

Wir aber können daraus ersehen: Nicht alles, was bedeutend klingt, ist es auch. Oft verhält es sich genau entgegengesetzt. Schopenhauer hat Recht, wenn er meint:

„... ebenso nun wird jeder schöne und gedankenreiche Geist sich immer auf die natürlichste, unumwundenste, einfachste Weise ausdrücken, ... umgekehrt nun aber wird Geistesarmut, Verworrenheit, Verschrobenheit sich in die gesuchtesten Ausdrücke und dunkelsten Redensarten kleiden, um so in schwierige und pomphafte Phrasen kleine, winzige, nüchterne oder alltägliche Gedanken zu verhüllen, demjenigen gleich, der, weil ihm die Majestät der Schönheit abgeht, diesen Mangel durch die Kleidung ersetzen will und unter barbarischem Putz, Flittern, Federn, Krausen, Puffen und Mantel, die Winzigkeit oder Hässlichkeit seiner Person zu verstecken sucht."

Warum ist die Technik der Verdunkelung so erfolgreich? Einer der Gründe dürfte sein: Die Empfänger sprachlicher Botschaften neigen oft zu übergroßer Vertrauensseligkeit. Wie sagte schon Mephistopheles in Goethes Faust: *„Gewöhnlich glaubt der Mensch, wenn er nur Worte hört, es müsse sich dabei doch auch was denken lassen."* Ja, wir können sogar noch einen Schritt weitergehen. Manche erstarren regelrecht vor Ehrfurcht. Kommen sie nicht hinter den Sinn einer Aussage, werten sie dies als Beleg für die besondere Tiefgeistigkeit des Verfassers, der die eigene Beschränktheit gegenübersteht. Auf die Idee, dass es vielleicht genau umgekehrt sein könnte, kommen sie nicht.

Eine zweite Ursache ist: Der Meister der Verunklarung entführt seine Zuhörer in eine Zauberwelt, voller Rätsel und Geheimnisse. Das ist irgendwie erregend und sorgt für ein besonderes Reizklima. Gelingt es, die gedanklichen Hieroglyphen zu entziffern, steigt man eventuell zu einer neuen Bewusstseinsebene empor. Die Adressaten fühlen sich also gar nicht so unwohl bei diesem Leerstück. Sie sonnen sich im Dunkeln, auch wenn am Ende die erhoffte Erleuchtung ausbleibt.

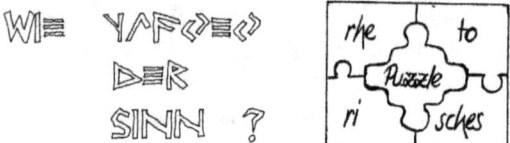

Bleibt noch die Frage: Wie sollten wir uns gegenüber einem Strategen des Dunkelsinns verhalten? Wir wollen die Antwort gleich in Form einer weiteren rhetorischen Grundregel geben:

> Lassen Sie sich nicht blenden von Rednern, die durch eine komplizierte Ausdrucksweise den Anschein gedanklicher Tiefgründigkeit erwecken!

11.2 Verwirrung

Haben Sie den Mut, konkret nachzufragen, wenn Ihnen etwas unklar ist! Sie sprechen damit auch anderen Zuhörern aus dem Herzen, die sich nicht trauen, aus Angst, ihre Unwissenheit bloßzustellen.

11.2.2 Die Wortschwalltechnik

Manche Menschen besitzen eine erstaunliche Fähigkeit: Sie können stundenlang reden, ohne das Geringste mitzuteilen. Das bemerkte schon Celimene in Molières „Der Menschenfeind":

„In dieser Kunst zeigt er sich sehr beschlagen:
Mit einem großen Schwall von Worten nichts zu sagen.
Man sucht in dem Geschwätz vergebens nach dem Sinn,
Es rauscht nur, dröhnt und braust,
man hört zuletzt nicht hin."

Jetzt haben wir es mit dem Meister der „Bla-bla-Technik" zu tun. Fairerweise wollen wir aber auch hier gleich einräumen: Sollte uns der Schaumschläger noch so sehr auf die Nerven gehen. Von einem unredlichen Verhalten können wir wiederum erst sprechen, wenn er es gezielt als Instrument einsetzt, um sich Vorteile zu verschaffen und seine Interessen besser durchsetzen zu können.

Leider kommt Letzteres in der Praxis immer wieder vor. Mitunter ist die Wortschwall-Methode sogar Teil einer regelrechten Zermürbungstaktik. Der unfaire Stratege versucht, seine Kontrahenten mit Worten zu „erschlagen", sie „tot zu reden". Am Ende geben diese entmutigt auf, verlieren die Lust, ihren Standpunkt noch länger zu verfechten.

Um sein Ziel zu erreichen, benötigt der Schwadronierer keine schweren verbalen Geschütze. Er verwendet vielmehr solche Ausdrücke, die ihn selbst unangreifbar machen: Leerformeln, Worthülsen und begriffliche Amöben.

Verdeutlichen wir die Funktionsweise an einem Beispiel aus der Praxis. Angenommen, der Betriebsleiter des Unternehmens XY steht vor der nicht leichten Aufgabe, vor versammelter Belegschaft die Firmenstrategie für die kommenden Jahre erläutern zu müssen. Alle warten gespannt, welche konkreten Schritte zu erwarten sind. Der Betriebsleiter, ein erfahrener Stratege der Phrasentechnik, hütet sich jedoch, die Katze aus dem Sack zu lassen:

„Wir alle müssen uns den Herausforderungen der Zukunft stellen. Wenn man etwas für richtig erkannt hat, hat es keinen Zweck zu sagen, das machen wir irgendwann. Wir haben stattdessen den Grundauftrag, dringliche Dinge verstärkt, ohne Aufschub

anzugehen. Wir sollten uns allerdings vor Schnellschüssen hüten. Wir dürfen den zweiten Schritt nicht vor dem ersten tun. Ganz entscheidend ist vor allem ein ganzheitliches Vorgehen. Der reduktionistische Ansatz führt uns nicht weiter. Eine reine Insellösung darf und kann es nicht geben. Bei alledem sollten wir uns um klare, saubere Schnittstellen bemühen. Es kommt darauf an, vorhandene Synergieeffekte zu nutzen. Um erfolgreich zu sein, müssen wir pragmatisch handeln, nicht formalistisch und administrativ. Wir können unser gemeinsames Ziel nur erreichen, wenn wir alle an einem gemeinsamen Strang ziehen. Wir müssen uns konstruktiv verhalten, nicht destruktiv ..."

Bei so viel Phrasendunst fühlt man sich unwillkürlich an den berühmten Ausspruch von Goethes Faust erinnert: *„Da steh' ich nun, ich armer Tor und bin so klug als wie zuvor."*

Im Übrigen: Das Besondere an den Sprechblasen ist ihr allgemeiner Charakter. Sie sind so nichtssagend, dass sie praktisch jederzeit und überall einsetzbar sind gleich Versatzstücken im Theater. Daher genügen bereits wenige solcher begrifflichen „Allgemeinplätze", um besagte Strategie erfolgreich handhaben zu können.

Bleibt noch offen: Wie soll ich mich verhalten, wenn ich es mit einem Wortschwaller zu tun habe? Abermals wollen wir die Antwort als ergänzende rhetorische Grundregel formulieren:

> Lassen Sie sich nicht einlullen von Sprechblasen und inhaltsleerer Wortkliddlerei!
> Fragen Sie immer wieder konkret nach!
> Bitten Sie den Wortschwaller um Fakten, Zahlen und Beispiele!

11.3 Die Täuschungstechnik

Will die Verwirrtechnik verhindern, dass dem Zuhörer „ein Licht aufgeht", zielt die Täuschungsstrategie darauf ab, diesen bewusst „hinters Licht zu führen".
Erneut können wir hier zwischen mehreren Varianten unterscheiden.

11.3.1 Schön- und Missfärberei durch Worte

Wenn wir miteinander kommunizieren, tauschen wir keine wertneutralen Informationen aus. Wir geben unsere Empfindungen wieder und appellieren zugleich an die emotionale Seite der Gesprächspartner. Was uns dabei im alltäglichen Sprechverhal-

11.3 Die Täuschungstechnik

ten meist gar nicht bewusst ist: Worte selbst haben in der Regel schon einen spezifischen Stimmungsgehalt. Sie können z. B. gefühlsmäßig positiv oder negativ besetzt sein:

Experte	Fachidiot
Marktwirtschaft	Kapitalismus
Polizei	Bullen
begabter Visionär	gefährlicher Traumtänzer
vernünftige Versöhnung	beflissenes Versöhnlertum
maßvolles Entgegenkommen	memmenhafte Beschwichtigung
Individualist	Sonderling

oder:

Entlassung	Gesundschrumpfung, Lean Management
Angriff (militärisch)	Vorwärtsverteidigung, Präventivschlag
Bierbauch	Figur eines Genießers
Schüchternheit	dezenter Charme
dick, korpulent	stattlich, repräsentativ, vollschlank
geschieden	eheerfahren
Katastrophe	Herausforderung

Es ist durchaus legitim, ja zeugt sogar von sprachlichem Feingefühl und taktischem Geschick, wenn man seine Worte passgenau, gemäß dem angestrebten Zweck, zu nuancieren versteht.

„Der Laden ist heute Nachmittag geschlossen."	„Wir haben heute von 8–13 Uhr für Sie geöffnet."
„Produktpreis ab 10 €!"	„Sie bekommen das Produkt schon für 10 €."

Zum unfairen Manöver wird dieses Vorgehen aber, setze ich es bewusst ein, um andere Menschen irrezuführen. Das ist der Fall, wenn ich einen Sachverhalt entstelle, ihn z. B. schön- oder schlechtrede. Mitunter müssen wir regelrecht „zwischen den Zeilen lesen", wollen wir den wahren Sinn einer Aussage erfassen. Ein Musterbeispiel ist das Kauderwelsch in der Reiseverkehrsbranche:[58]

---

[58] Nach Informationen der Verbraucherverbände.

offizielle Sprachversion	mögliche Interpretation
naturbelassener Strand	Küstenstreifen ungepflegt; Tang und Abfall nie weggeräumt
zentral gelegenes Hotel	Mit Verkehrslärm ist zu rechnen.
Transfer zum Flughafen nur wenige Minuten	regelmäßiger Fluglärm
aufstrebender Badeort	wenig Grün; Baugruben und Lärm
landestypische Bauweise	Kachelböden und dünne Wände
saubere und zweckmäßige Zimmer	wenig Luxus, kein Komfort
internationale Küche	Einheitskost aus der Tiefkühltruhe
fröhliche und lebensfrohe Atmosphäre	Geräuschpegel rund um die Uhr

Manchmal begegnen wir auch Sprachschöpfungen, die es besser gar nicht geben dürfte. Es sind wahre **Un**wörter. Um auf eine solche **Un**sitte aufmerksam zu machen, wählt eine unabhängige Jury regelmäßig das „Unwort des Jahres". 1996 z. B. gebührte diese zweifelhafte Ehre dem Begriff „Rentnerschwemme". Er weckt Assoziationen an eine plötzlich hereinbrechende Naturkatastrophe, die von allen unpopuläre Opfer abverlangt.

Wie sehr man allein durch Begriffsbildungen unterschwellig Stimmungen erzeugen und damit Menschen in ihrem Denken und Handeln manipulieren kann, wollen wir mit einem abschließenden Beispiel aus dem medizinischen Bereich verdeutlichen. In der Medizin unterscheiden wir zwei verschiedene Teilgebiete: die traditionelle Medizin und die sonstige Heilkunde. Zu letzterer gehören eine Vielfalt therapeutischer Verfahren wie Symbioselenkung, Magnetfeldtherapie, Bioresonanztherapie, Zellulartherapie, Ozontherapie, Bachblütentherapie, Homöopathie und Anthroposophie. Die beiden Lager stehen sich eher argwöhnisch gegenüber, was sich unter anderem in der Namensgebung für besagte Gebiete niederschlägt. So bezeichnen die Anhänger der klassischen Medizin die übrigen Heilmethoden oft als Paramedizin oder gar als Kurpfuscherei. Sie wollen damit suggerieren, dass es sich hierbei um unseriöse, unwissenschaftliche Verfahren, ja schlichtweg um „Hokuspokus" handelt. Die traditionelle Heilkunde nennen sie etablierte, wissenschaftliche, überprüfbare Medizin oder ganz einfach nur „die Medizin", um deren Ausschließlichkeitsanspruch zu dokumentieren. Die Gegenseite wiederum spricht verächtlich von der „Schulmedizin", die, wie der Ausdruck suggeriert, fernab von aller Wirklichkeit, mit „ihrem (therapeutischen) Latein bald am Ende ist". Für die eigene Heilmethodik verwendet sie dagegen Begriffe wie:

▷ Alternativmedizin oder Komplementärmedizin; signalisiert: Es gibt ergänzende Methoden zu den herkömmlichen, die vielfach nicht weiterhelfen.

▸ Naturheilkunde; assoziiert: Es sind keine bedenklichen Nebenwirkungen zu befürchten etwa durch Chemieprodukte oder Strahlenbelastungen.
▸ sanfte, humanistische Medizin; lässt wie der Begriff „Naturheilkunde" an Risikoarmut denken.

11.3.2 Die Übertreibung

Wir leben bekanntlich im Zeitalter der Kommunikation. Noch nie gab es ein solch umfassendes Informationsangebot. Unser Problem: Wir können nur einen winzigen Bruchteil davon aufnehmen und verarbeiten. Wir müssen selektieren. Wie? Ganz einfach: Wir registrieren in erster Linie das, was uns besonders auffällt: das Außergewöhnliche und Groteske. Für das Übrige haben wir in der Regel keine Antenne.

Dieser Eigenart menschlicher Wahrnehmung passt sich die Kommunikationsbranche an, mit instinktivem Gespür für die Erfordernisse des Marktes. Sie verwendet dabei ein simples und doch wirkungsvolles Instrument: die **Übertreibung**. Entsprechend verfährt sie bereits bei der **Auswahl** der Informationen. So berichten z. B. unsere Medien mit Vorliebe über Sensationen, Katastrophen, Skandale, blutrünstige Verbrechen, große Siege, bittere Niederlagen, stürmische Leidenschaften, grandiose Abenteuer, glitzernde Showerlebnisse etc. Unser aller Lebenserfahrung wird auf den Kopf gestellt. Die Ausnahme wird zur Regel, das Normale zur Ausnahme oder existiert überhaupt nicht.

Aber auch bei der **Aufbereitung** bedienen sich die Informanten der Übertreibungstechnik. Wo Märkte sind, fehlt es nicht an Marktschreiern, und Klappern gehört nun einmal zum kommunikativen Handwerk. Vokabular und Ausdrucksweise sind voller Extreme: grell und bunt, laut und leise. Es fehlen die Zwischentöne. Man schwelgt in Superlativen. Aus einem Windstoß wird ein Tornado, aus einem leichten Vibrato ein starkes Erdbeben etc. Die Sprache selbst spielt also in unserer Erlebnisgesellschaft einen Hauptpart bei der Vermittlung des gewünschten Nervenkitzels.

Die Übertreibungstechnik ist keineswegs so harmlos, wie sie vielleicht auf den ersten Blick erscheinen mag. Ihr ständiger Gebrauch bewirkt, dass sie allmählich das Flair des Besonderen verliert. Wir gewöhnen uns daran. Dies aber setzt einen Prozess in Gang, den die Psychologen „Suchtsyndrom" nennen. Die Adressaten verlangen nach permanenter Steigerung. Unausweichliche Folge: Die Übertreibung nimmt immer groteskere Züge an. Es kommt zu einem wachsenden Realitätsverlust.

Informationsgesellschaft
(Informationsflut)

Wahrnehmung des Außergewöhnlichen

Informanten passen sich an:
(gezwungen durch gnadenlosen Konkurrenzkampf)
Darstellung von Sensationen, grell und bunt, schreiend
oder flüsternd, ohne Zwischentöne

Sensationen nutzen sich ab.
Suchtsyndrom: Verlangen nach permanenter Steigerung

Realitätsverlust

Was uns vielleicht weniger bewusst ist: Auch in alltäglichen Gesprächen sind Übertreibungen beliebt. Um sich Gehör zu verschaffen oder interessanter zu machen, haut so mancher gern „auf den Putz": *„Das ist das Schönste, was ich je erlebt habe." „So feierlich war es noch nie."*

Zudem bedient man sich oftmals überspitzter Formulierungen, wenn jemand sich anders verhält, als man es sich wünscht. *„Immer kommst du zu spät." „Nie hörst du mir zu."* Sprechstilistische Stachelwörter wie „immer" oder „nie" wirken wie emotionale Beschleuniger, die das Gesprächsklima erhitzen und leicht einen Streit nach sich ziehen.

11.3 Die Täuschungstechnik

In Diskussionen wiederum wird die Übertreibungstechnik häufig als strategisches Instrument eingesetzt. Man greift irgendeinen Aspekt der gegnerischen Meinung heraus und bauscht ihn so auf, dass er absurd oder lächerlich erscheint. Angenommen, die Diskussion dreht sich um das leidige Thema: Ist eine Reform unseres Sozialstaats unumgänglich?

Die Befürworter werden argumentieren:
„Eine soziale Abspeckung ist längst überfällig.
Wir müssen endlich etwas tun gegen die ausufernde Hängemattenmentalität.
Wir sind doch ein einziger kollektiver Freizeitpark geworden.
Wohin man auch sieht: Überall Sozialschmarotzer."

Die Gegner werden erwidern:
„Wir müssen einen Abbau des Sozialstaates verhindern.
Es darf keinen sozialen Kahlschlag geben.
Wir wollen nicht zurück zur Ellenbogengesellschaft, bei der das Solidaritätsbewusstsein zum puren Eigennutz verkommt.
Wir dürfen nicht Zuflucht nehmen zu einer individualistischen Yuppiegesellschaft."

Mitunter räumt der Stratege seine Übertreibung auch ein. Im Gedächtnis der Zuhörer zurück bleibt dennoch die überzogene Formulierung:

▸ *„Scherzhaft könnte man sagen, dass ..."*
▸ *„Das mag übertrieben sein. Die Aussage geht aber sicher in die richtige Richtung."*
▸ *„Auch wenn gegen die Berechnung im Einzelnen vieles einzuwenden ist, so zeigt sie doch auf, in welcher Größenordnung sich diese Zahlen bewegen können."*
(Anm.: Der Stratege macht übertriebene und völlig aus der Luft gegriffene Zahlenangaben.)
Möglicher Konter: *„Salopp gesagt können Sie jede Zahl von 1 bis 999 Milliarden einsetzen. Eine Zahl wäre so spekulativ wie die andere."*
▸ *„Auch wenn dies nicht alles erklärt, falsch ist es nicht."*
(Anm.: Der Stratege versucht eine Behauptung zu rechtfertigen, für die es so gut wie keine Beleggründe gibt.)
Möglicher Konter: *„Besser als nichts ist oftmals um so vieles weniger als etwas."*

Halten wir als rhetorische Grundregel fest:

> Seien Sie wachsam gegenüber rhetorischen Täuschungsmanövern wie Schön- und Missfärberei durch Worte oder Übertreibungen!

11.4 Defekte bei der Argumentation

Argumente sollten stimmig und in sich schlüssig sein. Das ist aber oftmals nicht der Fall. Immer wieder versuchen unfaire Strategen, sich durch unredliche Argumentationstechniken Vorteile zu verschaffen. Im Folgenden wollen wir uns einige dieser Praktiken etwas näher ansehen.

11.4.1 Falsche Schlussfolgerungen

Manche Schlussfolgerungen klingen sehr logisch. Sie sind es aber nicht. Hierzu ein kleiner Test:

Welche der beiden Rückschlüsse ist unlogisch?

„Alle Menschen haben zwei Beine.
Jedes Mädchen ist ein Mensch.
Also hat jedes Mädchen zwei Beine."

„Alle Menschen haben zwei Beine.
Jedes Mädchen hat zwei Beine.
Also sind alle Mädchen Menschen."

Das zweite Beispiel ist ein unzulässiger Hauptsatzschluss (Syllogismus). Er zieht aus zwei Vorsätzen eine unlogische Folgerung. Das wird sofort klar, wenn wir das Wort „Menschen" durch den Begriff „Gänse" ersetzen:

„Alle Gänse haben zwei Beine.
Jedes Mädchen hat zwei Beine.
Also sind alle Mädchen Gänse."

Letztere Behauptung wäre selbst im übertragenen Sinne unzutreffend.

Es gibt dialektisch geschulte Strategen, die das Instrument der falschen Schlussfolgerung gezielt einsetzen. Sie vertrauen darauf, dass die Zuhörer den Trugschluss auf die Schnelle gar nicht bemerken. Wie beurteilen Sie nachstehende Aussage?

„Wenn man Deutscher ist, hat man das Recht, wie ein Deutscher behandelt zu werden.
Ausländer sind keine Deutsche.
Folglich haben Ausländer nicht das Recht, wie Deutsche behandelt zu werden."

Die Argumentation erfolgt nach dem Muster:

„Wenn A, dann B.
A gilt nicht.
Also folgt auch nicht B."

11.4 Defekte bei der Argumentation

Diese Schlussfolgerung ist unzulässig.
Und wie steht es mit folgendem Bedingungssatzschluss?
Er: *„Wenn du die Grünen wählst, hat Umweltschutz für dich eine hohe Priorität."*
Sie *„Für mich hat Umweltschutz eine hohe Priorität."*
Er: *„Also musst du die Grünen wählen"*
Jetzt lautet das Ablaufschema:
„Wenn A, dann B.
Es gilt B.
Also muss auch A gelten."
Wieder liegt hier ein Fehlschluss vor.

Logisch falsch ist auch folgende Aussage, die wir vor allem in Diskussionen immer wieder hören können: *„Das mag zwar theoretisch richtig sein, in der Praxis sieht es aber anders aus."* Diese Trumpfkarte wird häufig ausgespielt, wenn der Kontrahent einen fachlich versierten Eindruck vermittelt. Ich versuche ihm dadurch das Etikett eines weltfremden Theoretikers anzuhängen. Zudem dürfte der logische Bruch den meisten abermals gar nicht bewusst sein. Wissen wir doch alle nur zu gut: Theoretisches Wissen und praktisches Können sind oft zweierlei Paar Schuh. Ich kann z. B. die theoretische Führerscheinprüfung ohne Fehler bestehen und dennoch beim anschließenden Fahrtest durchfallen.

Trotzdem beinhaltet obige Behauptung einen Widerspruch. Wir wollen ihn mit den Worten A. Schopenhauers aufdecken, der in seiner Eristischen Dialektik ausführt: *„Durch dieses Sophisma gibt man die Gründe zu und leugnet doch die Folgen ... was in der Theorie richtig ist, muss auch in der Praxis zutreffen: Trifft es nicht zu, so liegt ein Fehler in der Theorie, irgendetwas ist übersehen und nicht in Anschlag gebracht worden, folglich ist's auch in der Theorie falsch."*

Es gibt allerdings Paradoxien, die sofort auffallen, da sie auf sich selbst Bezug nehmen. Sie sind geradezu eine Einladung an den Gesprächspartner zum rhetorisch-dialektischen Schäferzug:

▸ „Man sollte nie „nie" sagen."
  Möglicher Konter: „Können Sie noch mal wiederholen! Was sollte man nie sagen?"
▸ „Die Geschichte lehrt uns: Wir können aus der Geschichte nichts lernen."
  Anm.: Logisch richtig wäre: „Das einzige, was wir aus der Geschichte lernen können ist, dass wir ansonsten nichts aus ihr lernen können."
▸ „Eines ist gewiss. Es gibt keine sicheren Tatsachen."

> „Dass die Dummen immer so selbstsicher sind und die Klugen voller Selbstzweifel."
> „Sind Sie da ganz sicher?"
> „Aber sicher doch, gewiss."

Zu den häufigsten Argumentationsdefekten gehören voreilige Schlussfolgerungen. Angenommen, zwei Ereignisse treten gleichzeitig oder nacheinander auf, schon heißt es oft von bestimmter Seite, das eine bedingt das andere, auch wenn eine solche ursächliche Verknüpfung gar nicht hinreichend gesichert ist. Dabei lässt man sich nicht leiten vom Drang nach Erkenntnis und Wahrheitsfindung sondern von persönlichen Interessen und Wunschvorstellungen. Unterstellen wir, die Löhne steigen kräftig und anschließend nimmt die Arbeitslosigkeit zu. Sofort werden die Unternehmervertreter argumentieren: *„Weil die Löhne so stark gestiegen sind, gibt es mehr Arbeitslose."* Dabei ist der Grund möglicherweise ein ganz anderer, z. B. ein weltweiter Konjunktureinbruch und eine rückläufige Güternachfrage. Steigen dagegen die Löhne und die Beschäftigung nimmt zu, heißt es von Gewerkschaftsseite: *„Das zeigt mal wieder eindeutig, hohe Löhne sind gut für die Beschäftigung, denn sie stimulieren die Kaufbereitschaft".* Aber auch hier kann die Ursache für die günstige Arbeitsmarktentwicklung eine andere sein, etwa eine boomende Weltwirtschaft.

Als weitere rhetorische Grundregel wollen wir formulieren:

Lassen Sie sich nicht durch falsche Schlussfolgerungen in die Irre führen!

11.4.2 Killerphrasen

Zum Standardrepertoire des unfairen Strategen zählen auch Killerphrasen oder Totschlagargumente. Es handelt sich um pauschale, herabsetzende Bemerkungen mit dem Zweck, unerwünschte Vorgehensweisen zu blockieren und einen Diskussionsabbruch zu bewirken. Daher werden sie gerne benutzt von Bewahrern in der Auseinandersetzung mit Erneuerern oder von Älteren gegenüber Jüngeren.

> „Das haben wir noch nie so gemacht."
> „Das haben wir früher schon gemacht, und es hat nicht geklappt."
> „Dafür sind Sie noch viel zu jung."

Wie können wir auf solche Killerphrasen reagieren? Keinesfalls dürfen wir uns hiervon einschüchtern lassen. Wenn etwas Gewicht für uns hat, dann nur Argumente mit Substanz. Daher ist es oft am besten, Killerphrasen gar nicht zu beachten. Will

11.4 Defekte bei der Argumentation

man dennoch darauf eingehen, kann man z. B. auf folgende Standardbemerkungen zurückgreifen, wobei es sich empfiehlt, die Schärfe der Replik auf die jeweilige Situation abzustimmen:

- „Das haben wir noch nie so gemacht."
- Konter:
„Was spricht dann dagegen, es zu versuchen?"
„Dann wird es Zeit, dass wir es tun."
- „Das haben wir früher schon gemacht und es hat nicht geklappt."
Konter:
„Mag sein. Allerdings waren die Rahmenbedingungen damals andere."
„Wer weiß, was Sie damals falsch gemacht haben."
- „Dafür sind Sie noch viel zu jung."
Konter:
„Wenn Sie so erfahren sind, können Sie mir doch sicher sagen, was von der Sache her dagegen spricht?"
„Ja, ich bin jünger als Sie. Deshalb würde ich aber nie an Ihrer Lernfähigkeit zweifeln."

Als Totschlagargumente können wir auch die ‚Argumente der schiefen Ebene' oder ‚Dammbruchargumente' ansehen. Argumente dieser Art werden häufig vorgebracht im Zusammenhang mit strittigen Themen der angewandten Ethik wie Sterbehilfe (Euthanasie), Abtreibung und Stammzellenforschung oder auch bei Fragen der Bioethik wie etwa Zulässigkeit von Gentechnologie. Die Verfechter warnen davor, bei bestimmten Vorhaben auch nur den ersten Schritt zu tun, da in der Folge ein Missbrauch nicht auszuschließen sei und man somit leicht auf die schiefe Bahn geraten könne. Ihr Motto lautet daher: ‚Principiis obsta.'[59] ‚Wehre den Anfängen'.

Dammbruchargumente

---

[59] Aussage des römischen Dichters Ovid.

- „Wenn man aktive Sterbehilfe gestattet, wird es irgendwann dazu kommen, dass pflegebedürftige Menschen aus Gründen der Kostenersparnis getötet werden."
- „Lässt man embryonale Stammzellenforschung aus therapeutischen Gründen zu, muss man damit rechnen, dass als nächster Schritt die Freigabe des reproduktiven Klonens von Menschen erfolgt."

Natürlich sollte man bei solch hochsensiblen Themenbereichen auch die Frage eines möglichen Missbrauchs erörtern. Wenn man aber die Zulässigkeit bestimmter Maßnahmen oder Entwicklungen allein davon abhängig macht, ob es irgendwann zu missbräuchlichen Anwendungen kommen kann, muss man im Grunde alles verbieten. Denn Missbrauch ist im Prinzip immer möglich bei allen nur denkbaren Neuerungen. Mit einem Messer z. B. kann ich Brot schneiden, aber auch Menschen verletzen oder töten. Über das Internet kann ich schnell und billig nützliche Informationen versenden und beziehen. Es kann aber auch eine Plattform sein zur Übermittlung gewaltverherrlichender oder pornografischer Inhalte. Dammbruchargumente, die jegliche Diskussion im Keim ersticken, sind somit keine geeigneten Instrumente, um strittige Problemfragen zu beantworten. Stattdessen sollte man lieber offen sein für Neues und das Für und Wider vernünftig gegeneinander abwägen.

Halten wir als rhetorische Grundregel fest:

> Lassen Sie nicht zu, wenn jemand durch Killerphrasen und Dammbruchargumente einen Gesprächsabbruch erzwingen möchte!
> Seien Sie nur zugänglich für Argumente mit Substanz!

11.4.3 Falsches Dilemma

Bei der Methode ‚Falsches Dilemma' zeigt der Stratege nur zwei Wahlmöglichkeiten auf im Sinne einer „Entweder-oder-Annahme". Er verschweigt bewusst, dass es noch eine dritte oder gar noch weitere Lösung(en) gibt.

- *„Wer nicht für uns ist, ist gegen uns."* (Kann man denn keine neutrale Position beziehen?)
- *„Entweder Atomstrom oder die Lichter gehen aus."* (Gibt es keine anderen Quellen der Stromerzeugung?)
- *„Möchten Sie den Kaffee mit oder ohne Milch?"* (Vielleicht will der Gast nach dem Dinner im Restaurant gar keinen Kaffee bestellen?)

11.4 Defekte bei der Argumentation

Auch politische Redner bedienen sich häufig dieses Instruments. So heizte z. B. Joseph Goebbels in seiner berüchtigten Sportpalastrede die ohnehin schon aufgeladene Stimmung weiter an, indem er seine Zuhörer gezielt mit einem falschen Dilemma konfrontierte: *„Die Engländer behaupten, das deutsche Volk wehrt sich gegen die totalen Kriegsmaßnahmen der Regierung. Es will nicht den totalen Krieg, sagen die Engländer, sondern die Kapitulation. Ich frage euch: Wollt ihr den totalen Krieg? Wollt ihr ihn, wenn nötig totaler und radikaler, als wir ihn uns heute überhaupt vorstellen können?"* Für Goebbels gab es also nur die Alternative ‚totaler Krieg' oder ‚Kapitulation'. Die Möglichkeit, auf dem Verhandlungswege zu einer friedlichen Lösung zu kommen, schloss er aus.

Die Methode des falschen Dilemmas ist offenbar sehr erfolgreich. Als wir vor einiger Zeit einen Neuwagen kauften, überreichte uns der Verkäufer am Ende des Beratungsgesprächs einen Bewertungsbogen mit einer Notenskala von 1 bis 6, um den Grad unserer Zufriedenheit mit dem Beratungsgespräch zu erfragen. In tiefem, vertrauenerweckenden Tonfall fügte er hinzu: *„Bitte tun Sie uns den Gefallen und drücken Sie Ihre Meinung möglichst pointiert aus. Wenn Sie zufrieden waren, vergeben Sie nur die beste Note, ansonsten nur die Allerschlechteste."* Dieser Trick verhalf ihm offenbar in den meisten Fällen zu einem Traumergebnis. Denn an der Wand hinter seinem Beratertisch hing deutlich sichtbar eine mit goldfarbenem Rahmen eingefasste Urkunde: ‚Bester Verkäufer des Jahres'.

Wir sollten uns bewusst sein, dass es sich bei der Methode des falschen Dilemmas um ein raffiniertes Manipulationsinstrument handelt. Die Adressaten sollen durch eine gezielte Einengung der Handlungsalternativen animiert werden, eine Wahlentscheidung zu treffen, die den Interessen des Strategen dient. Dazu dürfen wir uns nicht hergeben. Stattdessen sollten wir darauf achten, dass unser Entscheidungsspielraum in vollem Umfang gewahrt bleibt, damit wir von unserem Recht auf freie Meinungsäußerung uneingeschränkt Gebrauch machen können.

Halten wir daher als weitere rhetorische Grundregel fest:

Akzeptieren Sie nicht, wenn man Ihre Entscheidungsmöglichkeiten im Sinne eines falschen Dilemmas beschneidet!
Fordern Sie den anderen auf, weitere Alternativen zu nennen!

11.5 Rhetorische Fallen

Auf dem Gebiet der Kampfrhetorik begegnen wir immer wieder raffinierten Fallenstellern. Wer hier nicht aufpasst, kann schnell in die Falle tappen.

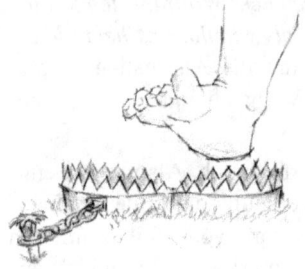

11.5.1 Begriffsdefinitionen abfragen

Ein beliebtes Mittel in Streitgesprächen ist es, den anderen völlig überraschend um eine bestimmte Begriffsdefinition zu bitten. „Herr Müller, was verstehen Sie genau unter der Bezeichnung ‚Zivilcourage'?"[60] Oder: „Erklären Sie bitte den Unterschied zwischen ‚Manipulation' und ‚Motivation'!"[61] Damit kann man den Adressaten in arge Verlegenheit bringen. Denn: Niemand ist ein wandelndes Lexikon. Außerdem tun wir uns im Allgemeinen schwer damit, etwas exakt zu definieren, selbst dann, wenn wir vom Begriffsinhalt eine klare Vorstellung haben. Wie schmeckt Salz? Versuchen Sie es mal zu erklären, ohne das Wort salzig zu verwenden. Dabei braucht man in den meisten Fällen die genaue Begriffsdefinition gar nicht zu kennen, um fundierte Aussagen zu einer Thematik zu machen. Geht es z. B. um die Frage: „Sollte man harte alkoholische Getränke verbieten?", muss man nicht unbedingt den Begriff Alkohol definieren können, womöglich noch mit genauer chemischer Formel, um z. B. die Wirkung von alkoholischen Getränken beurteilen zu können. Das weiß man auch so.

Wie sollte man reagieren auf ein solch hinterhältiges Manöver? Ungeschickt wäre, eine genaue Antwort geben zu wollen, ohne diese zu kennen. Man liefe Gefahr, etwas Falsches oder nicht völlig Korrektes zu sagen. Das aber wäre ganz im Sinne

---

[60] Zivilcourage bedeutet Handeln im Sinne einer höheren ethischen Norm zum eigenen Nachteil.
[61] Manipulation beschreibt die Verhaltensbeeinflussung zu fremdem Nutzen. Bei der Motivation bewege ich den anderen dazu, etwas zu tun zu dessen eigenem Vorteil.

des Strategen. Er könnte Sie dann korrigieren und vor den Augen der Zuhörer als unwissend bloßstellen.

Stattdessen empfiehlt es sich, das Vorgehen als nicht sachdienlich zu entlarven:
- „Herr Müller, Begriffsdefinitionen führen uns in der Sache nicht weiter."
- „Es bringt nichts, wenn wir uns gegenseitig Begriffe abfragen."
- „Ich streite nicht um Worte."

Man könnte die Frage auch einfach zurückgeben. „Sie wissen das doch sicherlich. Dann sagen Sie es bitte den Zuhörern."

11.5.2 Fragen nach einer genauen Grenze

Eine unredliche Taktik ist auch folgende: Der Stratege stellt Fragen, die im Grunde gar nicht zu beantworten sind. Er fordert z. B. seinen Kontrahenten auf, eine ganz klare Grenze zu nennen bei Sachverhalten oder Vorgängen, die sich durch Stetigkeit, Kontinuität und gleitende Übergänge auszeichnen, bei denen es folglich keine eindeutige Grenze gibt.
- „Ab wie viel Marktteilnehmern sprechen wir von einem Polypol und nicht mehr von einem Oligopol?"
- „Wo ist für Sie genau die Grenze zwischen Heldentum und Leichtsinn?"
- „Wo liegt Ihrer Meinung nach die Grenze zwischen gesundem Egoismus und Rücksichtslosigkeit?"

Kann der Adressat die Frage nicht beantworten, wertet dies der Stratege als Beleg für dessen mangelnde Kompetenz.

Mitunter zieht er daraus aber noch weitergehende Folgerungen nach dem Motto: Wenn es nicht möglich ist, eine Trennlinie zwischen zwei Zuständen zu ziehen, darf man gar nicht von unterschiedlichen Zuständen sprechen. Denn woher will man wissen, in welchem Zustand man sich befindet, wenn man nicht weiß, wann ein neuer Zustand beginnt? Diesem Argumentationsmuster begegnen wir häufiger. So wird z. B. von den Gegnern eines Schwangerschaftsabbruchs gerne die Frage gestellt: „Ab wann genau bei der embryonalen Entwicklung beginnt der Mensch, ab der Zeugung, nach drei Monaten, nach neun Monaten?" Da sich diese Frage nicht beantworten lässt, schließen sie, dass man zwischen den einzelnen Entwicklungsstadien nicht weiter differenzieren dürfe. Stattdessen müsse ein Abbruch von Anfang an, d. h. bereits unmittelbar nach der Befruchtung untersagt werden. Diese Betrachtungsweise leugnet die Entwicklungsfortschritte und verkennt, dass wir durchaus klassifizierende Aussagen über bestimmte Entwicklungszustände machen können, auch wenn man nicht genau weiß, wann ein bestimmter Zustand endet und wann ein neuer beginnt. Ich kann z. B. nicht sagen, bis zu welcher Körperlänge jemand klein und ab wann jemand groß ist oder ab welcher Höhe man von einem Berg und nicht mehr von einem Hügel spricht. Dennoch können wir einen Basketballspieler wie Dirk Nowitzki mit einer Körperlänge von 2,13 m ohne Zweifel als groß bezeichnen. Und das Matterhorn ist eindeutig ein Berg und kein Hügel.

11.5.3 Hypothetische Fragen

Eine hinterlistige Falle sind auch hypothetische Fragen. Sie basieren auf Annahmen, die überhaupt noch nicht eingetreten und möglicherweise sehr unwahrscheinlich sind. Zu Zeiten als potentielle Kriegsdienstverweigerer ihre Gewissensgründe noch vor einem Prüfungsausschuss rechtfertigen mussten (bis 1984), lautete eine beliebte Fangfrage: „Was täten Sie, wenn in Ihrer Gegenwart Ihre Mutter überfallen und ausgeraubt würde oder wenn Ihre Schwester vergewaltigt würde?" Gab der Betreffende zur Antwort: „Dann würde ich sie zu schützen versuchen", hatte er bereits verloren. Denn prompt kam die Gegenantwort: „Und das Vaterland würden Sie im Ernstfall nicht verteidigen? Dazu gehören doch Ihre Mutter, Ihre Schwester, zudem noch weitere Verwandte, Freunde und noch viele Millionen mehr."

Beliebt sind hypothetische Fragen auch bei Interviews in den Medien oder bei Moderatoren in den diversen Talkshows, wobei die Fragesteller häufig von pessimistischen Annahmen ausgehen. Für die Adressaten ist hier besondere Wachsamkeit geboten. Lassen sie sich auf die düstere Zukunftsvision ein, heißt es, man rechne mit dem Schlimmsten. Weichen sie aus, werden sie sofort mit dem Vorwurf konfrontiert, den Kopf in den Sand zu stecken und keine ausreichende Vorsorge für den Notfall zu treffen.

Wie kann ich mich hier aus der Klemme ziehen?

Empfehlenswert ist im Allgemeinen, keine Antwort zu geben und zwar mit Hinweis auf den hypothetischen Charakter:

▸ „Ich werde mich nicht äußern zu der Frage, was im Worst Case passiert. Dann heißt es nur, wir rechnen mit einem Misserfolg. Natürlich entwickeln wir Konzepte für Eventualfälle. Aber dazu wird es nicht kommen."
▸ „Das ist eine hypothetische Frage. Ich rechne fest damit, dass die Entwicklung anders verläuft und zwar aus folgenden Gründen …"
▸ „Das ist ein sehr pessimistisches Szenario. Ich gehe davon aus, dass das Vorhaben ein großer Erfolg wird. Dafür spricht …"
▸ „Man sollte den Worst Case nicht herbeireden."
▸ „Ich beantworte grundsätzlich keine hypothetischen Fragen."
▸ „Darüber werde ich nicht spekulieren."

Politiker verwenden gerne Analogien, um den hypothetischen Charakter einer Frage zu entlarven. So beantwortete z. B. Heiner Geißler bei einer Podiumsdiskussion in den 80er Jahren die Frage: „... wie würden Sie eigentlich argumentieren, wenn bei der nächsten Bundestagswahl Rot-Grün die Mehrheit hätte?" wie folgt: „... Ihre Frage liegt etwa auf dem folgendem Niveau: ‚Wenn Eichhörnchen Pferde wären, könnten sie die Bäume hinaufreiten'. Nun sind aber Eichhörnchen nachweislich keine Pferde."[62] Ähnlich Friedrich Merz in einer Talk-Show bei Sabine Christiansen: „Wenn alle Hunde Katzen wären, könnten sie die Bäume hochlaufen."

Halten wir als weitere rhetorische Grundregel fest:

> Seien Sie wachsam bei rhetorischen Fallen!
> Dazu gehören:
> - Fragen nach exakten Begriffsdefinitionen
> - Fragen nach einer genauen Grenze bei Vorgängen mit stetiger Entwicklung und
> - hypothetische Fragen.
>
> Weisen Sie diese Fragen als nicht sachdienlich zurück!

11.6 Oberhandtechniken

Besonders dreiste und plumpe Manöver unfairen Verhaltens sind die Oberhandtechniken. Der Stratege tritt dominant und autoritär auf, versucht seine Meinungsgegner einzuschüchtern. Obwohl dieses Verhalten nirgendwo gelehrt wird – weder in der Schule noch in irgendwelchen Ratgebern – kommt es immer wieder vor. Einer der Gründe liegt in seinem Erfolg: Der unfaire Streiter hat erkannt, dass er damit seine Interessen leichter durchsetzen kann. Aus Friedfertigkeit oder Schwäche nehmen viele das unredliche Verhalten hin, ohne sich dagegen zur Wehr zu setzen.

Es gibt eine breite Palette von Oberhandtechniken. Einige der beliebtesten Methoden wollen wir nachfolgend kurz vorstellen.

---

[62] Vgl. Thiele, A., Argumentieren unter Stress, S.79f.

11.6.1 Drohen

Der Stratege schüchtert seine(n) Widersacher ein durch Drohungen oder gar Erpressungen.

„Sehen Sie sich vor! Beim nächsten Mal werde ich Ihnen das Maul stopfen."
„Sie wissen, dass ich auch unfair sein kann."
Motto: „Wenn du nicht parierst, kannst du etwas erleben." Oder: „Wenn du nicht machst, was ich möchte, nehme ich dir etwas weg, an dem du hängst."

Möglicher Konter: Gegendrohen, aber nicht konkret, sondern nur andeuten:
„Versuchen Sie es doch einmal! Sie werden sich wundern."[63]

Wie man auf Drohungen angemessen reagiert, ist allerdings stark situationsabhängig. Verfügt der andere über eine Machtposition, ist es unklug, in gleicher Weise zurückzuschlagen. Auch wenn es sich um einen Geschäftspartner handelt, sollte man im Allgemeinen Gegendrohungen unterlassen. Man würde sonst leicht einen Abbruch der Geschäftsbeziehungen riskieren. Im Übrigen werden Drohungen von Verhandlungspartnern in Nadelstreifen meist nicht offen und plump sondern in versteckter Form ausgesprochen:

„Herr Mayer, wir sind sehr an einem Geschäftsabschluss interessiert. Allerdings liegen uns noch andere attraktive Angebote vor. Bisher haben wir mit Ihnen nur gute Erfahrungen gemacht."

Ungeschickt wäre es, den versteckten Wink direkt anzusprechen. „Höre ich hier eventuell eine Drohung heraus?" Sie würden den anderen damit als unfairen Strategen bloßstellen. Stattdessen ist es ratsam, die Drohung zu überhören und die positiven Bemerkungen nochmals hervorzuheben: *„Es freut uns sehr, dass Sie an einem Geschäftsabschluss interessiert sind. Auch wir können bisher nur von guten Erfahrungen berichten. Was können wir noch für Sie tun?"*[64]

---

[63] Vgl. auch Lay, R. Dialektik für Manager, S. 82.
[64] Zu weiteren Beispielen vgl. Thiele, A., Argumentieren unter Stress, S.83f.

11.6.2 Appelle

Der Stratege bevormundet den Gesprächspartner, indem er ihm Aufträge erteilt.

Motto: „Du bist zu schwach, um alleine zurechtzukommen. Du brauchst jemanden, der für dich mitdenkt, der sagt, was du zu machen hast."

Appelle werden oftmals im Namen einer höheren Instanz, z. B. der Vernunft oder der allgemeinen Moral vorgetragen:[65]

„*Das macht **man** soundso ...*"

„***Man** sollte nicht ...*"

Sie sind aber häufig reine Machtdemonstrationen, bei gleichzeitiger Missachtung der Privatsphäre: „*Mit jedem Appell betrittst du ein Königreich ... das Reich der Freiheit und Selbstinitiative des anderen.*" (I. Lange, F. Schulz von Thun)

Nicht selten enthalten Appelle zudem eine negative Beziehungsbotschaft:

„*Könntest du **wenigstens** heute mal ...!*"
(Unterton: „Wenn du schon sonst nie ...")

„*Wie oft habe ich dir schon gesagt ...!*"
(Untergedanke: „Was bist du doch so vergesslich!)

Besonders hinterlistig sind Appelle, mit denen der Stratege das Gegenteil dessen erreichen will, was er fordert.

Er (Sie) sagt z. B. mitten in einem hitzigen Meinungsaustausch mit demonstrativer Gelassenheit:

„*Fahr doch nicht gleich so aus der Haut!*" „*Ruhig bleiben, nur nicht aufregen!*"

Oder:

„*Sei doch nicht gleich so nervös!*"

Daneben gibt es Appelle, die von vornherein gar nicht erfüllbar sind (sog. paradoxe Appelle). Egal, was der Adressat macht, er kann nur verlieren:

„*Sei doch nicht immer so nachgiebig! Stets machst du das, was ich von dir verlange!*"

„*Du musst spontaner sein!*"

Da niemand Interesse an meiner eigenen Durchsetzungsfähigkeit hat, muss ich meine Rechte schon selbst in die Hand nehmen. Wer sich als Fußabtreter dem anderen vor die Füße legt, darf sich nicht wundern, wenn dieser seine Schuhe daran abputzt. Und wer auf den kleinsten Wink die Pantoffeln herbeibringt, wird bald „unter den Pantoffeln stehen". Daher gilt: Wehret den Anfängen! Sagt er (sie) z. B. in gebiete-

---

[65] Ausführliche Hinweise zu der Appellseite einer Nachricht finden Sie in dem sehr empfehlenswerten Buch von Friedemann Schulz von Thun, Miteinander reden, Teil 1.

rischem Ton: „Hol mir eine Flasche Bier aus dem Keller!", antworte ich bestimmt, aber nicht unhöflich: *„Verzeih!, aber meinst du nicht, das könntest du ebenso gut (das ist wohl ‚dein Bier')?"* Oder, falls ich eh auf dem Weg zum Keller bin: *„Gern, wenn du mich bittest";* bzw.: *„Ich erfülle gerne Bitten. Auf Befehl tue ich jedoch nichts."*

11.6.3 Kritisieren und korrigieren

Es gibt Menschen, deren Hobby scheint es zu sein, andere im Meinungswettstreit oder auch bei ganz alltäglichen Gesprächen permanent zu kritisieren und zu verbessern. Wie Beckmesser in den Meistersingern lauern sie ständig auf irgendwelche Fehler und Schwachstellen. Ihre Lieblingsutensilien sind – bildlich gesehen – „Rotstift" und „Kreide", ihre bevorzugten Worte „nein" und „aber". Vor lauter Haaren sehen sie die Suppe nicht mehr und vom ganzen Achilles immer nur die Ferse. Kleine Versprecher, sprachliche Ungenauigkeiten, harmlose Verwechslungen, Verzögerungen bei der Wortsuche, schon fallen sie ein, um den Sachverhalt richtig- bzw. klarzustellen. Kein Zweifel: Das Oberlehrerverhalten gehört zu den Paraderollen des unfairen Strategen. Er kann seinen Gesprächspartner verunsichern. Zugleich kommt er sich selbst stark und überlegen vor.

Was ist jedoch, wenn es inhaltlich nichts zu bemängeln gibt? Kein Problem. In diesem Falle wechselt er einfach die Sprachebene, vom Inhalt hin zur Form oder zur Körpersprache. Unvermutet weist er den Adressaten zurecht:

„Musst du denn so laut reden?"
(So als wären überall Lauschapparate versteckt.)
„Schrei doch nicht so!"
„Kratz dich doch nicht so am Bart!"
„Kannst du nicht mal die Nudeln aus dem Bart nehmen?"
„Du brauchst doch nicht gleich rot zu werden."

Wie verhalte ich mich zweckmäßigerweise gegenüber einem solchen „Oberlehrer"? Natürlich sollte ich mich nicht einschüchtern lassen. Zaghaftes, unsicheres Auftreten bestärkt den Strategen noch bei seinem unfairen „Spiel".

Mitunter dürfte es ratsam sein, sich gar nicht daran zu stören, sondern mit seinen Ausführungen ruhig und bestimmt in Ton und Gebärde fortzufahren.

Eine weitere Möglichkeit: Ich bedanke mich freundlich und wie selbstverständlich mit einem kurzen „Dankeschön" oder „vielen Dank" für die Richtigstellung.

Je nach Situation kann es aber auch angemessen sein, sich zur Wehr zu setzen.

Angenommen, der Kontrahent bezichtigt Sie eines Widerspruchs:
"Früher waren Sie aber ganz anderer Meinung."
Denkbare Konter wären:
"Ich bekenne mich dazu, in neuen Situationen einen anderen Standpunkt einzunehmen."
"Tempora mutantur, nos et mutamur in illis."
"Die Zeiten ändern sich und wir mit ihnen."
"Sie können mich nicht daran hindern, hinzuzulernen."
"Früher war ich auch einmal Ihrer Ansicht. Aber ich habe eingesehen, dass sie falsch ist."
"Bleiben Sie ruhig bei Ihrer Meinung. Für Sie ist sie gut genug."

11.6.4 Nicht beachten

Ein weiteres unfaires Manöver besteht darin, den Gesprächspartner oder das, was er sagt bzw. sagen möchte, überhaupt nicht zur Kenntnis zu nehmen.

- Da unterhält sich ein Mitarbeiter mit seinem Chef am Frühstückstisch und erläutert diesem seine Ansicht zu einem bestimmten Problem. Mittendrin steht der Vorgesetzte plötzlich auf und geht ohne einen Ton zu sagen aus dem Raum.
- Mehrere Kollegen diskutieren über ein Thema. Als gerade jemand seine Meinung zu einem strittigen Punkt äußert, erhebt sich ein anderer. Mit den Worten: *"Das ist mir zu dumm!"*, verlässt er die Runde.
- Wieder sitzen einige Arbeitskollegen zusammen. Einer möchte etwas mitteilen. Doch niemand hört zu oder geht darauf ein.

„Nicht beachten" ist eine der schlimmsten Kränkungen, die wir unseren Mitmenschen zufügen können. Denn, wie George Bernard Shaw treffend bemerkte: *"Schweigen ist der vollkommenste Ausdruck der Verachtung."*
Der „Betroffene" hätte also allen Grund, „betroffen" zu reagieren. Genau das aber sollte er besser nicht tun. So wäre es z. B. (taktisch) unklug, im letztgenannten Beispiel mit Tränen in den Augen und jammervoller Stimme die „Anteilnahme" der Übrigen erzwingen zu wollen: *"Ich kann sagen, was ich will. Es hört ja eh niemand zu."*
Weinerlichkeit hilft hier nicht weiter. Stattdessen sind kämpferische Tugenden gefragt: Festigkeit und Konsequenz in der Sache:

„*Mir ist noch nicht klar, wie Sie zu meinem Vorschlag stehen, die Produktpalette stärker zu differenzieren. Gerade Ihre Meinung, Herr Mayer, als Chef der Marketingabteilung würde mich sehr interessieren ...*"

Als Missachtung fremder Ansichten können wir auch Unterbrechungen ansehen. Manche Streiter lassen andere nie ausreden. Sie fahren ihnen ständig in die Parade. So versuchen sie, die Oberhand in einem Gespräch zu erlangen oder zu behalten.

Wenn wir dergestalt in die Defensive gedrängt werden, müssen wir abermals verbal kontern. Nur so können wir unser rhetorisches Grundrecht auf Selbstbehauptung wahren.

In festem Ton verlangen wir vom unfairen Partner:

„*Lassen Sie mich bitte ausreden, Herr Müller!*"
„*Darf ich meinen Gedanken noch zu Ende bringen, Frau Schultze!*"
„*Darf ich Ihnen noch erklären, Herr Mayer, weshalb dieser Punkt für mich so wichtig ist?*"

Als zusätzliche rhetorische Grundregel wollen wir aufnehmen:

Lassen Sie sich nicht einschüchtern durch Oberhandtechniken wie Drohungen, Appelle, ständige Kritik oder absichtsvolle Nichtbeachtung!

11.7 Störtechniken

11.7.1 Allgemeine Betrachtungen

Nicht weniger plump als die Oberhandstrategien sind die Störtechniken. Die Gegenseite versucht, durch gezielte Provokationen den Redner aus dem Konzept zu bringen. Gerade auf diesem Gebiet scheinen unsere Mitmenschen besonders kreativ zu sein. Die alltägliche Praxis liefert hierfür reichhaltiges Anschauungsmaterial:

Da unterhalten sich Zuhörer während des Vortrags permanent mit ihrem Nachbarn. Mitunter nutzen sie auch die Segnungen des technischen Fortschritts und führen ihr Gespräch mit nicht anwesenden Dritten – per Handy. Einige betätigen sich eifrig als Zwischenrufer. Manche lesen in aller Seelenruhe die Zeitung. Andere lachen laut schallend, als hätten sie gerade den drolligsten Witz gehört oder schütteln immerzu ablehnend ihren Kopf. Gelegentlich können wir auch Folgendes beobachten: Jemand schreibt gemächlich und in großen Lettern eine Notiz auf einen Zettel und schiebt ihn bedeutungsvoll seinem Nebenmann zu. Das sorgt nicht nur für Aufsehen. Es schafft überdies Anknüpfungspunkte für einen anschließenden Plausch.

11.7 Störtechniken

Wie verhalte ich mich als Sprecher in solchen Stresssituationen? Was muss ich tun, um die Kontrolle über das Auditorium zu bewahren? Das hängt natürlich ab von der jeweiligen Fallsituation, den näheren Gegebenheiten, etwa der Art der Rede oder der Zusammensetzung des Publikums. Im Folgenden wollen wir einmal ein rhetorisches Terrain auswählen, bei dem Störmanöver der geschilderten Art mittlerweile offenbar an der Tagesordnung sind: die Vermittlung von Lerninhalten an unseren Universitäten und (Hoch-)Schulen. Es handelt sich hier zugleich um ein Betätigungsfeld, bei dem vom Referenten eine gewisse Führungsverantwortung erwartet wird.

Blenden wir uns ein in eine Vorlesung an irgendeiner deutschen Universität. Der Dozent erklärt gerade emsig einen wissenschaftlichen Sachverhalt. Plötzlich beginnen zwei Kommilitonen miteinander zu sprechen. Das ist zunächst ganz unbedenklich. Allerdings: Die beiden geben keine Ruhe, setzen ihre Unterhaltung munter fort. Was jetzt? Einfach ignorieren? Dies wäre nicht empfehlenswert. Der Dauerplausch und dessen permanentes Hintergrundgeräusch beeinträchtigen die Aufmerksamkeit des übrigen Auditoriums. Auch der Redner ist abgelenkt. Er kann sich nicht mehr so recht auf seine Ausführungen konzentrieren. Mit seinen Blicken meidet er in der Regel die Störquelle. Folge: Der Referent wird rhetorisch schwächer, sein Vortrag büßt an Qualität ein. Die Situation ist jetzt alles andere als harmlos. Das Publikum registriert genau, wie sich der Redner verhält. Unternimmt er nichts, fühlen sich die beiden Schwätzer in ihrem Verhalten bestärkt. Ebenso wertet das restliche Auditorium die Passivität des Sprechers als Führungsschwäche. In diesem Falle schwappt die Unruhe leicht auf die anderen Zuhörer über. Das zunächst lokal begrenzte Störfeuer weitet sich also möglicherweise rasch zu einem gefährlichen Flächenbrand aus.

Soweit darf und sollte es nicht kommen. Das heißt: Wir dürfen als Redner nicht lange fackeln (lassen), sondern müssen alsbald zum Feuerlöscher greifen.

Zunächst gilt es abzuklären, ob es sich bei den „Schwätzern" wirklich um desinteressierte Störenfriede handelt und nicht etwa um hochmotivierte Teilnehmer, die gerade emsig einen Punkt Ihrer Ausführungen erörtern. In letzterem Falle wäre es gänzlich unangemessen, mehr Disziplin anzumahnen. Stattdessen wenden wir uns besser mit einer erhellenden Frage direkt an die Betreffenden: *„Ist Ihnen etwas unklar?"* – *"Haben Sie ein Problem?"* – *"Kann ich Ihnen weiterhelfen?"* Wir fordern also die „Störer" auf, aus der Deckung zu gehen, den Sachverhalt, über den sie gerade sprechen, öffentlich zu machen. Geht es wirklich um ein Sachproblem, werden diejenigen das Angebot an Klärungshilfe eventuell annehmen. Wenn nicht, fühlen sie sich ertappt und indirekt zur Ordnung gerufen.

Oft genügt es auch, bei störenden Zwischengesprächen einfach mit dem Vortrag innezuhalten und die Schwätzer mit mahnendem Blick anzusehen. Sollte dies nichts bewirken, können wir ein aufforderndes: „Bitte!" hinterher schieben, begleitet von einer unterbindenden Gestik.

Falls auch dies nichts nützt, kommen wir allerdings nicht umhin, stärker zu intervenieren und die Störenfriede zu einer Verhaltensänderung aufzufordern: *„Entschuldigung, darf ich Sie bitten, Ihre Unterhaltung auf die nächste Pause zu verschieben? Vielen Dank!"* Oder: *„Könnten Sie bitte Ihre Privatgespräche hinterher führen?"*

Wichtig ist, sofort, als sei nichts geschehen, zum Vortrag zurückzukehren und bestimmt, selbstsicher und mit freundlicher Miene fortzufahren. Sie demonstrieren damit, dass Sie gar nicht viel Aufhebens von der Sache machen. Sie haben wie selbstverständlich Ihre Verantwortung wahrgenommen, im Interesse der übrigen Zuhörer für Ruhe zu sorgen und sind in keiner Weise irritiert oder verärgert.

Was aber, wenn der Störbazillus immer mehr um sich greift, die Geräuschkulisse zunimmt und kaum noch jemand richtig zuhört? Einfach weiterreden wäre wohl nicht ratsam. Der Redner liefe Gefahr, seine Autorität vollends zu verspielen. Überdies würde er sich nervlich zu sehr aufreiben.

Manche Sprecher machen in einer solchen Situation einen anderen verhängnisvollen Fehler. Um sich durchzusetzen, versuchen sie es mit der Methode der arroganten Einschüchterung. Sie reiten z. B. zynische Verbalattacken:

„So ein undisziplinierter Haufen ist mir ja noch nie begegnet!"
„Einige sind hier gänzlich fehl am Platz."

Nicht selten verlegen sie sich auch auf Drohmanöver:
„Sie werden mich noch kennen lernen!"
„Wir werden sehen, wer den längeren Arm hat!"

Verhaltensweisen wie diese, die im völligen Gegensatz stehen zu den Erkenntnissen der humanistischen Kommunikationspsychologie, sind nicht nur eine rhetorisch-didaktische Bankrotterklärung. Sie sind überdies taktisch unklug. Wer seinen Zuhörern keinen Respekt erweist, verspielt leichtfertig deren Sympathie. Der Redner errichtet eine Barriere zwischen sich und seinem Publikum. Er isoliert sich selbst.

Wie aber kann ich dann die Kontrolle über das Publikum zurückgewinnen, wenn allenthalben große Unruhe vorherrscht? Die Lösungsformel heißt: **Positive konfrontative Selbstbehauptung.** Das bedeutet: Der Redner muss alles daran setzen, sich Respekt zu verschaffen. Unmissverständlich weist er die Zuhörer auf das störende Verhalten hin und fordert sie auf, es abzustellen. Aber: Er greift sie nicht persönlich an, vermeidet entwürdigende Herabsetzungen. Stattdessen bringt er ihnen

11.7 Störtechniken

weiterhin Wertschätzung und Respekt entgegen und ist bemüht, die akzeptierende Grundeinstellung seinen Zuhörern gegenüber nicht aufzugeben.[66]

„Meine Damen und Herren! Ich muss hier einmal intervenieren. So geht das nicht! Ich habe den Eindruck, einige von Ihnen verwechseln die Veranstaltung mit einem Happening, bei dem man sich nach Belieben unterhalten kann. Sie können sicher sein, ich werde dies nicht akzeptieren und zwar in Ihrem eigenen Interesse! Mir liegt daran, dass Sie möglichst viel an neuem Wissen mitnehmen und zwar jeder von Ihnen. Das ist meine Aufgabe, und Sie können sicher sein: Dafür werde ich sorgen!"

Mitunter kann es auch geschickt sein, seine Worte mit etwas Humor anzureichern. Humor eignet sich bestens, eine angespannte Atmosphäre aufzulockern. Außerdem signalisiere ich damit: „Seht her, ich selbst fühle mich durch dieses Verhalten nicht betroffen! Wenn ich einschreite, dann nur zu Ihrem persönlichen Vorteil. Wie einst Max Weber vor einer lärmenden Studentenschar könnten wir z. B. beginnen:

„Meine Damen und Herren! ‚Den Beweis, dass sie zusammen lauter reden[67] können als ich allein, nehme ich als erbracht an' (Zitat Ende). Wie wäre es, wenn Sie sich jetzt einmal als gute Zuhörer beweisen? Davon profitieren Sie selbst sicher am meisten."

Und nun setzen wir die Ausführungen fort, zunächst mit betont leiser Stimme, um die Eindringlichkeit unserer Sprechweise zu steigern.

> Als weitere rhetorische Grundregel können wir festhalten:
> Lassen Sie sich nicht provozieren durch gezielte Störmanöver!
> Sollten Sie die Kontrolle über die Zuhörer verloren haben, wenden Sie die Methode der positiven konfrontativen Selbstbehauptung an! Das heißt: Wehren Sie sich gegen ein mögliches Fehlverhalten des Publikums, ohne diesem Ihren Respekt zu versagen!

Nach diesen mehr allgemeinen Betrachtungen wollen wir anschließend auf eine Methode, die gerade bei öffentlichen Meinungsreden mit Vorliebe praktiziert wird, intensiver eingehen: die Zwischenrufe.

---

[66] Vgl. hierzu die lesenswerten Ausführungen von F. Schulz von Thun, Miteinander reden 2, S.139 ff.
[67] Max Weber benutzte das Wort „schreien". Der Verfasser hat es durch „reden" ersetzt, um den aggressiven Gehalt abzuschwächen.

11.7.2 Zwischenrufe

Es gibt wohl keine öffentliche Meinungsrede ohne Zwischenrufe. Wir wollen dies gar nicht bedauern. Sorgen doch Einwürfe aus dem Publikum für eine belebende Atmosphäre. Allerdings sind manche Zwischenrufe in ihrer Schamlosigkeit kaum noch zu überbieten. Außerdem ist ihre Absicht in der Regel alles andere als edel. Meist zielen sie darauf ab, den Redner aus dem Konzept zu bringen.

11.7.2.1 Typische Zwischenrufe

Nachfolgend einige typische Zwischenrufe, wie sie bei Bundestagsdebatten immer wieder vorkommen:

- **Der Redner wird angekündigt:**
  „Narrhallamarsch!"
  „Wollen wir ihn reinlasse?"
  „Es bleibt uns auch nichts erspart!"

- **Während der Rede:**
  „Demagogie ist das!"
  „Da lachen doch die Hühner!"
  „Mir kommen die Tränen!"
  „Ist hier Kabarett, oder was ist das?"
  „Helau!"
  „Schwätzer!"
  „Konfus!"
  „Das ist alles Wortgeklingel!"
  „Er hat das Thema verfehlt!"
  „Zur Sache Schätzchen!"
  „Was reden Sie für einen Schmarren?"
  „So ein Quatsch!"
  „Wie kann ein einziger Mensch so viel Unsinn reden?"
  „Sie haben keine Ahnung, aber davon jede Menge!"
  „Das ist unglaublich borniert!"
  „Einfältiger geht's wohl nicht!"
  „Herr vergib ihnen, denn sie wissen nicht, was sie tun!"
  „Lächerlich!"
  „Das ist nicht zu fassen!"
  „Das ist ja peinlich!"
  „Na, na, jetzt aber!"
  „Lügner!"

„Heuchler!"
„Lümmel!"
„Sie Dösbaddel!"

▸ **Nach Beendigung des Vortrags:**
„Der Dank des Vaterlandes ist Ihnen gewiss, aber nicht unserer!"

11.7.2.2 Verhalten bei Zwischenrufen

11.7.2.2.1 Allgemeine Grundregeln

Wie verhalte ich mich als Redner bei Zwischenrufen?

Der oberste Grundsatz lautet: Kühl bleiben, stoische Ruhe bewahren! Der Redner sollte weiterhin selbstsicher auftreten und nicht die geringste Spur einer Verlegenheit zeigen. Ich gebe diese Empfehlung an erster Stelle, auch wenn ich mir dessen bewusst bin, dass Appelle an das Gefühl stets etwas Fragwürdiges haben.

Die einfachste und vernünftigste Reaktion wird zudem oftmals sein, überhaupt nicht zu reagieren. Das gilt vor allem für belanglose und unsinnige Einwürfe.

Der Redner geriete ansonsten leicht aus seinem Konzept, genau das also, was der Zwischenrufer beabsichtigt.

Zudem würde der Sprecher dem Zwischenrufer zu viel Beachtung schenken, ihn unnötig aufwerten.

Letzteres wiederum könnte auf die übrigen Zuhörer ansteckend wirken. Merken diese, der Redner geht auf jeden Zwischenruf ein, fühlen sie sich leicht zu einem ähnlich provozierenden Verhalten animiert.

Der größte Fehler aber ist, sich in lange Wechselreden mit dem Zwischenrufer einzulassen. Wer es dennoch tut, wird schnell merken, wie die anderen unruhig werden. Der Redner sollte vielmehr stets zur gesamten Zuhörerschaft sprechen und nicht zu einem Einzelnen. Ja, es ist sogar ratsam, sich bei einer möglichen Replik ausschließlich an das übrige Publikum zu wenden, den Zwischenrufer also glattweg zu übergehen und ihn durch Nichtbeachtung für sein ungebührliches Vorgehen zu strafen.

Es gibt eine weitere Kontermöglichkeit, die an Treffsicherheit alle anderen übertrifft: die schlagfertige Reaktion. Wir wollen ihr daher einen eigenen Gliederungspunkt widmen.

11.7.2.2.2 Schlagfertigkeit

Eine Besonderheit der Zwischenrufe ist ihr dualer Charakter: Sie sind für den Redner stets eine Gefahr und zugleich eine Chance. Ein gezielter Einwurf kann sein ganzes kunstvolles Gedankengebäude zum Einsturz bringen und ihn der Lächerlichkeit preisgeben. Andererseits gilt: Nichts ist vernichtender als eine gekonnte Retourkutsche. Der eigene Zwischenruf wird so seinem Urheber zum Verhängnis. Er schlägt auf ihn zurück wie ein Bumerang.

Kein Zweifel: Schlagfertigkeit ist eine der wirkungsvollsten Waffen im Meinungswettstreit, vor allem auch bei unfairen Zwischenrufen.

Kann man Schlagfertigkeit erlernen?

Unter Schlagfertigkeit verstehen wir die Kunst des blitzschnellen scharfsinnigen Parierens. Vom Redner wird also nichts Geringeres verlangt als das Vermögen, verbale Reaktionsgeschwindigkeit zu verbinden mit Geist, Witz und Humor und zwar möglichst situationsgerecht. Kein Wunder, wenn viele Menschen resignativ von sich sagen: *„Schlagfertigkeit ist nicht meine Sache. Mir fällt die passende Antwort leider immer erst hinterher ein."* Oder um es mit Peter Wehle auszudrücken: *„Eine Pointe ist das, was einem nicht einfällt, wenn man es am dringendsten braucht."*

Wenn dem aber so ist, stellt sich die Frage: Lässt sich daran etwas ändern? Konkreter: Gehören Geistesgegenwart und verbale Reaktionsgewandtheit zu den form- und entwickelbaren Eigenschaften? Auf den ersten Blick könnte man skeptisch sein. Ein Wesensmerkmal der Schlagfertigkeit ist ja gerade ihr spontaner, situativer Charakter. Im menschlichen Zusammenleben gibt es aber keine zwei Situationen, die völlig identisch sind. Daher kann es keine Patentrezepte geben.

Ist (mangelnde) Schlagfertigkeit also vom Schicksal vorgegeben? Wer sich mit diesem Thema näher befasst, kommt zu einem anderen Ergebnis. Beobachten wir Fälle besonderer Schlagfertigkeit, stellen wir fest: Scharfsinnige Paraden erfolgen oft nach bestimmten Reaktionsmustern. Bei näherem Hinsehen können wir sogar verschiedene Typen geistreichen Parierens ausmachen. Offenbar steckt hinter der Schlagfertigkeit häufig Methode. Wer sie kennt und sich damit vertraut macht, wird nicht mehr so schnell auf den Mund gefallen sein. Mit anderen Worten: Das Geheimnis der Schlagfertigkeit liegt meist nur in gezielter Vorbereitung und einem besseren Wissen. Ja, es gibt sogar, wie wir später sehen, regelrechte Standardtechniken schlagfertigen Verhaltens. Sie passen praktisch auf jede Situation. Es kommt doch nicht darauf an, dass der Sprecher von seiner eigenen Wendung überrascht wird. Entscheidend ist vielmehr, ob die Reaktion auf die Adressaten schlagfertig wirkt. Diese können aber gar nicht wissen, ob es sich hierbei um eine spontane Eingebung handelt, oder ob sich der Betreffende bewusst darauf vorbereitet hat.

Formen der Schlagfertigkeit

Schauen wir uns im Folgenden einige typische Fälle schlagfertigen Verhaltens an. Wir verzichten auf eine breite Erläuterung. Stattdessen wollen wir sie lieber durch konkrete Beispiele verdeutlichen.

1. **Die Mehrdeutigkeit von Wörtern nutzen**
   Viele Ausdrücke haben einen doppelten oder mehrfachen Sinn. Dies bietet Möglichkeiten für geistreiche Wortspielereien.

   „Lieber Herr Doktor, das rechne ich Ihnen aber hoch an, dass Sie sich noch zu so nächtlicher Stunde zu mir bemüht haben."
   „Ich Ihnen auch, gnädige Frau."

   Bismarck hatte einmal bei einer höfischen Festlichkeit eine Unterhaltung mit der Gattin eines ausländischen Gesandten. Dieser vertrat nicht gerade einen bedeutenden Staat und galt auch nicht als überragender Diplomat. Darüber hinaus hatte er eine sehr überhebliche Gattin. Sie behauptete, die deutsche Sprache sei minderwertig und leide vor allem unter einem lächerlichen Überfluss von Wörtern, die dasselbe bedeuten. „Können Sie mir Beispiele dafür nennen?", fragte Bismarck. „Selbstverständlich", meinte sie. „Statt ‚sicher' kann man genauso ‚gewiss' sagen, statt ‚essen' auch ‚speisen' und statt ‚senden' ‚schicken'."
   Bismarck entgegnete: „Das kommt Ihnen nur so vor, gnädige Frau. Wenn das Gebäude, in dem wir sitzen, urplötzlich in Brand geriete, so wäre es mein Bestreben, Sie sofort an einen sicheren Ort zu geleiten, jedoch nicht an einen gewissen Ort. Desgleichen hat Jesus Christus die Fünftausend wohl gespeist, jedoch davon Abstand genommen, sie zu essen. Und schließlich, gnädige Frau, ist Ihr Gatte zwar ein Gesandter, aber kein Geschickter."

2. **Eine herabsetzende Bemerkung als Selbstaussage auffassen**
   Man täuscht Missverstehen vor und tut so, als habe der Zwischenrufer eine beleidigende Äußerung auf sich selbst bezogen.

   „Idiot."
   „Angenehm, Müller."

   „Volltrottel."
   „Sehen Sie sich jetzt nicht zu negativ?"

Die folgenden Anekdoten sind weitere Beispiele[68] für eine gekonnte Handhabung dieser Technik:

Ein französischer, grenzenlos aufgeblasener Verseschmied des 18. Jahrhunderts hatte einem Meister der Dichtung zugemutet, mit ihm zusammen ein Drama zu schreiben. Der berühmte Mann wies ihn jedoch höflich ab, worauf der Verseschmied wütend zischelte: „Sie haben schon Recht, Pferd und Ochse bilden kein Gespann." Gelassen sagte daraufhin der Meister: „Mein Herr, mit welchem Recht nennen Sie mich ein Pferd?"

Auf einer Provinzbühne spielte man Shakespeares König Richard der Dritte. Mitten im Kampfgetümmel tritt der König an den Bühnenrand und spricht die allseits bekannten Worte:
„Ein Pferd, ein Pferd, mein Königreich für ein Pferd!"
Kurz darauf, jetzt noch verzweifelter, weil er nicht zu Fuß weiter kämpfen wollte:
„Ein Pferd, ein Pferd, mein Königreich für ein Pferd!"
Da kommt ein Zwischenruf aus dem Publikum:
„Darf es auch ein Esel sein?"
Darauf der Schauspieler, der den König spielte, schlagfertig:
„Aber bitte sehr, mein Herr, kommen Sie ruhig herauf!"

Eine Spielart dieser Technik besteht darin: Der Angegriffene täuscht vor, der Zwischenrufer habe seine herabsetzende Bemerkung auf eine dritte Person bezogen.

In der NS-Zeit sprach sich der Bischof von Münster, Graf Galen, in einem Vortrag gegen die Jugenderziehung durch die Hitlerjugend aus.
Zwischenruf: „Wie kann ein Mann, der keine Kinder hat, Vorschriften machen wollen über die Kindererziehung?"
Darauf Bischof Galen, die doppeldeutige Situation blitzschnell meisternd:
„Ich kann eine solche persönliche Kritik an Adolf Hitler in meiner Kirche nicht zulassen."

3. **Standardwendungen benutzen, die (fast) immer passen**
    - *„Das haben Sie mal wieder schön gesagt."* (spöttelnd)
    - *„Ganz meiner Meinung, ganz meiner Meinung."* (spöttelnd)
    - *„Sonst haben Sie nichts Gescheites zu sagen?"*
    - *„Sie waren auch schon einmal besser, Herr Kollege."*

---

[68] Entnommen aus Weller, M., Die schlagfertige Antwort.

11.7 Störtechniken

- „Dazu habe ich schon besseres gehört, aber nicht von Ihnen."
- „Das ist eine schöne Redensart, die wir schon oft von Ihnen hörten."
- „Seien Sie nicht so voreilig, es kommt noch besser!"
- „Bitte haben Sie noch etwas Geduld! Ihr Einwand kommt viel zu früh."
- „Ich glaube, Sie halten die besten Gründe noch in Reserve; denn das können ja unmöglich die besten gewesen sein."
- „Trotz Ihrer lauten Stimme ist keiner an Ihrer Meinung interessiert."
- „Die Probleme können nicht mit Schaum vor dem Mund gelöst werden."
- „Herr ...! Auch Sie können manchmal noch etwas dazulernen."
- „Wenn Sie die Wahrheit provozieren wollen, Sie können sie nicht oft genug hören."

4. **Mit lateinischen Sprüchen kontern**
Sehr wirkungsvoll ist es oftmals, mit lateinischen Sprüchen zu kontern. Dem Publikum täuscht man einen spontanen Einfall vor. In Wirklichkeit handelt es sich um Ausdrücke, die beinahe zu jeder Gelegenheit passen. Es empfiehlt sich daher, einen Vorrat geeigneter Wendungen anzulegen.
Meist werden die Zuhörer nicht nach der deutschen Bedeutung fragen, um sich keine Blöße zu geben. Sollten sie es doch tun, können Sie die Übersetzung gerne nachliefern.

„Si hoc dicis, erras."	„Wenn du dies sagst, so irrst du."
„Ne ultus sis inermes."	„Räche dich nicht an Wehrlosen."
„Defendat, quod quisque sentiat."	„Jeder vertrete seinen Standpunkt."
„Quid dixisti?"	„Was hast du gesagt?"
„Quid turpius est quam mentiri?"	„Was ist schimpflicher als die Lüge?"
„Non erat his locus."	„Das war hier nicht am Platze."
„Tavete linguis."	„Hütet die Zungen."
„O quantum est in rebus inane."	„Oh wie viel Leeres ist in der Welt."
„Si tacuisses, philosophus mansisses."	„Wenn du geschwiegen hättest, wärst du ein Philosoph geblieben." Oder in der Übersetzung von Oscar Wilde: „Herr segne alle, die nichts zu sagen haben und den Mund halten."

5. **Mit Sprichwörtern und Geflügelten Worten parieren**
Beeindruckend ist es ferner, im rechten Moment mit einem passenden Zitat oder Geflügelten Wort aufzuwarten. Treffen zwei schlagfertige Personen aufeinander, kann es zu einem amüsanten geistreichen Scharmützel kommen.

„Wer Schätze anhäuft, statt reich zu werden vor Gott, hat den Sinn des Daseins verfehlt." (Lukas)
Konter:
„Nur wer im Wohlstand lebt, lebt angenehm." (Bert Brecht, Dreigroschenoper)
Konter:
„Eher geht ein Kamel durch ein Nadelöhr, als dass ein Reicher eingeht in das Himmelreich." (Matthäus 19,24)
Konter:
„Dem Esel, der mit Gold bepackt ist, stehen alle Burgtore offen."
Konter:
„Ein armer Mann ist oft nur ein reicher Mann mit viel Geld."
(Aristoteles Onassis)
Konter:
„Geld ist geprägte Freiheit."
Konter:
„Armut macht frei." (Novalis)
Konter:
„Reich zu sein hat seine Vorteile. Man hat zwar oft genug versucht, das Gegenteil zu beweisen, doch so recht gelungen ist dies nie." (K. Galbraith)

„Lügen haben kurze Beine."
Konter:
„In die Angel der Wahrheit beißen nur Karpfen. Mit dem Netz der Lüge fischt man Lachse." (Lettisches Sprichwort)
Konter:
„Wer einmal lügt, dem glaubt man nicht, wenn er auch die Wahrheit spricht."
Konter:
„Nur Narren und Betrunkene sprechen die Wahrheit."
Konter:
„Eine Lüge schleppt zehn andere nach."
Konter:
„Erzähle eine Lüge, damit die Wahrheit ans Licht kommt."
Konter:
„Habt ihr gelogen in Wort und Schrift, andern ist es und euch ein Gift."
(Goethe, Zahme Xenien II)

Konter:
"Im Deutschen lügt man, wenn man höflich ist." (Goethe, Faust II)
Konter:
"Je mehr Schwäche, je mehr Lüge." (Jean Paul)
Konter:
"Wer nie lügt, wird nie groß." (Ugandisches Sprichwort)
Konter:
"Lügen summen wie Fliegen und Mücken, die Wahrheit aber strahlt prächtig wie die Sonne." (Maurisches Sprichwort)
Konter:
"Lieber eine glatte Lüge als eine ungefällige Wahrheit."

6. **Die Wiederholtechnik**
In einer meiner Vorlesungen passierte Folgendes: Die Studenten lachten plötzlich herzerfrischend über die Bemerkung eines Kommilitonen. Neugierig fragte ich nach: *"Können Sie nochmals wiederholen, was Sie sagten, ich möchte gerne mitlachen!"* Da entgegnete jemand, fast bedauernd: *"Das macht jetzt keinen Sinn mehr. Die Pointe, die wir eben gehört haben, war nur witzig in dem konkreten Augenblick."* Um aber nicht unhöflich zu wirken, beschrieb er nochmals den kompletten Vorgang, der alle zum Lachen gebracht hatte. Und in der Tat, an der Äußerung schien im Nachhinein nichts Lustiges zu sein. Auch auf die übrigen Studenten wirkte die Kopie nicht mehr erheiternd.
Unsere Begebenheit macht deutlich: Schlagfertigkeit lebt häufig von der Situationskomik. Trägt man einen Zwischenruf ein zweites Mal vor, verliert er einen Großteil seines Witzes und seiner Schärfe.
Wie aber, wenn wir aus dieser Erkenntnis eine weitere Methode der Schlagfertigkeit ableiten?
Wir bitten z. B. den Zwischenrufer:
"Können Sie Ihren Einwurf wiederholen? Ich habe ihn leider akustisch nicht verstanden."

Eine Variante besteht darin, zusätzlich Zweifel an der Originalität zu wecken.
"Können Sie Ihre Einlage nochmals wiederholen, für alle, die sie heute morgen im Frühmagazin nicht mitbekommen haben?"
Erfüllt der Betreffende den Wunsch, steht er plötzlich beim übrigen Publikum gar nicht mehr so gut da.

7. **Hypothetischer Angriff**
Diese Methode ist besonders raffiniert und schlitzohrig. Ich drehe den Spieß um und starte eine Retourkutsche. Allerdings trage ich den Gegenangriff nur hypothetisch vor. Das heißt: Ich zahle mit gleicher Münze zurück, distanziere mich

aber zugleich von einer solchen Verhaltensweise. Die Wirkung des hypothetischen Konters ist die gleiche wie bei einem direkten. Nur bin ich jetzt in einer moralisch überlegenen Position. Ich präsentiere mich als fairer Streiter, dem an einer sachlichen Auseinandersetzung gelegen ist.

Angriff: „Du Dummkopf!"
Replik: „Ich könnte Ihnen entgegenhalten: ‚Wer im Glashaus sitzt, sollte nicht mit Steinen werfen.' Ich möchte mich aber nicht auf dieses polemische Niveau herablassen, sondern lieber auf der sachlichen Ebene fortfahren."

Angriff: „Das ist eine bodenlose Frechheit."
Replik: Ich könnte leicht kontern: ‚Ihre Bemerkung zeigt, dass es mit Ihrer Kinderstube nicht weit her sein kann.' Ich halte aber nichts von einem solchen Diskussionsstil. Können wir uns darauf verständigen, fair miteinander umzugehen und den Sachaspekt in den Vordergrund zu stellen?"

Angriff: „Sie Lügner (Schwätzer, Lümmel, Heuchler etc.)!"
Replik: „Ich könnte Ihnen jetzt ein großes Kompliment machen: ‚In einem sind Sie wirklich Extraklasse, wenn es um dumme Bemerkungen geht.' Ich möchte es aber vermeiden zu persönlich zu werden und lieber einen sachlichen Stil bevorzugen."

Diese Formulierung passt praktisch auf jeden unfairen Zwischenruf, egal wie er immer lautet.

8. **Die Gerade-deshalb-Technik**
Diese Methode bietet sich an, wenn Sie ganz offenkundig einen Fehler gemacht haben, den Ihnen andere vorhalten, um Sie als Versager oder Sündenbock abzustempeln. Ungeschickt wäre es in einem solchen Falle meist, sich zu rechtfertigen bzw. die Sachlage beschönigen zu wollen. Das würde nur zu weiteren Attacken animieren und Sie noch mehr in die Defensive drängen. Besser ist es, den Blick voller Tatkraft in die Zukunft zu richten. Statt über vergossene Milch zu weinen, bekunden Sie Ihre Bereitschaft – gerade wegen der misslichen Situation – alles zu tun, um die anstehenden Aufgaben optimal zu bewältigen.

Angriff: *„Sie sind ja wieder zu spät gekommen."*
Replik: *„Gerade deshalb möchte ich jetzt ohne Zeitverzug und konzentriert das neue Projekt bearbeiten."*

Angriff: *„Die Absatzzahlen in Ihrem Bereich sind kräftig eingebrochen."*
Replik: *„Ja! Nur lamentieren hilft hier nicht weiter. Gerade deshalb möchte ich jetzt meine ganzen Anstrengungen darauf richten, das operationale Ergebnis*

wieder zu verbessern. Das beschäftigt mich weit mehr als alles, was in der Vergangenheit geschehen ist."

9. **Lieber-als-Technik**
Die Lieber-als-Technik ist eine simple Methode, um sich gegen Beleidigungen zu wehren. Sie suchen nach einer Schwäche bei ihrem Kontrahenten, die nach landläufigem Verständnis gravierender ist als die Ihnen vorgeworfene und setzen so auf einen Schelmen anderthalbe. Auf eine mögliche gute Beziehung zum anderen nehmen Sie keine Rücksicht.

Angriff: *„Wie kann man nur so dick sein!"*
Replik: *„Lieber dick als doof."*
Oder: *„Lieber etwas korpulenter als keine Manieren haben."*

Angriff: *„Sie haben ja keine Haare mehr."*
Replik: *„Lieber etwas weniger Haare als zu wenig Gehirnzellen."*
Oder: *„Lieber weniger Haare auf dem Kopf als zu viel Haare auf den Zähnen."*

Diese Methode hat indes eine Schwachstelle. Sie beinhaltet das Eingeständnis, dass die herabsetzende Bemerkung Ihres Widersachers zutrifft. Sie eignet sich deshalb nur dann als Konter, wenn die Ihnen vorgehaltene Schwäche offenkundig ist. Außerdem darf dieser Makel nicht zu groß sein, damit Ihnen noch genügend Spielraum bleibt für eine Steigerung. Auf den Vorwurf: *„Wie kann man nur so doof sein!"* mit der Bemerkung zu reagieren: *„Lieber doof als dick!"*, wäre unpassend.

10. **Uminterpretieren**
Wenn Ihnen jemand eine Charakterschwäche oder ein bestimmtes Fehlverhalten vorwirft, können Sie mit der Methode „Uminterpretieren" kontern. Zugrunde liegt hier folgende Erkenntnis: Wir können ein und denselben Sachverhalt meist ganz unterschiedlich bewerten, positiv oder negativ, je nachdem, mit welchen Augen wir ihn betrachten, welche Grundeinstellung wir vertreten. Was der eine z. B. als geizig ansieht, ist in den Augen eines anderen sparsam. Was dieser für verschwenderisch hält, empfindet jener als großzügig. Daraus können wir ein weiteres Rezept für eine schlagfertige Antwort herleiten. Greift uns jemand an, deuten wir die Aussage um und heben die positive Seite hervor.

Angriff: *„Sie sind ein richtiger Geizkragen."*
Replik: *„Wenn Sie darunter verstehen, dass ich ein sparsamer Mensch bin, haben Sie Recht."*

Besonders wirkungsvoll ist besagte Methode, wenn wir Sie mit einem Seitenhieb verbinden:

Angriff: *"Sie sind ein richtiger Geizkragen."*
Replik: *"Wenn Sie darunter verstehen, dass ich ein sparsamer Mensch bin und nicht verschwenderisch, wie wir es bei anderen häufiger beobachten können (mit bedeutungsvollem Blick auf den Widersacher), haben Sie Recht."*

Angriff: *"Sie sind ein kalter, gefühlloser Mensch."*
Replik: *"Wenn Sie darunter verstehen, dass ich eine natürliche Robustheit habe, die mir hilft, die Härten des Lebens leichter zu ertragen und kein Sensibelchen, das bei den kleinsten Widrigkeiten laut jammert, haben Sie Recht."*

Angriff: *"Sie sind ein richtiges Sensibelchen."*
Replik: *"Wenn Sie darunter verstehen, dass ich einfühlsam bin, ein Mensch mit hoher Empathie und kein gefühlloser Dinosaurier, haben Sie Recht."*

11. Zustimmung

Wenn Sie jemand mit einer herabsetzenden Bemerkung angreift, rechnet er mit mancherlei Verhaltensweisen: Betretenheit, hilflosem Schweigen, wütenden Gegenattacken. Eines erwartet er allerdings nicht: Zustimmung. Gerade das aber macht diese Methode als Kontermöglichkeit interessant. Ihr Kontrahent wird überrascht reagieren, vielleicht sogar für einen Moment sprachlos sein.

Angriff: *"Sind Sie aber klein!"*
Replik: *"Ja, stimmt!"*
"Ja, gut beobachtet!"
"Ja, schön, dass Sie das auch bemerken!"

Besonders schlagkräftig ist diese Taktik, wenn Sie eine geistreiche Bemerkung hinterherschieben, mit der Sie das ungebührliche Verhalten bloßstellen.

Angriff: *"Sie haben ja gar keine Haare mehr auf dem Kopf."*
Replik: *"Ja, stimmt haargenau! Da können sich meine Haare wenigstens auch nicht sträuben, wenn andere taktlose Bemerkungen machen."*

Angriff: *"Mein Gott, sind Sie korpulent."*
Replik: *"Ja, herrlich! Da rege ich mich auch nicht so auf über plumpe Bemerkungen meiner Mitmenschen."*

Angriff: *"Stört es Sie nicht, dass Sie eine so große Nase haben."*
Replik: *"Ganz und gar nicht. Das einzig Dumme ist, dass es so viele ungehobelte Zeitgenossen gibt, die mich immer wieder darauf ansprechen."*

Angriff: *„Sie sind ein Phantast."*
Replik: *„Ja, stimmt! Ich bilde mir immer noch ein, irgendwann könnten Sie es lernen, fair und sachlich zu diskutieren."*

Angriff: *„Sie sind ein hoffnungsloser Pessimist."*
Replik: *„Ja, richtig! Ich habe die Hoffnung längst aufgegeben, Sie könnten ein fairer Streiter werden."*

Angriff: *„Sie Blödian (Idiot, Spinner, Narr, Tölpel, Einfaltspinsel, Trottel, Kamel etc.)!"*
Replik: *„Ja, Sie haben Recht! Das sage ich auch immer zu mir, weil ich die Hoffnung noch nicht aufgegeben habe, andere Menschen könnten sich taktvoll verhalten, obwohl ich immer wieder eines Besseren belehrt werde."*

Angriff: *„Sie Betrüger (Schurke, Schuft, Lügner, Gangster, Gauner, Schwindler etc.)!"*
Replik: *„Ja, Sie haben Recht! Ich betrüge mich andauernd selber, wenn ich die Hoffnung habe, andere könnten sich taktvoll benehmen."*

Eine Variante der beschriebenen Methode ist die übertriebene Zustimmung. Sie pflichten dem, was der andere sagt, nicht nur bei, Sie übertreiben sogar noch und steigern so dessen Aussage ins Groteske.

Angriff: *„Sie trinken viel zu viel Bier."*
Replik: *„Ja, stimmt! Ich habe gehört, die Karlsberg Brauerei hat schon Lieferschwierigkeiten."*

Angriff: *„Sie reden lauter dummes Zeug."*
Replik: *„Ja, stimmt! Deshalb wollte mir Ihr Verband schon den Ehrenvorsitz übertragen."*

12. **Komplimente machen**
Fällt dem Redner auf einen Zwischenruf überhaupt nichts ein, gibt es eine wunderschöne Möglichkeit: Er macht dem Kontrahenten ein Kompliment für den gelungenen Einwurf:
„Kompliment, diesen Geistesblitz hätte ich Ihnen gar nicht zugetraut."
„Eine wunderschöne Pointe. Erlauben Sie, dass ich sie mir aufschreibe."

Er kann sich auch augenzwinkernd an das Publikum wenden:
„Ganz schön pfiffig."
Oder:
„Ist er (sie) nicht schlagfertig?"

Besonders treffsicher ist die Komplimentmethode, wenn man sie mit einem anschließenden verbalen Fußtritt verbindet:
„Ein toller Einwand! Haben Sie lange gebraucht, bis er endlich passte?"
Oder:
„Kompliment! Sie haben ja Talent zum Komiker. Wollen Sie es nicht mal mit einer Büttenrede versuchen?"
Sollte hier der Einwand kommen: *„Das können Sie viel besser"*, könnte man abermals mit der Komplimentmethode kontern: *„Herr (Frau) X, unterschätzen Sie doch nicht Ihre Talente."*

13. **Tut mir Leid für Sie ...**
Wenn jemand Ihre Ausführungen kritisiert, indem er sie für zu theoretisch, konfus, unlogisch oder sonst wie beanstandungswürdig hält, gibt es eine schöne Kontermöglichkeit. Sie bedauern den anderen, dass er nicht in der Lage ist, Ihren Ausführungen zu folgen.

Angriff: *„Was reden Sie für einen Schmarren!"*
Replik: *„Tut mir Leid für Sie, wenn Sie die Zusammenhänge nicht verstehen."*

Angriff: *„Konfus!"*
Replik: *„Tut mir Leid für Sie, wenn Sie die Zusammenhänge nicht verstehen."*

Angriff: *„Das ist alles Wortgeklingel!"*
Replik: *„Tut mir Leid für Sie, wenn Sie die Zusammenhänge nicht verstehen."*

14. **Sie Ärmster, darf ich Ihnen ...**
Bemerkt jemand, dass Ihre Worte bei ihm Unmutsgefühle welcher Art auch immer auslösen, können Sie mit ironischem Unterton Ihr Bedauern darüber aussprechen und zudem noch ein Hilfsangebot machen.

Angriff: *„Mir dröhnt der Kopf."*
Replik: *„Sie Ärmster, darf ich Ihnen ein gutes Arzneimittel empfehlen!"*

Angriff: *„Mir kommen die Tränen."*
Replik: *„Sie Ärmster, darf ich Ihnen ein Tempotaschentuch reichen."*

Angriff: *„Da kann man ja Depressionen bekommen."*
Replik: *„Sie Ärmster, wie wäre es mit einer Psychotherapie."*

15. **Kurzer Begleitkommentar**
Wenn Ihnen nichts Treffendes einfällt, können Sie immer noch mit ironischem Unterton einen kurzen Begleitkommentar abgeben.

11.7 Störtechniken

„*Ach was.*"
„*Tatsächlich.*"
„*Was Sie nicht sagen.*"

Das Schöne bei solchen kurzen Standardbemerkungen ist, dass sie praktisch immer passen und man nicht erst lange nach der geeigneten Pointe suchen muss.

Es gibt noch zahlreiche weitere Techniken der Schlagfertigkeit. Der interessierte Leser sei wieder auf die weiterführende Literatur hingewiesen.[69]

Abschließende Tipps zur Verbesserung der Schlagfertigkeit

Wie kann ich meine Schlagfertigkeit verbessern?
Eine Möglichkeit besteht darin: Machen Sie sich mit den verschiedenen Formen schlagfertigen Verhaltens vertraut, wie ich sie zuvor aufgezeigt habe! Lernen Sie vom guten Vorbild geistreicher Menschen und schulen Sie Ihren Scharfsinn durch das Studium praktischer Beispielsfälle! In diesem Zusammenhang möchte ich Sie auf das äußerst kurzweilige und amüsante Buch „Die schlagfertige Antwort" von Maximilian Weller aufmerksam machen. Es enthält eine Vielzahl wunderschöner Beispiele schlagfertigen Verhaltens aus den verschiedensten Lebensbereichen.

Hilfreich ist ferner: Bereiten Sie sich gründlich auf Ihre Rede vor! Versetzen Sie sich vor allem in die Köpfe Ihrer möglichen Widersacher! Mit welchen Einwürfen muss ich rechnen? Legen Sie sich bereits im Geiste entsprechende Antworten zurecht!

Empfehlenswert ist zudem eine systematische Nachbereitung. Was hätte ich auf eine bestimmte Bemerkung treffender antworten können? Das bringt mir zwar nichts mehr für den abgelaufenen Vortrag. Es kann mir aber für zukünftige Auftritte von Nutzen sein.

Im Übrigen sind solche kritischen Nachbetrachtungen nicht nur sinnvoll bei öffentlichen Reden, sondern auch bei alltäglichen Geschehnissen im menschlichen Zusam-

---

[69] Ausführlich befasst sich z. B. Karsten Bredemeier mit diesem Thema in seinem Buch: „Provokative Rhetorik? Schlagfertigkeit. Er führt dort eine Reihe zusätzlicher Formen schlagfertigen Verhaltens an, so u. a.:
- Die **Großvatertechnik**: „*Kannten Sie eigentlich meinen Großvater? Nein, das ist aber erstaunlich. Der erzählte immer die gleichen Witze.*"
- Die **„Trifft-mich"-Technik**: „*Das trifft mich jetzt aber.*" „*Nun bin ich aber sprachlos.*"
- Die **paradoxe Höflichkeitstaktik**: „*Die Höflichkeit verbietet mir, ihnen eine Privatlektion zu erteilen.*" „*Seien Sie froh, dass Sie es mit so freundlichen Menschen wie uns zu tun haben.*"

Zum Thema Schlagfertigkeit siehe auch Zittlau, Dieter, Schlagfertig kontern in jeder Situation; Pöhm, Matthias, Nicht auf den Mund gefallen; Thiele, Albert, Argumentieren unter Stress.

menleben, also überall dort, wo es auf schlagfertiges Verhalten ankommt, wie z. B. im Streit mit dem Ehepartner, Auseinandersetzungen mit Arbeitskollegen, beim geselligen Plausch etc.

Um die verbale Reaktionsgeschwindigkeit zu verbessern, kann man auch einige spielerische Übungen durchführen. Als Beispiel wollen wir die Drei-Wort-Methode erwähnen. Sie schreiben drei x-beliebige Worte nieder, die Ihnen gerade in den Sinn kommen, z. B. Sand, Banane, Clown. Daraus entwickeln Sie spontan eine möglichst lustige und phantasievolle Geschichte.

Beschließen wir unser Kapitel „unfaire Verhaltensweisen" mit einer letzten, komplettierenden Grundregel:

> Bleiben Sie bei Zwischenrufen ruhig und gelassen!
> Gehen Sie auf unsinnige und belanglose Einwürfe gar nicht ein!
> Vermeiden Sie längere Wechselreden mit dem Zwischenrufer!
> Reagieren Sie bestimmt, selbstbewusst und möglichst schlagfertig!

Damit sind wir bei unserem Streifzug durch die faszinierende Welt der Rhetorik am Ende angelangt. Gestatten Sie mir nur noch einen abschließenden Hinweis. Für den eiligen Leser, der eine schnelle Orientierungshilfe sucht, habe ich im Anschluss hieran sämtliche zuvor abgeleiteten Grundregeln der Redekunst in einer Gesamtübersicht zusammengestellt.

Beschließen möchte ich meine Ausführungen mit einer persönlichen Bemerkung: Allen, die dieses Buch als Ratgeber benutzen wollen, um ihre rhetorischen Fähigkeiten weiter zu entwickeln bzw. zu vervollkommnen, wünsche ich:

Viel Erfolg auf Ihrem Weg zu einem professionellen Redner!

Grundregeln der Rhetorik

Allgemeine Erfolgsregeln

1. Rhetorik ist erlernbar.
2. Die Drei-Stufen-Regel für den Redeerfolg lautet:
   1. Schritt: Feste Absicht, sich zu entwickeln
   2. Schritt: Aneignung des theoretischen Wissens
   3. Schritt: Umsetzung in die Praxis

Sprechstil

1. „Eine Rede ist keine Schreibe."
2. Sprechen Sie stets klar und verständlich!
3. Bilden Sie kurze Sätze!
4. Kerngedanken gehören immer in einen Hauptsatz.
   Nebensätze verwenden wir für weniger wichtige Gedanken.
5. Vermeiden Sie möglichst Vorreiter!
6. Blähen Sie Ihre Sprache nicht unnötig auf durch Ausdrucksverdoppelung, Füll- und Leimwörter sowie Papierwendungen!
7. Sprechen Sie möglichst natürlich und sachlich und nicht affektiert!
8. Gehen Sie sparsam um mit Fremdwörtern und Fachausdrücken!
   Benutzen Sie sie im Allgemeinen nur dann, wenn es keine treffendere deutsche Bezeichnung gibt!
9. Das Hauptwort eines Satzes ist das Verb.
10. Hüten Sie sich vor der Substantivitis!
    Beseelen Sie Ihre Sprache durch das Verb! Benutzen Sie Tätigkeitswörter vor allem dann, wenn Sie Handlungen wiedergeben!
11. Sprechen Sie anschaulich!
12. Benutzen Sie bildhafte Ausdrücke!
    Vermeiden Sie aber Bildbrüche!
13. Verwenden Sie möglichst konkrete und keine allgemeine, unbestimmte Ausdrücke!
14. Veranschaulichen Sie einen Sachverhalt durch Beispiele!

15. Machen Sie Abstraktes anschaulich durch Vergleiche!
16. Würzen Sie Ihren Vortragsstil mit Sprichwörtern und Zitaten!
    Gehen Sie aber nicht zu üppig hiermit um!
17. Drücken Sie Handlungen möglichst im Aktiv aus und seien Sie zurückhaltend mit dem Passiv!
18. Sprechen Sie möglichst in der Gegenwartsform!
19. Setzen Sie hin und wieder das Instrument der rhetorischen Frage ein!
20. Verwenden Sie weitere sprechstilistische Gestaltungsmittel wie:
    - Personifikation
    - Stabreim
    - Paradoxon
    - Synekdoche
    - Anspielungen
    - Anapher
    - Überraschung!
21. Vermeiden Sie sprechstilistische Nachlässigkeiten!

Sprechtechnik

1. Atmen Sie tief ein gemäß der Zwerchfellatmung und atmen Sie ganz langsam luftverströmend aus!
2. Atmen Sie grundsätzlich durch die Nase ein!
   Die Mundatmung ist vor allem dann sinnvoll, wenn besonders geräuschloses Einatmen verlangt wird sowie beim raschen Nachatmen.
3. Geben Sie Ihrer Stimme Volumen und Tragfähigkeit und entlasten Sie Ihren Stimmapparat durch Einsatz der Resonanzräume, vor allem der Nasenresonanz!
4. Sprechen Sie klar, deutlich und umrissscharf!
   Bewegen Sie zu diesem Zweck Ihre Lippen genau und weiträumig!
   Setzen Sie auch Ihre Zunge ein, ohne sie aber übermäßig zu belasten!
5. Sprechen Sie nicht dauerhaft zu laut und zu hoch!
   Orientieren Sie vielmehr Ihre Stimmführung an der Indifferenzlage!
   Steigern Sie die Vernehmlichkeit und Tragfähigkeit Ihrer Worte durch den verstärkten Einsatz der Nasenresonanz sowie durch emsige, umrissscharfe und lautgemäße Lippenbewegungen!
6. Erhöhen Sie den Atemdruck nicht durch Pressen, sondern durch tieferes Einatmen!
   Vermeiden Sie, beim Ausatmen zu viel Nebenluft auszuhauchen!
7. Vermeiden Sie den stimmschädigenden Glottisschlag!
   Bevorzugen Sie stattdessen einen weichen Stimmeinsatz!
8. Vermeiden Sie zu lebhafte Zungen- und Kieferbewegungen!

9. Reden Sie im Allgemeinen hochdeutsch!
   Auch die Hochsprache mit bodenständiger Klangfarbe ist in der Regel unbedenklich.
   Ein ausgesprochener Dialekt hat dagegen nur in bestimmten Ausnahmefällen seine Berechtigung.
10. Sprechen Sie moduliert und abwechslungsreich, nicht monoton!
11. Vermeiden Sie die drei Unarten sprachlicher Betonung:
    nicht betonen, alles betonen, falsch betonen!
    Sprechen Sie vielmehr sinnvoll betont!
    D. h.: Geben Sie jedem Gedanken im Allgemeinen nur einen Ausdrucksschwerpunkt! Dieser sollte in der Regel der jeweilige Sinnträger sein.
    Wenn Sie in einem Gedanken mehrere Worte betonen, bauen Sie entsprechende Pausen ein!
    Nutzen Sie die gesamte Bandbreite sprechtechnischer Betonungsmöglichkeiten!
12. Wechseln Sie gelegentlich die Lautstärke, um Ihren verbalen Ausdruck zu steigern!
    Hüten Sie sich aber vor Übertreibungen!
13. Variieren Sie ab und an die Tonhöhe!
    Wechseln Sie dabei von den tieferen zu den höheren Stimmregionen!
    Vermeiden Sie aber künstliche Effektsteigerungen!
14. Verändern Sie hin und wieder die Sprechgeschwindigkeit!
15. Machen Sie öfters Sprechpausen!
    Überfahren Sie keine rhetorischen Haltezeichen!
    Legen Sie eine Zäsur ein an den jeweiligen Sinnabschnitten!
    Vermeiden Sie aber Verlegenheitspausen und sprechen Sie nicht abgehackt!
16. Sprechen Sie eindringlich durch Variation des sprachlichen Klangbildes!
17. Für Vorträge in großen Räumen (ohne Mikrophon) gilt:
    Geben Sie Ihrer Stimme mehr Lautstärke und Tragfähigkeit durch einen kräftigeren Atemstrom und die volle Nutzung der phonetischen Resonanzräume!
    Bemühen Sie sich um eine besonders scharfe Artikulation!
    Sprechen Sie langsamer und mit geringerer Tonhöhenveränderung.

Körpersprache

1. Achten Sie auf ein natürliches Sprechgebaren!
2. Ahmen Sie keine anderen Sprecher nach, sollten diese auch noch so versiert sein!
3. Wählen Sie eine offene Körperhaltung!
   Arme und Hände dürfen keine Barriere bilden.
   Nehmen Sie eine „Siegerhaltung" ein!

Stehen Sie aufrecht mit erhobenem Kopf und gedehnter Brust!
Achten Sie auf eine feste Standhaltung! D. h.: Beide Füße müssen in vollem Bodenkontakt stehen.
Winkeln Sie bei Ihrer Ausgangsstellung beide Arme oberhalb der Gürtellinie an!
Die Armhaltung sollte locker sein, natürlich und nicht symmetrisch.

4. Achten Sie bei der Gestik auf Kongruenz!
Gesten müssen inhaltlich stimmig sein, d. h. dem Sinn der verbalen Aussage entsprechen.
Gesten müssen zeitlich stimmig sein, d. h.: Gesten gehen dem gesprochenen Wort voraus.
Studieren Sie keine Gesten ein!
Angelernte Gesten verstoßen gegen das Gebot der zeitlichen Stimmigkeit.

5. Die optimale Frequenz des gestischen Einsatzes ist stark persönlichkeitsgebunden und hängt in erster Linie ab vom Naturell des Sprechers.
Vermeiden Sie jedoch Übertreibungen!
Erschlagen Sie die Zuhörer nicht mit einer endlosen Flut theatralischer Gesten!
Lassen Sie Ihre Körpersprache umgekehrt nicht ganz verstummen!

6. Legen Sie Wert auf einen souveränen körpersprachlichen Ausdruck!
Machen Sie Ihre Gesten vorwiegend in der oberen Körperhälfte!
Vollführen Sie Ihre Gebärden nicht hastig und unkontrolliert! Entwickeln Sie diese stattdessen ruhig, aber dennoch zwingend und bestimmt! Setzen Sie Ihre Gesten nicht bloß ansatzweise ein! Führen Sie sie vielmehr vollständig aus! Bedienen Sie sich dabei, wenn sinnvoll, der gesamten, durch die Reichweite Ihrer Armlänge begrenzten, Raumzone!
Vermeiden Sie Verlegenheitsgesten!
Seien Sie vorsichtig mit allzu dominanten und aggressiven Gesten!

7. Verschaffen Sie sich Sympathie durch eine freundliche Mimik!
Natürliche Freundlichkeit lässt sich nur erreichen bei einem lockeren und entspannten Gesichtsausdruck.
Wie die Gestik, so sollte auch die Mimik möglichst kongruent sein, d. h.: Die mimische Reaktion sollte mit dem Sinn der verbalen Botschaft übereinstimmen und geht dieser zeitlich voraus.

8. Achten Sie beim Sprechen unbedingt auf Blickkontakt!
Er ist ein unentbehrliches rhetorisches Instrument zur Herstellung einer dialogischen Grundstimmung.

9. Nehmen Sie möglichst mit allen Zuhörern eine visuelle Beziehung auf!
Bei einem Massenpublikum genügt es, den Augenkontakt auf einzelne, möglichst gleichmäßig im Raum verteilte, Personen zu beschränken. Das gibt jedem

im näheren Umkreis das Gefühl, mit angesprochen zu sein.
Ihr Blickkontakt sollte hinreichend lang sein, d. h. im Normalfall rund drei bis fünf Sekunden, bei großem Auditorium fünf bis zehn Sekunden.
Wechseln Sie den Blick nicht ruckartig, sondern lassen Sie ihn langsam umherschweifen!

Aufbau einer Rede

1. Besorgen Sie sich detaillierte Informationen über Ihr Redethema und legen Sie sich eine umfassende Stoffsammlung an!
2. Achten Sie in Ihrer Rede auf einen klaren Aufbau!
   Als Gliederungsmöglichkeiten bieten sich u. a. an:
   der Fünfsatz oder die klassische Form: Einleitung – Hauptteil – Schluss.
3. Erschlagen Sie den Zuhörer nicht mit einer endlosen Flut von Gedanken!
   Beschränken Sie sich vielmehr auf einige wenige Grundaussagen!
   Grenzen Sie die Kernpunkte zudem klar und umrissscharf voneinander ab!
4. Bemühen Sie sich darum, zu Beginn Ihrer Rede Wohlwollen zu erwerben!
   Möglichkeiten hierzu sind u. a.:
   - Dank für die Einladung
   - Dank an den Begrüßungsredner
   - Komplimente an die Zuhörer
   - Gemeinsamkeiten betonen.
   - Komplimente sollten treffend und nicht zu dick aufgetragen sein.
   - Mit der „Wir-Form" können Sie den Gleichklang mit dem Publikum hervorheben.
   - Vermeiden Sie aber unechte und anbiedernde „Wir-Formen"!
   - Kein Wohlwollen erreichen Sie mit abgedroschenen Höflichkeitsfloskeln.
5. Wecken Sie in der Einleitung Interesse!
   Dies erreichen Sie, wenn Sie
   - einen aktuellen Aufhänger benutzen
   - ein persönliches Erlebnis schildern
   - eine Anekdote erzählen
   - mit einer Demonstration beginnen
   - mit einer bewussten Provokation einsteigen
   - etc.
6. Die Einleitung sollte kurz sein und zum Thema hinführen.
7. Erfolg in der Rede setzt fachliche Versiertheit voraus.
8. Der Erfolg einer Rede wird wesentlich bestimmt von der Schlagkraft der Argumente.
   Argumente sind dann überzeugend, wenn

- die Gründe und Annahmen wahr sind
- die Gründe eine hohe Relevanz besitzen
- die Schlussfolgerung gültig ist.
9. Bekräftigen Sie Ihre Argumente durch Zahlen, Daten und Fakten!
Benutzen Sie als Beweismittel deduktive und induktive Belege!
10. Ordnen Sie Ihre Argumente nach dem Entwicklungsgesetz der Steigerung!
Bringen Sie am Ende Ihre stärkste Begründung!
Beginnen Sie aber mit einem kräftigen Argument!
11. Verzichten Sie auf schwache Argumente!
Mitunter kann es taktisch geschickt sein, auf mögliche Gegenargumente einzugehen.
Setzen Sie sich mit möglichen Argumenten aber fair auseinander!
Seien Sie zurückhaltend mit vorschnellen Bewertungen!
Lassen Sie die Zuhörer mitunter selbst die wertenden Schlussfolgerungen ziehen!
12. Sprechen Sie in Ihrer Rede auch das Gefühl der Zuhörer an!
Betätigen Sie sich hin und wieder als Entertainer und überraschen Sie Ihr Publikum mit witzigen und auflockernden Einschüben!
Achten Sie bei Ihren Showeinlagen auf Stimmigkeit!
Wählen Sie einen persönlicheren Sprachton, wenn dieser von der jeweiligen Redesituation angebracht ist!
13. Hüten Sie sich vor Weitschweifigkeit!
14. Beenden Sie Ihre Rede mit einem wirksamen Schluss!
Paradeschluss der Meinungsrede ist der Appell.
Der Appell sollte
- aus einem einprägsamen Hauptsatz bestehen
- durchführbar und konkret sein
- ausdrucksvoll vorgetragen werden.

Weitere geeignete Schlussvarianten – vor allem beim Sachvortrag – sind:
- das Zitat bzw. die Anekdote
- die Zusammenfassung.

Die optimale Präsentation

1. Minimieren Sie das Risiko technischer Pannen!
2. Die projizierten Inhalte müssen gut lesbar und erkennbar sein.
3. Bemühen Sie sich um ein einheitliches Erscheinungsbild!
4. Seien Sie zurückhaltend beim Einsatz von Animationseffekten und Stimulanzien!
5. Seien Sie zurückhaltend bei reinen Textinformationen!

6. Verwenden Sie für jeden neuen Gedankengang eine eigene Folie!
7. Stellen Sie in einer Präsentation keine Volltexte dar!
   Benutzen Sie stattdessen Stichworte!
   Verwenden Sie genügend viele Stichworte, damit der Sinn einer Aussage sofort erkennbar wird!
8. Führen Sie als Präsentator einen lebendigen Dialog mit den Zuhörern!
   - Geben Sie bei komplexeren Folien wie z. B. Grafiken dem Publikum Orientierungshilfen!
   - Pflegen Sie einen direkten Dialog, indem Sie Aufforderungssätze einbauen, rhetorische Fragen stellen und mögliche Gedanken der Zuhörer offen aussprechen!
   - Bemühen Sie sich auch bei Präsentationen um direkten Blickkontakt!
     - Blenden Sie bereits besprochene Folien aus!
     - Reichern Sie den Vortrag an, z. B. durch Anekdoten, Vergleiche, Beispiele!
     - Seien Sie zurückhaltend mit bloßen Textdarstellungen und erläutern Sie Ihre Aussagen!

Die freie Rede

Sprechen Sie möglichst frei!
Frei reden bedeutet in der Regel Sprechen nach Stichworten.
Erstellen Sie ein klar gegliedertes und durchdachtes Stichwortkonzept auf Karteikärtchen oder DIN-A4-Blättern!
Formulieren Sie Ihre Sätze erst während des Vortrags konkret aus!
Üben Sie sich zu diesem Zweck in der Technik des Sprechdenkens!

Steckenbleiben

Sollte der gedankliche Film gerissen sein, suchen Sie nicht krampfhaft nach dem roten Faden!
Schlagen Sie die Brücke nach hinten, und wiederholen Sie eine bereits getätigte Äußerung!

Redeangst und Lampenfieber

Um Ihr Lampenfieber zu vermindern:
▷ Stellen Sie keine zu großen Erwartungen an sich selbst!
▷ Bereiten Sie sich gründlich vor!
▷ Verbessern Sie Ihre rhetorischen Fähigkeiten!

- Halten Sie so oft wie möglich öffentlich Reden!
- Stellen Sie eine dialogische Situation her!
- Entspannen Sie sich durch entsprechende Techniken wie Atemübungen – Progressive Muskelentspannung – Autogenes Training etc.!
- Bauen Sie Ihre Redehemmungen gezielt ab durch Systematische Desensibilisierung (Gegenkonditionieren)!

Unfaires Verhalten in Rede und Gespräch

1. Lassen Sie sich nicht provozieren durch herabsetzende Bemerkungen!
   Bleiben Sie gelassen und kaltblütig!
   Verbitten Sie sich verbale Entgleisungen und kehren Sie sofort wieder zu Ihren Sachausführungen zurück!
2. Lassen Sie sich nicht blenden von Rednern, die durch eine komplizierte Ausdrucksweise den Anschein gedanklicher Tiefgründigkeit erwecken!
   Haben Sie den Mut, konkret nachzufragen, wenn Ihnen etwas unklar ist!
   Sie sprechen damit auch anderen Zuhörern aus dem Herzen, die sich nicht trauen, aus Angst, ihre Unwissenheit bloßzustellen!
3. Lassen Sie sich nicht einlullen von Sprechblasen und inhaltsleerer Wortklidderei!
   Fragen Sie immer wieder konkret nach!
   Bitten Sie den Wortschwaller um Fakten, Zahlen und Beispiele!
4. Seien Sie wachsam gegenüber rhetorischen Täuschungsmanövern wie Schön- und Missfärberei durch Worte oder Übertreibungen!
5. Lassen Sie sich nicht durch falsche Schlussfolgerungen in die Irre führen!
6. Lassen Sie nicht zu, wenn jemand durch Killerphrasen und Dammbrucharguмente einen Gesprächsabbruch erzwingen möchte. Seien Sie nur zugänglich für Argumente mit Substanz!
7. Akzeptieren Sie nicht, wenn man Ihre Entscheidungsmöglichkeiten im Sinne eines falschen Dilemmas beschneidet. Fordern Sie den anderen auf, weitere Alternativen zu nennen!
8. Seien Sie wachsam bei rhetorischen Fallen!
   Dazu gehören:
   - Fragen nach exakten Begriffsdefinitionen
   - Fragen nach einer genauen Grenze bei Vorgängen mit stetiger Entwicklung
   - hypothetische Fragen

   Weisen Sie diese Fragen als nicht sachdienlich zurück!
9. Lassen Sie sich nicht einschüchtern durch Oberhandtechniken wie Drohungen, Appelle, ständige Kritik oder absichtsvolle Nichtbeachtung!

10. Lassen Sie sich nicht provozieren durch gezielte Störmanöver!
    Sollten Sie die Kontrolle über die Zuhörer verloren haben, wenden Sie die Methode der positiven konfrontativen Selbstbehauptung an!
    Das heißt: Wehren Sie sich gegen ein mögliches Fehlverhalten des Publikums, ohne diesem Ihren Respekt zu versagen!
11. Bleiben Sie bei Zwischenrufen ruhig und gelassen!
    Gehen Sie auf unsinnige und belanglose Zwischenrufe gar nicht ein!
    Vermeiden Sie längere Wechselreden mit dem Zwischenrufer!
    Reagieren Sie bestimmt, selbstbewusst und möglichst schlagfertig!

Literaturverzeichnis

Alt, J. A., Richtig argumentieren, 5. Aufl., München 2003

Ammelburg, G., Die Rednerschule, Düsseldorf 1985

Anton, K.-H., Mit List und Tücke argumentieren, Wiesbaden 1995

Aristoteles, Sophistische Widerlegungen, Hamburg 1968

Asgodom, S. Schlüssel zur Gelassenheit: So stoppen Sie den Stress, München 2008

Asgodom, S., Reden ist Gold: So wird Ihr nächster Auftritt ein Erfolg, Berlin 2006

Beck, G., Verbotene Rhetorik: Die Kunst der skrupellosen Manipulation, München 2007

Beyer, H., Beyer A., Sprichwörterlexikon, München 1987

Biehle, H., Redetechnik, Berlin, New York 1974

Biehle, H., Stimmkunde, Berlin 1970

Bierach, A., Körpersprache erfolgreich anwenden und verstehen, München 1996

Birkenbihl, V. F., Fragetechnik schnell trainiert: Das Trainingsprogramm für Ihre erfolgreiche Gesprächsführung, München 2007

Birkenbihl, V. F., Kommunikationstraining, München 2007

Birkenbihl, V. F., Rhetorik: 50 Übungskarten für perfekte Redekunst, München 2007

Birkenbihl, V. F., Stroh im Kopf? Vom Gehirn-Besitzer zum Gehirn-Benutzer, München 2007

Birkenbihl, V.F., Rhetorik, Redetraining für jeden Anlass, 5. Aufl., Berlin 2000

Birkenbihl, V. F., Signale des Körpers, 11. Aufl. Landsberg 1996

Birkner, M., Harnisch, C., Perfekt präsentieren mit PowerPoint 2003, Bonn 2004

Bredemeier, K., Neumann, R., Nie wieder sprachlos, Landsberg am Lech 2000

Bredemeier, K., Provokative Rhetorik? Schlagfertigkeit!, Zürich 1996

Breitenstein, R., Die wirksame Rede, Düsseldorf, Wien 1983

Bretschneider, F., Verhaltenstraining für Stresssituationen, Stuttgart 1982

Büchmann, G., Geflügelte Worte, München 1959

Buscha, A., Buscha J., Gelehrte Wortspiele, Leipzig 1990

Carnegie, D., Besser miteinander reden, 2. Aufl., Bern 1996

Cegla, U. H., Atem-Techniken, Stuttgart 1992

Cialdini, R. B., Die Psychologie des Überzeugens. Ein Lehrbuch für alle, die ihren Mitmenschen und sich selbst auf die Schliche kommen wollen, Ismaning 2009

Cohen, D., Körpersprache in Beziehungen, Reinbek 1995

Dahms, Chr., Dahms, M., Die Magie der Schlagfertigkeit, Wermelskirchen 1995

Damaschke, A., Geschichte der Redekunst, Jena 1921

Damaschke, A., Volkstümliche Redekunst, Jena 1918

Dommann, D., Faire und unfaire Verhandlungstaktiken, Frankfurt (M), 1987

Drebinger, N., Die klingende Seite der Rhetorik, ein Übungsbuch für Stimme, Sprechen, Sprachgestaltung, Donauwörth, 2003

Dubois, J., Edeline F., Klinkenberg J. M., Minguet P., Pire F., Trinon H., Allgemeine Rhetorik, München 1974

Ebeling, P., Das große Buch der Rhetorik, Wiesbaden 1981

Edmüller, A., Wilhelm, Th., Argumentieren, sicher, treffend, überzeugend, Planegg 1998

Elertsen, H., Hartig W., Moderne Rhetorik, Heidelberg 1979

Enkelmann, N. B., So motivieren Sie sich selbst und andere, Rhetorik – Charisma – Persönlichkeit, 3. Aufl., Landsberg am Lech 1999

Fey, G., Reden macht Leute, Vorträge gekonnt vorbereiten und präsentieren, Regensburg 2003

Erdmann, K. O., Die Kunst, recht zu behalten, Frankfurt (M), Berlin, Wien 1982

Fast, J., Körpersprache, Reinbek 1984

Fensterheim, H., Baer J., Leben ohne Angst, München 1986

Fey, G., Selbstsicher Reden, Selbstbewusst handeln, Rhetorik für Frauen, Regensburg, Bonn 1996

Franz, S., Die gute Präsentation, München 2 002

Formatschek W., Frei sprechen, Bamberg 1992

Freud, S., Massenpsychologie und Ich-Analyse, Frankfurt (M), Hamburg 1967

Gericke, C., Rhetorik: Die Kunst zu überzeugen und sich durchzusetzen, Berlin 2009

Gössler, S., Barack Obama - Seine Sprache, Seine Stärke, Sein Charisma: Rhetorik einer Erfolgsgeschichte, Norderstedt 2009

Hägg, G., Die Kunst, überzeugend zu reden, München 2003

Hamilton, W. G., Die Logik der Debatte, Heidelberg 1978

Hanisch, St., „Rhetorik ist Silber", Grundlagen der modernen Rhetorik, Bonn 2003

Herrmann, P., Reden wie ein Profi, München 1991

Hierhold, E., Sicher präsentieren – wirksamer vortragen, 6. Aufl., Frankfurt (M), Wien 2002

Hoffmann, B., Handbuch Autogenes Training, 15. Aufl., München 2 002

Hofmann, E., Lassen Sie sich nicht manipulieren, Frankfurt (M) 2004

Hohmann, H., Sprechen und Überzeugen, München 1981

Janka, F., Wirkungsvoll präsentieren, zielgruppengerecht in jeder Situation, Niedernhausen 2001

Kellner, H., Rhetorik, hart verhandeln, erfolgreich argumentieren, München, Wien 1999

Kellner, H., Reden, Zeigen, Überzeugen, München, Wien 1998

Köster, R., Das gute Gespräch, Göttingen, Zürich 1996

Lakner, T., Die Schule des Sprechens, Wien 2000

Langen, D., Autogenes Training, Gräfe und Unzer, 6. Aufl., München, 1998

Langer, I., Schulz v. Thun F., Tausch R., Sich verständlich ausdrücken, 6. Aufl., München 1999

Latour, B., Um keine Antwort verlegen, Stuttgart 2000

Lay, R., Wie man sich Feinde schafft, Düsseldorf, Wien, New York, Moskau 1994

Lay, R., Dialektik für Manager, 7. Aufl., Frankfurt (M), Berlin 1993

Lay, R., Die Macht der Wörter, München 1986

Lay, R., Führen durch das Wort, Fremd- und Eigensteuerung, Motivation, Kommunikation, praktische Führungsdialektik, 6. Aufl., Frankfurt (M), Berlin 1993

Lay, R., Manipulation durch die Sprache, Reinbek 1985

Lay, R., Meditationstechniken für Manager, Reinbek 1985

Le Bon, G., Psychologie der Massen, Stuttgart 1951

Lemmermann, H., Praxisbuch Rhetorik, Redetraining, 7. Aufl., Landsberg am Lech 2000

Lemmermann, H., Lehrbuch der Rhetorik, München 1993

Lemmermann, H., Schule der Debatte, München 1986

Lindemann, H., Überleben im Stress, Autogenes Training, München 1997

Lindemann, H., Anti-Stress-Programm, München 1984

Lucas, M., Überzeugend reden, Düsseldorf 1996

Mentzel, W., Flume, P., Rhetorik - Das Beste, Freiburg 2008

Mohler, A., Die 100 Gesetze überzeugender Rhetorik, 5. Aufl., München 2000

Mohler, A., Überzeugend Reden – erfolgreich verhandeln, München 1977

Molcho, S., Alles über Körpersprache, München 1995

Molcho, S., Körpersprache als Dialog, München 1988

Molcho, S., Körpersprache, München 1986

Montamedi, S., Rede und Vortrag, Weinheim, Basel 1993

Naumann, F., Die Kunst der Rede, Berlin 1914

Nöllke, M., Schlagfertigkeit – die 100 besten Tipps, Freiburg 2007

Nöllke, M., Schlagfertigkeit, 2. Aufl., Planegg 2002

Püttjer, Chr., Optimal präsentieren, so überzeugen Sie mit Körpersprache, Frankfurt (M) 2001

Pöhm, M., Vergessen Sie alles über Rhetorik: Mitreißend reden - ein sprachliches Feuerwerk in Bildern, München 2009

Pöhm, M., Nicht auf den Mund gefallen, 10. Aufl., Landsberg am Lech 2000

Pursch, G. (Hrsg.), Das neue parlamentarische Schimpfbuch, München 1997

Reichel, G., Frei reden ohne Lampenfieber, Forchheim 1984

Reiners, L., Kleine Stilfibel, München 1969

Reusch, F., Die Kunst des Sprechens, Mainz, London, New York, Tokio 1956

Rogers, C. R., Entwicklung der Persönlichkeit, Stuttgart 1994

Rother, W., Die Kunst des Streitens, München 1988

Rückle, H., Körpersprache für Manager, 8. Aufl., Landsberg am Lech 1991

Ruede-Wissmann, W., Auf alle Fälle Recht behalten, München 1992

Ruhleder, R. H., Rhetorik, Kinesik, Dialektik, Bonn 1996

Schiff,M, Redetraining, München 1982

Schlüter, H., Grundkurs der Rhetorik, München 1983

Schlüter-Kiske, B., Rhetorik für Frauen, München 1987

Schmid-Eschmann, V., Richtig atmen – aber wie?, München 1998

Schopenhauer, A., Die Welt als Wille und Vorstellung I, Zürich 1991

Schopenhauer, A., Eristische Dialektik oder Die Kunst, Recht zu behalten, Zürich 1990

Schopenhauer, A., Aphorismen zur Lebensweisheit, Frankfurt (M) 1976

Schorkopf, H., Reden: frei – verständlich – wirksam, Freiburg i. Br. 1988

Schuhmann, G., Rhetorik und Kommunikation, Haan-Gruiten 2002

Schulz von Thun, Kommunikationspsychologie für Führungskräfte, 4. Aufl., Reinbek 2002

Schulz von Thun, F., Miteinander reden 2, Reinbek 1995

Schulz von Thun, F., Miteinander reden 1, Reinbek 1994

Seifert, J. W,, Visualisieren, Moderieren, 19. Aufl., Offenbach 2002

Selby, J., Atmen und leben, Reinbek 1987

Thiele, A., Argumentieren unter Stress, Frankfurt (M) 2004

Thiele, A., Überzeugend präsentieren, 2. Aufl., Heidelberg 2 000

Thiele, A., Die Kunst zu überzeugen, faire und unfaire Dialektik, 5. Aufl., Berlin 1999

Thomann, C., Schulz von Thun F., Klärungshilfe, Reinbek 1994

Thomas, K., Praxis der Selbsthypnose des Autogenen Trainings, Stuttgart, New York 1983

Thomson, A., Argumentieren – und wie man es richtig macht, Stuttgart 2 001

Tusche, W., Reden und Überzeugen, Köln 1988

Weisbach, C.-R., Professionelle Gesprächsführung, 6. Aufl., Nördlingen 2003

Weller, M., Die schlagfertige Antwort, Bergisch Gladbach 1984

Weller, M., Das Buch der Redekunst, Düsseldorf, Wien 1972

Weller, M., Ich bitte ums Wort, Düsseldorf 1960

Will, H., Vortrag und Präsentation, Basel, Weinheim 1997

Winkler, M., Commichau, A., Schulz von Thun, F., Reden: Handbuch der kommunikationspsychologischen Rhetorik, Hamburg 2005

Wolff, R., Praktische Rhetorik – Stimmtraining, Heiligkreuztal 1994

Wortig, K., Zitate mit Pfiff und Schliff II, München 1979

Zittlau, D., Schlagfertig kontern in jeder Situation, 2. Aufl., München 2 000

Stichwort- und Personenverzeichnis

A

Abgehacktes Sprechen 87
Adaptionsprinzip 213
Adrenalin 204, 205
Aktiv 41, 42
Aktiver Wortschatz 47
Allesbetoner 77, 78
Allgemeiner Deutscher Sprachverein 25
Alt, Jürgen August 167
Anakoluthe 19
Anapher 45
Anekdote 161, 179, 188
Anglizismus 26
Angriff, hypothetischer 267
Animation 169
Animationseffekt 172, 173
Anrede 138
Anschaulich sprechen 31
Anspielung 45
Anton, Karl-Heinz 230
Anton, Mark 133, 167
Antonym 47
Antrick 161
Aphorismus 40
Appell 11, 21, 253, 256
Argument 144, 147, 148, 151
Argument der schiefen Ebene 245
Argumententreppe 148
Aristoteles 146, 230
Artikulation 74, 90, 92
Atemhalt 54
Atemschnüffeln 57
Atemstütze 57
Atemtechnik 52
Atmung 52
Attatürk, Kemal 161
Attention step 135
Aufbau einer Rede 119, 281
Augustinus 88
Ausdruck, konkreter 33
Aushauchen 66, 67
Aussprache, undeutliche 70
Autogenes Training 216, 218, 223, 225

B

Baer, Jean 224
Beethoven, Ludwig van 79
Begriffsdefinition 248, 251
Begrüßung, nachgesetzte 139
Beispiel 35, 36
Beschreibende Gesten 101
Betonung 76
Beweis, deduktiver 146
Beweis, induktiver 146
Beyer, H. und A. 40
Biehle, Herbert 51
Bildbruch (Katachrese) 33
Bismarck, Otto von 157, 263
Blackout 197, 205
Blickkontakt 111, 112, 113, 114, 174, 179, 225
Borchert, Wolfgang 152
Brecht, Bert 231
Bredemeier, Karsten 230, 273

Brustatmung 52, 55
Brutus 133
Büchmann, G. 40
Busch, Wilhelm 229

C
Campe, Joachim Heinrich 25
Captatio benevolentiae 129, 130, 131, 132, 135
Carnegie, Dale 3
Churchill, Winston 130, 183
Cicero 3, 167, 203
Claudius, Matthias 22
Crassus 134

D
Damaschke, Adolf 17
Dammbruchargument 245, 246
Deduktiver Beweis 146
Demosthenes 2, 3, 4, 146, 167
Desensibilisierung, Systematische 213, 222, 223, 225
Dessoir, Max 185
Dialekt 72, 73, 74
Dialektmelodie 73
Dialog 177, 178, 179, 186, 215
Dilemma, Falsches 246, 247
Distanzverhalten 98
Domman, Dieter 230
Drohen 252
Drohgebärde 108
Drohung 256
Droschkenkutscherhaltung 219
Dubois, Jacques 38, 44
Dystress 204

E
Ebeling, Peter 5, 31
Einleitung 122, 126, 128, 140

Einstein, Albert 45, 233
Emotionale Gesten 101
Empathie 178
Entspannen 215
Erdmann, Karl Otto 230
Eristik 229
Eustress 204
Experiment 222

F
Fachausdruck 24, 25, 27
Falschbetoner 77, 78
Falsche Schlussfolgerung 242, 244
Falsches Dilemma 246, 247
Fehler, stimmtechnische 64
Fensterheim, Herbert 224
Fichte, Johann Gottlieb 159
Filibuster 1
Fink, Werner 80
Flachatmung 55
Flegelhaltung 219
Flickwort 21
Flüsterstimme 74
Frage, hypothetische 250, 251
Frage, rhetorische 43, 44, 178
Fragen nach einer genauen Grenze 249, 251
Freie Rede 183, 184, 214, 283
Freies Sprechen 184, 185, 186
Freistoßhaltung 100, 105
Fremdwort 24, 25, 27
Frequenz 104, 105
Freud, Sigmund 167
Füllsilbe 87
Fünfsatz 122, 123, 124, 126

G
Geflügeltes Wort 40, 41, 266
Gegenwartsform 42

Geißler, E. 142
Geißler, Heiner 251
George, Lloyd 193, 196
Gerade-deshalb-Technik 268
Gesellschaft für deutsche Sprache (GfdS) 26
Geste 104
Gesten, beschreibende 101
Gesten, emotionale 101
Gestik 98, 101, 106, 119
GfdS 26
Glottis 58
Glottisschlag 67
Goebbels, Joseph 247
Goethe, Johann Wolfgang von 119, 132, 157, 193, 213, 233, 234
Goeudevert, Daniel 167
Graf Galen 264
Großvatertechnik 273
Güterzugstil 17, 19

H

Hamilton, William G. 230
Harter Stimmeinsatz 67
Hauptmann, Gerhart 95
Hauptsatzschluss (Syllogismus) 242
Hauptteil 122, 126, 140
Hellwag'sches Vokaldreieck 62
Herzog, Rudolf 1
Hierhold, Emil 122
Hindenburg, Paul von 186
Hobbes, Thomas 229
Höffe, Wilhelm 88
Höflichkeitstaktik, paradoxe 273
Homer 146
Horaz 88
Hypophyse 204
Hypothalamus 204
Hypothetische Frage 250, 251
Hypothetischer Angriff 267

I

Indifferenzlage 65, 66, 81, 82, 83
Induktiver Beweis 146
Interesse wecken 135

J

Jacobsen, Edmund 216

K

Kammriegel 108
Kant, Immanuel 141
Kanzleistil 23, 24
Katachrese 33
Kellner, Hedwig 123, 152
Killerphrase 244, 246
Kinesik 95, 96, 97, 105
Kirchner, Baldur 101
Klangbild 89
Klangfarbe 76, 78, 88
Klanggeräuschlaut 62
Klanglaut 61
Klangschulung (Vokalisation) 74
Kleiner Albert 222
Kleist, Heinrich von 183
Klinger 60, 62, 92
Klopstock, Friedrich Gottlieb 22
Komplimente machen 271
Kongruenz 102, 103, 105
Konkreter Ausdruck 33
Konsonant 62
Körperhaltung 98
Körpersprache 95, 96, 97, 100, 101, 102, 103, 104, 105, 108, 114, 119, 279
Korrigieren 254
Kritisieren 254
Kuppel 59
Kurzer Begleitkommentar 272

L

La Bruyère, Jean de 9
Lafontaine, Oskar 97
Lampenfieber 80, 203, 204, 208, 209, 210, 211, 212, 214, 215, 283
Lampert, Heinz 36
Laub, Gabriel 40
Lautstärke 61, 76, 78, 79, 80, 81, 92
Lautung 52, 61
Lay, Rupert 230, 252
Le Bon, Gustave 167
Leimwort 21, 22
Lemmermann, Heinz 185
Lessing, Gotthold Ephraim 51
Lichtenberg, Georg Christoph 40
Lieber-als-Technik 269
Lindemann, Hans 221
Lippen 64, 65, 109
Lippenringmuskel 110
Luther, Martin 119, 157

M

Mager, Robert F. 119
Maske 59
Meditation 216
Mehrdeutig 108
Meinungsrede 9, 10, 79, 82, 102, 159
Merz, Friedrich 251
Mimik 98, 108, 109, 110, 111, 119
Modulation 75, 212
Mohler, Alfred 119
Molcho, Samy 99
Molière 235
Monotonie 65, 76
Morgenstern, Christian 95
Motorik 98
Mundatmung 56
Mundresonanz 59

Muskelentspannung, Progressive 216, 223, 225
Mutter Theresa 229

N

Nachgesetzte Begrüßung 139
Nachlässigkeit, stilistische 46
Nasallaut 62
Nasenresonanz 59, 60, 61, 65, 66, 90
Naumann, Friedrich 183
Nebensatz 18, 19, 21, 159
Neurolinguistische Programmierung (NLP) 222
Nicht beachten 255
Nichtbetoner 77, 78
Nietzsche, Friedrich 88, 193
NLP (Neurolinguistische Programmierung) 222
Noradrenalin 204, 205

O

Oberhandtechniken 251, 256
Ovid 245

P

Papierstil 21
Paradoxe Höflichkeitstaktik 273
Paradoxon 44, 45
Passiv 41
Passiver Wortschatz 47
Perikles 146
Personifikation 44, 45
Persönlich werden 230
Phonasthenie 66
Plato 146
Plautus 229
Pöhm, Matthias 273
Popper, Karl 146

Positive konfrontative Selbstbehauptung
    258, 259
Präsentation 167, 170, 172, 282
Pressen 66, 67
Programmierung, Neurolinguistische
    (NLP) 222
Progressive Muskelentspannung 216,
    223, 225
Protagoras 146
Pursch, Günter 230

Q
Quintilian 129

R
Rabulistiker 1
Rede, Aufbau einer 119, 281
Rede, freie 183, 184, 214, 283
Reiners, Ludwig 1, 23, 29, 31
Resonanz 54, 58, 59
Resonanzraum 65
Reusch, Fritz 59, 62
Rhetorische Frage 43, 44, 178
Rinser, Luise 45
Roosevelt, Theodor 229
Rousseau, Jean Jacques 229

S
Sachvortrag 9, 11, 124, 127
Schachtelsätze 17
Schlagfertigkeit 261, 262
Schluss 122, 126, 157, 158, 162
Schlussappell 79, 82, 104, 159
Schlussfolgerung, falsche 242, 244
Schlüter-Kiske, Barbara 79
Schnappatmen 56
Schopenhauer, Arthur 97, 230, 233, 243
Schultz, Johannes Heinrich 218
Schulz von Thun, Friedemann 253, 259

Schweitzer, Albert 229
Selbstbehauptung, positive konfrontative
    258, 259
Selby, John 57
Sensibilität 153
Shakespeare, William 15, 89, 95, 133,
    134, 233
Shaw, George Bernard 1, 255
Siebs, Theodor 72
Smalltalk 143, 215
Söhler, Karl-Heinz 203
Sokrates 146, 208, 209
Sophisten 1
Sophokles 3
Souveränität 105
Spanischer Reiter 108
Sprechdenken 184, 190, 212
Sprechen, abgehacktes 87
Sprechen, anschaulich 31
Sprechen, freies 184, 185, 186
Sprecherziehung 52
Sprechgeschwindigkeit 83, 85
Sprechpause 85
Sprechstil 15, 114, 119, 212, 277
Sprechtechnik 51, 90, 114, 119, 212, 278
Sprechtempo 76, 78, 85
Sprichwort 39, 40, 41, 266
Stabreim 44, 45
Stachelschwein 108
Steckenbleiben 193, 194, 200, 283
Stegreifrede 184
Stichwort 176, 177, 184, 187
Stichwortkärtchen 188
Stichwortkonzept 188, 190
Stilistische Nachlässigkeit 46
Stimmbänder 58
Stimmeinsatz, harter 67
Stimmeinsatz, weicher 68
Stimmigkeit 154, 155

Stimmkunde 51, 52
Stimmlippen 58
Stimmlippenverschluss 67
Stimmritze (Glottis) 58
Stimmtechnische Fehler 64
Stockschnupfensprache 59
Störmanöver 259
Störtechniken 256
Streckverb 28
Stress 204, 206
Suada 187
Substantivitis 28, 29
Swift, Jonathan 232
Syllogismus 242
Synapse 205
Synekdoche 44, 45
Systematische Desensibilisierung 213, 222, 223, 225

T
Täuschungstechnik 236
Telegrammstil 19
Territorialverhalten 98
Textchart 174, 175
Thiele, Albert 122, 251, 252, 273
Thomas, Klaus 219
Tiefenatmung 54
Tonbildung 58
Tonhöhe 76, 78, 81, 82, 83, 92
Tönung 52
Totes Verb 35
Training, Autogenes 216, 218, 223, 225
Treppenform 189
Trifft-mich-Technik 273
Tucholsky, Kurt 18, 19, 97
Twain, Mark 33, 156, 203

U
Überraschung 45

Übertreibung 239, 241
Uhlenbruck, Gerhard 203
Uminterpretieren 269
Undeutliche Aussprache 70
Unfaires Verhalten 229, 284

V
Verb 27, 28, 29, 34, 35
Verb, totes 35
Verdunkelung 233
Verein Deutsche Sprache 26
Vergleich 37, 38
Verhalten, unfaires 229, 284
Verlegenheitsgesten 106, 108
Verlegenheitspause 86
Versprechen 84
Verwirrung 232
Vielbetoner 77, 78
Vinci, Leonardo da 167
Vischer, Friedrich Theodor 187
Vokal 61
Vokalisation 74
Vollatmung 54
Voltaire 157
Vorreiter 20, 21

W
Watson, Broadus 222
Weber, Max 259
Wehle, Peter 262
Weicher Stimmeinsatz 68
Weller, Maximilian 18, 60, 66, 87, 90, 121, 159, 163, 185, 264, 273
Wiederholtechnik 267
Wilde, Oscar 40, 96, 265
Wilder, Thornton 25
Win-Formel 125
Wir-Form 132
Wittgenstein, Ludwig 142

Witz 154
Wohlwollen erwerben 129, 130
Wort, Geflügeltes 40, 41, 266
Wortschatz, aktiver 47
Wortschatz, passiver 47
Wortschwalltechnik 235

Z

Zehnder, Carl August 25
Zesen, Philipp von 25
Zitat 39, 40, 161, 188
Zittlau, Dieter 273
Zunge 64, 68
Zungenbrechersatz 74
Zusammenfassung 161
Zustimmung 270
Zwerchfellatmung 52, 53, 54, 57
Zwerchfellbauchatmung 52, 53
Zwerchfellflankenatmung 52, 53, 54
Zwischenrufe 259, 260, 261, 262